GESCHICHTLICHE LANDESKUNDE

BAND 60

GESCHICHTLICHE LANDESKUNDE
VERÖFFENTLICHUNGEN DES INSTITUTS FÜR GESCHICHTLICHE LANDESKUNDE
AN DER UNIVERSITÄT MAINZ

BEGRÜNDET VON LUDWIG PETRY UND JOHANNES BÄRMANN
WEITERGEFÜHRT VON ALOIS GERLICH UND MICHAEL MATHEUS
HERAUSGEGEBEN VON FRANZ J. FELTEN

BAND 60

FRANZ STEINER VERLAG STUTTGART
2007

FRANZ J. FELTEN, PIERRE MONNET,
ALAIN SAINT-DENIS (HG.)

ROBERT FOLZ (1910–1996)

MITTLER ZWISCHEN FRANKREICH UND DEUTSCHLAND

ACTES DU COLLOQUE „IDEE D'EMPIRE ET ROYAUTE AU MOYEN AGE: UN REGARD FRANCO-ALLEMAND SUR L'OEUVRE DE ROBERT FOLZ", DIJON 2001

FRANZ STEINER VERLAG STUTTGART
2007

Umschlagbild: Robert Folz (Amt für Öffentlichkeitsarbeit, Universität Mainz)

Die Drucklegung des Bandes haben finanziell unterstützt:
Jean Martin Folz
Forschungsverbund Universitätsgeschichte der Johannes Gutenberg-Universität Mainz
Mission Historique Française en Allemagne, Göttingen
Université de Bourgogne, Dijon

Bibliografische Information der Deutschen Nationalbibliothek
Die Deutsche Nationalbibliothek verzeichnet diese Publikation in der Deutschen Nationalbibliografie; detaillierte bibliografische Daten sind im Internet über <http://dnb.d-nb.de> abrufbar.

ISBN 978-3-515-08935-7

ISO 9706

Gedruckt auf säurefreiem, alterungsbeständigem Papier.

Druck: Printservice Decker & Bokor, München
Printed in Germany

Inhaltsverzeichnis

Vorwort

Dieser Band präsentiert die Vorträge eines französisch-deutschen Kolloquiums, das am 23. März 2001 in Dijon unter dem Titel „Reich, Reichsidee und Königtum im Mittelalter zwischen Frankreich und Deutschland: zum Werk von Robert Folz“ stattfand. Vorrangiges Ziel der Organisatoren war, falls dies überhaupt nötig ist, der historischen Öffentlichkeit das Werk und die Person des Mediävisten Robert Folz (1910-1996) ins Gedächtnis zu rufen. Wie sein Lehrer Marc Bloch war er ein großer Anreger in den intellektuellen und wissenschaftlichen französisch-deutschen Beziehungen und wurde zum Initiator der Partnerschaft zwischen den Universitäten Mainz und Dijon, wo er von 1947 bis 1978 als Professor wirkte und sich ein bleibendes Renommee erwarb. Dieser Universität vermachte er auch seine Bibliothek, die ebenso viele französische wie deutsche Bücher enthält. Ein Blick in den Katalog dieser Bibliothek zeigt die großen Themen, die sein gesamtes wissenschaftliches Werk bestimmt haben: das Heilige Römische Reich (deutscher Nation), der „imperiale Messianismus“, die Hagiographie der Könige, mit anderen Worten: der im Abendland lange fortdauernde messianische Traum von einem weltumspannenden Reich neben den nationalen Staatsbildungen. Wurde nicht die gesamte europäische Geschichte Jahrhunderte lang von dieser konfliktträchtigen, aber insgesamt fruchtbaren Spannung zwischen dem Versuch, Königreiche, Staaten und Kaiserreiche zu vereinen, einerseits, sowie der nicht unterdrückbaren Vielfalt der Völker und Nationen andererseits bestimmt? Fragestellungen dieser Art finden sich immer wieder in den großen Werken von Robert Folz, die zu den Standardwerken der mittelalterlichen Geschichte Frankreichs und Deutschlands aus der zweiten Hälfte des zwanzigsten Jahrhunderts zählen: *Le souvenir et la légende de Charlemagne dans l'Empire germanique* (Karl der Große in Erinnerung und Legende im Deutschen Reich, 1950), *L'idée d'Empire en Occident* (Die Reichsidee im Abendland, 1953), *Le couronnement impérial de Charlemagne* (Die Kaiserkrönung Karls des Großen, 1964), *La naissance du Saint-Empire* (Die Geburt des Heiligen Römischen Reichs Deutscher Nation, 1967), *Les saints rois du Moyen Age en Occident, VIe-XIIIe siècles* (Die heiligen Könige des Mittelalters im Abendland, VI.-XIII. Jahrhundert, 1984), *Les saintes reines du Moyen Age en Occident, VIe-XIIIe siècles* (Die heiligen Königinnen des Mittelalters im Abendland, VI.-XIII. Jahrhundert, 1992).

Die großen Linien dieses Denkens in Erinnerung zu rufen, sich die fortdauernde Aktualität der von Robert Folz zur mittelalterlichen deutschen Geschichte vorgelegten Arbeiten und die darin entwickelten Fragestellungen zu vergegenwärtigen sowie den Inspirator und Initiator des historischen Wissenstransfers zwischen Frankreich und Deutschland (den er nicht zuletzt dadurch förderte, dass er die einst von Marc Bloch begonnene immense Arbeit weiterführte, die einschlägigen deutschen Werke in den Spalten der *Revue Historique* zu rezensieren) zu würdigen, war das Ziel der acht Historiker, vier aus Deutschland und vier aus Frankreich, die sich im März 2001 zusammenfanden. Ihre Vorträge können bis auf eine Ausnahme hier publiziert werden, ergänzt durch die Schlussworte Jean Richards, der viele Jahre ein Kollege von Robert Folz in Dijon war.

Zu Beginn konnte Alain SAINT-DENIS (Dijon), ein Schüler von Robert Folz, das Werk und den Werdegang des Hochschullehrers (beginnend in Metz und Straßburg, vor allem aber in Dijon, nach der Unterbrechung durch den Kriegsdienst in Nordafrika, Italien und Frankreich) nachzeichnen und eine kritische Bibliographie seiner Werke vorlegen, die sich alle unter den zahlreichen Büchern befinden, die Folz der Bibliothek der Universität von Burgund vermacht hat. Neben den Aufsätzen und epochemachenden Monographien, das Verzeichnis führt an die 80 der wichtigsten Werke auf, müssen die zahllosen Rezensionen in der *Revue Historique* genannt werden. In dieser Zeitschrift setzte Robert Folz die Arbeit des wissenschaftlichen Vermittlers zwischen den Ländern rechts und links des Rheins fort, die sein Lehrer Marc Bloch in der Zwischenkriegszeit begonnen hatte.

Dieser Linie folgend, hat auch Francis RAPP (Straßburg) die großen Thesen und Synthesen des Historikers über das Kaiserreich im Mittelalter in Erinnerung gerufen und auf die engen Verbindungen hingewiesen, die zwischen der Metzer Herkunft ihres Autors und seiner Erkenntnis des Glanzes wie der Schwächen des Kaiserreichs, zwischen seiner Entdeckung des Themas des „imperialen Messianismus" durch die Beschäftigung mit den Arbeiten von Marc Bloch in den anschließenden Straßburger Jahren bestehen. Ein Zitat von Robert Folz, von Francis Rapp zu Recht in Erinnerung gerufen, beschreibt kurz und knapp ein tief verwurzeltes Charakteristikum der Reichsidee, einer zugleich brillanten wie blockierenden Idee, die eng mit der dramatischen Entwicklung der Jahre 1150 bis 1250 verknüpft war: „Wie soll man eine Kulturgemeinschaft den Notwendigkeiten eines Staates anpassen? Darin besteht das Problem des modernen Deutschland."

Alain DUBREUCQ (Saint-Etienne/Lyon) wandte sich dann dem heiligen wie geheiligten Aspekt der Königsherrschaft zu, in einer politischen Analyse der Herrschaftsmodelle, die in den Fürstenspiegeln propagiert wurden, die ihrerseits ebenso sehr Spiegel der damaligen christlichen Gesellschaft als Erziehungsschriften waren. Die auf den Vorstellungen vom Königtum Christi, des alttestamentarischen Priesterkönigtums und dem Vorbild Davids basierende karolingische Vorstellung eines geheiligten Königs führt zur Figur des gerechten, nur Gott unterworfenen Herrschers, eines Königs- und Hirtenamtes, das von einem König als Erstem unter den Laien ausgeübt wird. Am Ende eines solchen Prozesses überrascht es nicht, insbesondere dank der Königshagiographie, wie sie in all ihrem Einfallsreichtum und ihrer Komplexität von Patrick CORBET (Nancy) dargestellt wurde, dass die Figur des „heiligen Königs" durch jene der „heiligen Königin" ergänzt wurde, einer für den europäischen Raum typischen Figur, die uns in England, Skandinavien, Frankreich, im Reich, in Ungarn, in Polen ... begegnet.

Die Vorträge der deutschen Kollegen bzw. Fachleute für den germanischen Raum verknüpften das Thema der Heiligkeit der Königsherrschaft mit Schlüsselorten des Reiches. So untersuchte Caspar EHLERS (Göttingen) jenen Erinnerungsort, den die Königsgrabstätte der Salier in Speyer für einige Zeit darstellte, als eine Stätte der aktiven Königsmemoria, die allerdings schon damals durch die Angriffe von Seiten des Papsttums, durch Streitigkeiten innerhalb des Domkapitels, durch die Unsicherheit über die Funktion der Kathedrale selbst und durch die früh einsetzende Konkurrenz rivalisierender Dynastien geschwächt und in Frage gestellt wurde. In diesem speziellen Fall scheinen sich die königlichen Interessen nur vorübergehend mit den Interessen eines Teils der Reichskirche gedeckt zu haben; diese blockierte und bald geteilte *memo-*

ria spiegelt im Grunde das Potential und das wechselvolle Schicksal der Reichsidee wider, an die sie freilich nur anknüpfen konnte.

Auch Knut GÖRICH (Tübingen/München) ging einer Frage der Königserinnerung nach, einer großen Erinnerung, die sich durch die kaiserliche Macht nur schwer steuern ließ: der Nutzung und Entwicklung des Andenkens an Karl den Großen unter den Ottonen und unter den Staufern bis zur Heiligsprechung des Kaisers im Jahr 1165, nachdem schon Otto III. durch die Öffnung des Grabes Karls des Großen im Jahr 1000 wohl einen ersten Vorstoß unternommen hatte. Diese verspätete und fragile, da vom Schisma (seit 1159) überschattete Heiligsprechung zeigt, dass die auf die Staufer übergegangene kaiserliche Macht es trotz einer intensiven Mobilisierung der Idee des Heiligen Reiches (Friedrich I.) nicht vermochte, das gesamte Potential des heiligen Königs für sich zu nutzen. Schließlich sollten in Aachen wie in Speyer die Erinnerung, der Kult und die Legende nur mehr von örtlicher Bedeutung sein und einer eng begrenzten Gemeinschaft der städtischen Gemeinwesen und Institutionen dienen, die seit dem 12. Jahrhundert einen Aufschwung erlebten und Autonomie erhielten.

Auch in Mainz verlief die Entwicklung nicht anders, wie Franz J. FELTEN (Mainz) darstellte. Die alte und glanzvolle Geschichte dieser Stadt, die auf die Römer zurückgeht und die im 10. Jh. als vornehmster Bischofssitz der Germania anerkannt war, scheint schließlich weniger dem König, dem Königreich und dem Kaiserreich genutzt zu haben, als der Stadt selbst als Sitz des ersten Kurfürsten, des Erzbischofs sowie, in einer Tradition des Eigenlobs, die bis zur napoleonischen Ära reichte, der städtischen Gemeinde.

In Frankfurt am Main schließlich, königliche Stadt und zentraler Ort des Kaiserreichs, dem sich Pierre MONNET (Göttingen/Paris) widmete, stellt man ebenfalls eine sehr frühzeitige Mobilisierung der Erinnerung an Karl den Großen fest, der seit dem 13. Jahrhundert das ursprüngliche Patronat des Hl. Bartholomäus ersetzte. Zugunsten der maßgeblichen Kreise des Stiftskapitels und des städtischen Rates trug sie, auf dem Umweg über einen groß zur Schau getragenen „städtischen Patriotismus“, wie Robert Folz seinerzeit bemerkte, dazu bei, Frankfurt eine zentrale Stellung im Reich zu verschaffen. In gewisser Weise hat es die Stadt Karl dem Großen, den man zu einer lokalen wie universalen Gestalt erhob, zu verdanken, dass sie von 1356 an bis 1806 zum Ort der Wahl des römischen Kaisers bestimmt wurde.

Da die Ideologie des Kaisertums vom Königtum im Reich nur unvollkommen eingefangen wurde, konnte sie auch von anderen Königreichen für sich in Anspruch genommen werden (*„sie stellte für Frankreich ein Element des Fortschritts dar“*, konnte Robert Folz im letzten Satz seines Werks *Couronnement impérial de Charlemagne* schreiben), von anderen Fürsten und größeren Territorialkomplexen, ja sogar für die Bedürfnisse der Identitätsstiftung städtischer Gemeinden auf dem Weg zur Autonomie nutzbar gemacht werden. Man kann auch mit Jean RICHARD (Dijon und Institut de France) sagen, dass der messianische Traum (vom Reich) stärker war als die Konstruktion des Königtums, dem er sowohl nützen als auch schaden konnte.

Man sieht, dass all diese Fragen aktuell geblieben sind; sie waren es für die Menschen im Mittelalter und sind es noch heute für die Mediävisten. Es ist deshalb mehr als legitim, zehn Jahre nach dem Tod von Robert Folz diesen Sammelband zu veröffentlichen. Sein Erscheinen wäre jedoch nicht möglich gewesen, wenn Franz J. Felten nicht dafür gesorgt hätte, dass der Band in die wissenschaftliche Reihe des Instituts für

Geschichtliche Landeskunde an der Universität Mainz aufgenommen wurde, deren Ehrendoktor – daran sei hier erinnert – Robert Folz war. Zwei Briefe desselben und die Laudation des mit demselben langjährig befreundeten Mainzer Mediävisten Alfons Becker sowie eine Würdigung aus der Feder des Leiters des Forschungsverbandes Universitätsgeschichte der Johannes Gutenberg-Universität, Michael Kißener, dokumentieren diesen wichtigen Aspekt. Die Bearbeitung der Manuskripte für den Druck und die Erstellung der Druckvorlage besorgten Mitarbeiterinnen und Mitarbeiter des Instituts für Geschichtliche Landeskunde. Ihnen sei für ihre engagierte Leistung ebenso gedankt wie dem Steiner-Verlag für die inzwischen schon bewährte gute Zusammenarbeit. Schließlich hätte diese Veröffentlichung nicht erscheinen können ohne die finanzielle Unterstützung durch die Universitäten von Mainz und Burgund, durch die Mission Historique Française en Allemagne in Göttingen, nicht zuletzt durch die Großzügigkeit von Jean-Martin Folz. Ihnen allen sei hier ganz herzlich gedankt.

Dijon, Mainz, Paris, im September 2006

Franz J. Felten Pierre Monnet Alain Saint-Denis

Avant-propos

Le présent recueil rassemble les actes d'une journée d'études franco-allemande qui s'est tenue à Dijon le 23 mars 2001 sous le titre «Empire, idée d'Empire et royauté au Moyen Age entre France et Allemagne: autour de l'œuvre de Robert Folz». Le but premier des organisateurs était de rappeler au souvenir des historiens, si besoin était, l'œuvre et la personne de Robert Folz (1910-1996), médiéviste, grand animateur des relations intellectuelles et scientifiques franco-allemandes comme son maître Marc Bloch, à ce titre inspirateur du partenariat universitaire entre Mayence et Dijon où il fut, de 1947 à 1978, un professeur dont la renommée demeure intacte. C'est à cette université qu'il fit don de sa bibliothèque qui comprend autant de livres français qu'allemands. Il suffit d'en consulter le catalogue pour retrouver les grands thèmes qui ont occupé et orienté toute son œuvre scientifique: le Saint-Empire, le messianisme impérial, l'hagiographie royale, autrement dit la persistance longue en Occident d'un rêve messianique et universel à côté des constructions nationales. N'est-ce pas depuis des siècles toute l'histoire de l'Europe qui se joue dans cette conflictuelle mais tout ensemble féconde tension entre la tentation de l'unité des royaumes, des Etats et des Empires et l'irréductible diversité des peuples et des nations? On retrouve en tout cas les accents d'une telle interrogation dans les grands livres de Robert Folz qui comptent parmi les classiques de l'historiographie médiévale et franco-allemande dans la seconde moitié du XXe siècle: *Le souvenir et la légende de Charlemagne dans l'Empire germanique* (1950), *L'idée d'Empire en Occident* (1953), *Le couronnement impérial de Charlemagne* (1964), *La naissance du Saint-Empire* (1967), *Les saints rois du Moyen Age en Occident, VIe-XIIIe siècles* (1984), *Les saintes reines du Moyen Age en Occident, VIe-XIIIe siècles* (1992).

C'est bien pour rappeler les grandes lignes de cette pensée, pour restituer l'actualité persistante des travaux et des problématiques développés par Robert Folz sur l'histoire germanique médiévale et sur l'histoire de la royauté médiévale, pour rendre hommage à l'inspirateur et à l'animateur des transferts historiographiques entre la France et l'Allemagne (ne serait-ce que pour avoir continué l'immense travail de recension de la production allemande entamé naguères par Marc Bloch dans les colonnes de la *Revue Historique*), que la rencontre de mars 2001 a réuni huit historiens, quatre Allemands et quatre Français, dont les communications sont ici publiées, à l'exception d'une seule, enrichies des conclusions rassemblées par Jean RICHARD dont Robert Folz fut à Dijon le collègue pendant de nombreuses années.

Dans un premier temps, Alain SAINT-DENIS (Dijon), qui fut un élève de Robert Folz, a pu retracer l'œuvre et le parcours de l'universitaire (entre Metz, Strasbourg, les campagnes d'Afrique du Nord, d'Italie et de France pendant la guerre, puis Dijon), et proposer une bibliographie critique de ses travaux, tous conservés parmi les nombreux ouvrages légués à la Bibliothèque de l'Université de Bourgogne. A côté des articles et des ouvrages qui ont fait date, la liste en dénombre près de 80 parmi les plus importants, il convient de citer les très nombreuses recensions parues dans la *Revue Historique* où Robert Folz continuait ainsi le travail de passeur scientifique de part et d'autre du Rhin entrepris par son maître Marc Bloch entre les deux guerres.

Dans cette ligne, Francis RAPP (Strasbourg) a également rappelé les grandes thèses et synthèses de l'historien sur l'Empire médiéval, et insisté sur le lien étroit entre ses origines messines et la perception des gloires et des faiblesses de l'Empire puis son séjour strasbourgeois et la découverte du messianisme impérial avec les travaux de Marc Bloch. Un mot de Robert Folz, rappelé avec justesse par Francis RAPP, pourrait résumer l'un des caractères profonds de l'idée impériale, idée à la fois glorieuse et bloquante étroitement liée à l'évolution dramatique qui se joue entre 1150 et 1250: «Comment ajuster une communauté de culture aux nécessités de l'Etat, voilà le problème de l'Allemagne moderne».

C'est à l'aspect saint et sacré (et ce faisant profondément politique au sens médiéval du terme) du pouvoir royal que s'est ensuite attaché Alain DUBREUCQ (Saint-Étienne/Lyon) en détaillant les modèles du pouvoir propagés par les miroirs de prince qui furent autant, sinon davantage encore, des miroirs de la société chrétienne que des traités d'éducation. Un fil conducteur tissé autour de la royauté du Christ et du roi-prêtre par le truchement vétéro-testamentaire de David semble bien conduire, par la sacralisation carolingienne d'un roi prophète et psalmiste, d'un roi juste parce que soumis à Dieu seul, à l'idée d'un ministère royal et pastoral exercé par le roi comme premier des laïcs. Au terme d'un tel processus, il n'est pas étonnant de voir surgir, particulièrement à la faveur de l'hagiographie royale restituée dans toute sa richesse et sa complexité par Patrick CORBET (Nancy), la figure du saint roi complété par celle de la sainte reine, figure européenne s'il en est qui agit en Angleterre, en Scandinavie, en France, dans l'Empire, en Hongrie et en Pologne…

Les contributions présentées par les collègues allemands ou spécialistes de l'espace germanique ont relié ces thèmes de la sainteté et de la sacralité du pouvoir royal à des lieux clés de l'Empire. Caspar EHLERS (Göttingen) s'est ainsi interrogé sur ce lieu de mémoire qu'a pu constituer pour un temps la nécropole royale salienne de Spire, *memoria* royale active mais contestée et fragilisée en son temps par les attaques de la papauté, par les querelles du chapitre, par l'incertitude des fonctions attribuées à l'église cathédrale elle-même et par la concurrence bientôt développée par les autres dynasties prétendantes. Dans ce cas précis, les intérêts royaux ne semblent avoir rencontré que provisoirement ceux d'une partie de l'Eglise d'Empire, et cette *memoria* bloquée puis bientôt divisée reflète bien au fond tout le potentiel et toutes les vicissitudes de l'idée impériale sur laquelle, pourtant, elle ne pouvait faire autrement que de se greffer.

C'est ansi à une question de mémoire royale, mémoire immense mais difficilement canalisée par le pouvoir impérial, que s'est intéressé Knut GÖRICH (Tübingen/Munich) en se penchant sur l'utilisation et l'évolution du souvenir de Charlemagne sous les Ottoniens puis les Staufen jusqu'à la canonisation de l'empereur saint en 1165. Cette canonisation finalement tardive, puisque l'on en repère les prémices dès l'ouverture du tombeau de Charlemagne par Otton III en l'an mil, cette canonisation de surcroît fragile et entachée compte tenu du schisme qui marque l'année 1165, montre que le pouvoir impérial conçu par les Staufen (Frédéric Ier) n'est pas parvenu, malgré un contexte de puissante mobilisation de l'idéologie impériale sacrée, à rassembler toutes les composantes du roi saint à son profit. Finalement, à Aix-la-Chapelle comme à Spire, le souvenir, le culte et la légende vont finir par se localiser et par servir une communauté plus restreinte, celle des «universités» urbaines dont l'essor et l'autonomie se développent à partir du XIIe siècle.

Il n'en va pas autrement de Mayence abordée par Franz J. FELTEN (Mayence), dont l'histoire ancienne et prestigieuse, remontant aux Romains puis détachant la ville comme métropole de Germanie, semble finalement moins servir le roi, le royaume et l'Empire que le siège électoral et archiépiscopal ainsi que le corps de la cité dans une tradition d'auto-célébration sensible jusqu'à la période napoléonienne.

A Francfort-sur-le-Main enfin, cité royale et centrale de l'Empire étudiée par Pierre MONNET (Göttingen/Paris), on constate également une mobilisation très précoce du souvenir de Charlemagne, qui remplace dès le XIIIe siècle le patronage initial de Barthélemy, en faveur des milieux dirigeants de la collégiale et du Conseil afin, par le biais d'une vaste entreprise de «patriotisme municipal» bien remarquée en son temps par Robert Folz, de capter une centralité au sein de l'Empire. C'est d'une certaine manière à Charlemagne, érigé en figure à la fois universelle et locale, que la ville dut d'être désignée lieu habituel de l'élection du roi des Romains de 1356 à 1806.

Incomplètement canalisée par le pouvoir royal dans l'Empire, l'idéologie impériale a pu ainsi devenir disponible pour d'autres royaumes («elle fut en France un élément de progrès» peut écrire Robert Folz dans la dernière phrase de son *Couronnement impérial de Charlemagne*), pour d'autres princes, pour d'autres territoires plus ramassés, jusqu'à servir les besoins d'identité des communautés urbaines en voie d'autonomie. C'est bien dire aussi, comme l'a fait remarquer Jean RICHARD (Dijon et Institut de France) dans ses conclusions, que le rêve messianique était plus fort que la construction royale, qu'il put servir ici et desservir là.

On le voit, toutes ces questions restent d'actualité, elles l'étaient pour les médiévaux comme elles le demeurent pour les médiévistes. La publication de ce volume n'en est donc que plus légitime, 10 ans après la mort de Robert Folz. Sa parution n'aurait cependant pas été possible sans l'accueil que lui a ménagé Franz J. Felten dans la collection des travaux scientifiques de l'université de Mayence dont, rappelons-le, Robert Folz était docteur *honoris causa*. C'est pourquoi deux lettres de Robert Folz discours de son vieil ami et collègue Alfons Becker aussi qu'une contribution de Michael Kißener, responsable de la recherche sur l'histoire de l'université de Mayence complètent le recueil. L'engagement de toute l'équipe de l'*Institut für Geschichtliche Landeskunde* de l'université Johannes Gutenberg doit être à cet endroit particulièrement salué, de même que l'excellente coopération menée avec les éditions Steiner. Cette publication n'aurait pas non plus vu le jour sans le soutien financier des universités de Mayence et de Bourgogne ni celui de la Mission Historique Française en Allemagne (Göttingen), sans enfin l'appui généreux prêté par Jean-Martin Folz. Que tous en soient ici chaleureusement remerciés.

Dijon, Mayence, Paris, au mois de septembre 2006

Franz J. Felten Pierre Monnet Alain Saint-Denis

Briefe von Robert Folz

an Prof. Hermann Weber vom 6. Juli 1979

Dijon, 6. VI. 1979

Sehr verehrter, lieber Herr Kollege,

Ihr freundlicher Brief, den ich heute erhielt, brachte mir die höchste Überraschung. Nie hatte ich mir vorgestellt, dass mir eine ausländische Universität die Würde eines Dr hc verleihen könnte. Ich bin mir wohl bewusst, dass dieser Beschluss eine große Ehre für mich ist; ich schätze sie sehr hoch, und die Freundschaft, aus welcher jene ausgeht, vielleicht noch höher. Ich errate auch, dass der Dekan des Fachbereichs 16 den ersten Anstoß zu dieser Promotion gegeben hat. Deshalb sei, lieber Herr Weber, mein erster Dank an Sie gerichtet; ich möchte sie dann auch bitten allen Kollegen, ganz besonders den Historikern, die daran beteiligt waren, meine aufrichtigste Dankbarkeit mitzuteilen. Und dass sie die Promotionsfeier während unseres Zusammenkommens vorgesehen haben, rührt mich sehr. Meine Frau dankt Ihnen für Ihre Einladung; ob sie aber anwesend sein kann, ist sehr fragwürdig, da sie gerade in dieser Zeit von ihrer Arbeit sehr in Anspruch genommen wird; ich schreibe Ihnen nächstens darüber.

Mit vielen herzlichen Grüssen verbleibe ich

Ihr

R. Folz.

an Prof. Michael Müller-Wille vom 11. März 1980

Dijon, 11. III. 1980

Lieber Herr Müller-Wille,

Ihre freundliche [sic!] Zeilen haben mich sehr gerührt. Für ihre guten Wünsche, für das schöne Bild, danke ich Ihnen und den Kollegen Ihres Fachbereichs recht herzlich. Seien Sie davon überzeugt, dass der 25. Juni und die darauf folgende [sic!] Tage auch bei mir in froher Erinnerung weiter leben.

Mit vielen verbindlichen Grüssen,

Ihr

R. Folz

Alfons Becker

Laudatio für Professor Robert Folz

Professor Robert Folz ist am 2. März 1910 in Metz geboren worden. Nachdem er dort das Gymnasium absolviert hatte, unternahm er das Studium der Geschichte und Geographie, der Klassischen Philologie und der Rechtswissenschaft an den Universitäten Nancy und Strasbourg, wo insbesondere die Historiker Marc Bloch und Lucien Fèbvre seine Lehrer gewesen sind. Im Jahre 1933 beschloß er dieses Studium mit der *Agrégation d'Histoire et de Géographie* und war anschließend Geschichtslehrer an den Gymnasien in Mulhouse (1933-34) und am *Lycée Fustel de Coulanges* in Strasbourg (1935-47) mit mehrjähriger Unterbrechung – zunächst durch eine Tätigkeit am *Institut Français* in Berlin (1936/37), dann durch den Kriegsdienst in der französischen Armee in den Jahren 1939-40 und wieder 1942-45. In der Zwischenzeit war er am *Lycée* in Oran (Algérie) tätig (1940-42).

Nach dem Kriege folgte seine Universitätskarriere, zunächst als Lehrbeauftragter (*Chargé d'Enseignement*) für Alte und Mittelalterliche Geschichte an der *Faculté des Lettres* zu Dijon (1947-52). Mit seiner Hauptthese, der *Thèse principale* über Tradition und Wirkungsgeschichte Karls des Großen im mittelalterlichen Deutschen Reich, und seiner *Thèse secondaire* über den liturgischen Karlskult in den Kirchen des mittelalterlichen Kaiserreichs erwarb Folz am 4. Juni 1949 das *Doctorat ès Lettres*. In der Folge war er dann seit 1952-1978 Professor für Mittelalterliche Geschichte an der *Faculté des Lettres* der Universität zu Dijon, dabei in den Jahren 1969-1976 Doyen der Fakultät, der jetzigen *Faculté des Sciences Humaines*. In dieser Zeit hat er, in der unauffälligen Art seines persönlichen wissenschaftlichen Wirkens, Verdienstvolles geleistet für die zunehmende Verbindung zwischen den Universitäten Mainz und Dijon, vor allem zwischen deren Historikern.

Robert Folz ist korrespondierendes Mitglied des *Institut de France* in dessen historischer Sektion, der *Académie des Inscriptions et Belles Lettres*, sowie der Akademie der Wissenschaften und der Literatur in Mainz und korrespondierendes Mitglied der *Monumenta Germaniae Historica* in München. Mit zweien seiner Lehrer, Marc Bloch und Lucien Fèbvre, sind repräsentative Namen genannt für die moderne französische historische Schule, die – vor allem in der Auseinandersetzung mit der Soziologie – von einer einseitig aus politischen, biographischen und diplomatischen *Res Gestae* konstruierten Historie, von einer nur narrativen und „historisierenden" Geschichte weg zu einer Geschichte der Strukturen und Mentalitäten kommen wollte und zu einer Synthese der vielfältigsten Spezialwissenschaften zu kommen versuchte, die alle Lebensbereiche zu erfassen und „ins Herz der Dinge", der menschlichen Geschichte, vorzudringen strebte. Diesen wissenschaftsgeschichtlich so bedeutsamen Impuls, der damals von Frankreich ausgegangen und insbesondere von Henri Berr mit seiner universalhistorischen Synthese der *Evolution de l'Humanité* konzentriert worden ist, hat auch R. Folz aufgenommen – aber man darf hinzufügen, daß er es verstand, dies auch mit Konzeptionen und Methoden der deutschen Geschichtswissenschaft zu verbinden.

Er selbst ist auch keineswegs zum Verächter jener vielgeschmähten „Ereignisgeschichte" (*Histoire évènementielle*) geworden; bei Folz, der sowohl für das historische

Ereignis wie für den Wesenszusammenhang von Ereignis und Struktur das rechte Gespür hat, wird das Ideal jener oft berufenene *Histoire totale* angegangen in beharrlich strenger historischer Arbeit, die nüchternen Forschungspragmatismus mit der beflügelnden Phantasie des Historikers verbindet und die in der Geschichte insbesondere die geistesgeschichtlichen, kulturhistorischen Aspekte und Wirkungen erforscht. Die große Allgemeingeschichte kommt dabei ebenso wenig zu kurz wie das „Ereignis", die Strukturen und die Mentalitäten.

Das thematische Interesse an deutscher Geschichte, an Problemen und Epochen des deutschen Mittelalters, wird bei Folz schon seit seinen ersten Publikationen sichtbar: Bereits seine wissenschaftliche Abhandlung von 1931 hatte das Thema: „Le concordat germanique et l'élection des évêques de Metz 1448-1668". Von den großen wissenschaftlichen Arbeiten und Büchern war eine ganze Reihe dann vor allem der Karolingischen Geschichte und der Geschichte des mittelalterlichen Imperiums gewidmet – beginnend mit der 1950 in Paris erschienenen *Thèse principale*: „Le souvenir et la légende de Charlemagne dans l'empire germanique médiéval", die schon erwähnte Wirkungsgeschichte der mentalen und politischen Karlstradition im mittelalterlichen deutschen Reich, – ein bis heute grundlegendes Buch, das 1963 nachgedruckt worden ist, damals ergänzt durch die als *Thèse secondaire* präsentierte Studie über den liturgischen Karlskult in den Kirchen des Kaiserreichs (Paris 1951).

Diese für die Erkenntnis der mittelalterlichen Welt und Mentalität sehr aufschlußreichen Forschungen hat er auch später noch weiterverfolgt in einer Studie über den liturgischen Karlskult St.-Charlemagne in den Kirchen Frankreichs – ein Beitrag zu dem 1965 entstandenen deutschen Sammelwerk: „Karl der Große, Lebenswerk und Nachleben" (Bd. 4, 1967). Im Zusammenhang mit solchen wirkungsgeschichtlichen Studien hat Folz sich damals auch dem „historischen Ereignis" in seiner ganzen Komplexität zugewandt mit seinem Buch über die Kaiserkrönung Karls des Großen: „Le couronnement impérial de Charlemagne", Paris 1964, erschienen in einer Publikationsreihe, die ganz programmatisch eine Serie großer Daten der Geschichte Frankreichs präsentieren will: „Trente Journées qui ont fait la France: 25 Décembre 800". Diese erneute Untersuchung eines von deutschen und französischen Historikern vieldiskutierten Problems der gemeinsamen karolingischen Geschichte gehört in ihrer Gründlichkeit, Ausgewogenheit und der Vielfalt der behandelten Aspekte zu den heute maßgebenden Darstellungen – und sie ist zugleich ein wesentlicher Beitrag zu der berühmten Diskussion der Historiker um „Karl den Großen oder Charlemagne", die hier *en toute honnêteté intellectuelle* weitergeführt und sachlich weitergebracht wird. Ein wahrer Klassiker in der Geschichtsschreibung über das mittelalterliche Kaisertum wurde das in mehrere Sprachen übersetzte Buch: „L'idée d'empire en occident du Ve au XVe siècle", Paris 1953 – eines der wichtigsten und grundlegenden Bücher über die Kaiseridee im mittelalterlichen Europa.

Seinen Beitrag zur Allgemeingeschichte hat Folz geliefert etwa mit der Darstellung: „La naissance du Saint Empire" (Paris 1967) und mit der weit ausgreifenden Übersicht: „Le monde germanique du Xe au XVe siècle (in der „Histoire Générale de la Pléiade"), und insbesondere durch seine Mitwirkung an der Neubearbeitung der repräsentativen französischen Universalgeschichte „Peuples et Civilisations". Hier hat er für den neuen 5. Band: „De l'Antiquité au Monde Médiéval" (Paris 1972) nicht nur die Direktion und herausgeberische Verantwortung übernommen, sondern auch einen

Großteil des Inhalts selbst verfaßt – europäische Geschichte in einer äußerst schwierig zu fassenden, komplexen Entwicklungsphase.

Neben diesem Werk der Geschichtsdarstellung, der Grundlagenforschung und der kritischen Quellenedition (wie etwa der Herausgabe der „Chartes et Documents de Saint-Bénigne de Dijon“) kann auf die reiche Fülle seiner anderen wissenschaftlichen Arbeiten und subtilen Einzelstudien hier nur eben noch allgemein hingewiesen werden, in denen er – von der Reihe seiner Forschungsberichte („Histoire de l'Allemagne au moyen âge“) abgesehen – die verschiedensten kulturhistorischen und strukturgeschichtlichen Probleme der Geschichte des europäischen Mittelalters behandelt hat. Das Historische Werk von Robert Folz umfaßt sowohl punktuelle Detailforschung als auch allgemeine Europäische Geschichte – mit besonderem Akzent auf der Kultur- und Ideengeschichte, in großer thematischer Variationsbreite und weitgespanntem historischen Horizont, in dessen Rahmen immer wieder Fragen und Epochen gerade der deutschen Geschichte des Mittelalters als außergewöhnlich oft und intensiv behandelter Forschungsgegenstand hervortreten.

Den Mitgliedschaften in Akademien und Forschungszentren und den offiziellen Auszeichnungen, in denen die Tätigkeit von Robert Folz Anerkennung gefunden hat, soll nunmehr das Mainzer Ehrendoktorat hinzugefügt werden. Wenn der Fachbereich Geschichtswissenschaft und der Gemeinsame Ausschuß der Fachbereiche 11-16 als die Teilnachfolger der alten Philosophischen Fakultät zu Mainz in ihren Sitzungen vom 31.1.79 und vom 1.6.79 beschlossen haben, Herrn Robert Folz die Ehrendoktorwürde zu verleihen, so möchten wir damit nicht nur einen führenden Mediävisten Frankreichs und einen international hoch angesehenen Historiker ehren, sondern auch einen Franzosen, der zu den Deutschen und ihrer Geschichte ein besonderes geistiges Verhältnis gefunden hat – geprägt von profunder wissenschaftlicher Kenntnis und hervorragendem historischen Verständnis. Wir ehren damit einen Gelehrten, der mit besonderem Recht ein Europäer genannt werden darf, der die französische wie die deutsche Geschichte zwar wohl als jeweils eigenständiges Feld historischer Forschung zu behandeln, beide aber stets in dem großen Geschichtszusammenhang eingefügt zu sehen versteht und der in seinem ganzen Forschen und Lehren sich um die Vermittlung des gemeinsamen französischen und deutschen Kulturerbes höchst verdient gemacht hat. Und wir dürfen damit einen Mann ehren, der mit der Bedeutung seines Werkes, der Stille seines Wirkens und der Bescheidenheit seiner Person ein Beispiel gesetzt hat.

Michael Kißener

Robert Folz (1910-1996). Ein Mediävist als kultureller Vermittler zwischen Deutschland und Frankreich

Wer das „*Wunder unserer Zeit*“, als das der französische Staatspräsident Charles de Gaulle einmal die Annäherung zwischen Deutschen und Franzosen nach mehr als einem Jahrhundert der *Erbfeindschaft* bezeichnet hat,[1] erklären will, der wird heute, nach Jahren intensiver historischer Erforschung des Phänomens kaum mehr rasche, einfache Antworten formulieren können. Die Entwicklung der deutsch-französischen Freundschaft nach dem Zweiten Weltkrieg: Sie war nicht nur das Werk von Staatsmännern wie Charles de Gaulle, Konrad Adenauer oder Robert Schuman. Sie war auch bedingt durch die Sachzwänge der weltpolitischen Lage im Zeitalter des *Kalten Krieges*, und sie war und ist in einem nicht gering zu achtenden Ausmaß das Produkt einer zivilgesellschaftlichen Annäherung zwischen beiden Völkern.[2] Zu dieser für den Historiker naturgemäß oft nur schwer quellenmäßig zu erfassenden Versöhnungsarbeit auf den unterschiedlichsten Ebenen haben viele Institutionen, viele Gruppen und gesellschaftliche Zusammenschlüsse beigetragen. Und eben auch viele Einzelpersönlichkeiten auf beiden Seiten der Grenze, die in ihrem Wirkungsrahmen andere Menschen überzeugen und mit der Idee der Völkerverständigung anstecken konnten.[3] Zu diesen kulturellen *Vermittlern*, deren Bedeutung in der modernen Soziologie und Politikwissenschaft unbestritten ist, gehörte in einer besonderen Weise auch Robert Folz.[4]

Vielleicht hätte der in seiner Zeit über die Grenzen Frankreichs hinaus bekannte Mediävist in der ihm von vielen Zeitgenossen attestierten Bescheidenheit dieses Verdienst nie für sich in Anspruch nehmen wollen. Zweifellos aber besaß er für eine solche Wirkung außerordentlich gute Voraussetzungen.

---

1 Vgl. Horst MÖLLER/Klaus HILDEBRAND (Hrsg.): Die Bundesrepublik Deutschland und Frankreich: Dokumente 1949-1963, Bd. 3, Parteien, Öffentlichkeit und Kultur, bearb. v. Herbert ELZER, München 1997, S. 1.

2 Zum Forschungsstand siehe Ulrich LAPPENKÜPER: Die deutsch-französischen Beziehungen 1949-1963. Von der „Erbfeindschaft“ zur „Entente élémentaire“ (Quellen und Darstellungen zur Zeitgeschichte 49), München 2001; Corine DEFRANCE/Ulrich PFEIL: Le traité de L'Elysée et les relations franco-allemandes 1945-1963-2003 (CNRS Histoire), Paris 2005; Hans Manfred BOCK: Wiederbeginn und Neuanfang in den deutsch-französischen Gesellschafts- und Kulturbeziehungen 1949 bis 1955. In: Lendemains 21 (1996), S. 58-66; Francois BEILECKE/Katja MARMETSCHKE (Hrsg.): Der Intellektuelle und der Mandarin: für Hans Manfred Bock, Kassel 2005.

3 Vgl. Michael KIßENER: Die deutsch-französische Freundschaft. Aspekte einer Annäherungsgeschichte. In: Historisch-Politische Mitteilungen 11 (2004), S. 183-201.

4 Über Robert FOLZ sind mehrere Nachrufe veröffentlicht worden. Zu den aussagekräftigsten dürften gehören: Jean RICHARD/Michel LAGRANGE: Éloge de Robert Folz (1910-1996). In: Mémoires de L'Académie des Sciences, Arts et Belles-Lettres de Dijon 136 (1997/98), S. 99-110; M. Jean SCHNEIDER: Hommage à Robert Folz (1910-1996). In: Académie Nationale de Metz 178 (1997), S. 65-75 und Harald ZIMMERMANN: Nachruf auf Robert Folz. In: Jahrbuch der Akademie der Wissenschaften und der Literatur 47 (1996), S. 120-122.

Folz war am 12. März 1910 in Metz als Sohn einer deutschsprachigen Familie geboren worden, in der humanistische Bildung einen ebenso hohen Wert hatte wie ein tief verwurzelter christlicher Glaube. Auch der Vater lehrte Geschichte an einer höheren Lehranstalt, er weckte das Interesse des Jungen an der mittelalterlichen Geschichte.[5] Nach dem Ersten Weltkrieg fand sich die Familie unvermittelt im französischen Staatsverband wieder, aus dem das Elsass und Lothringen ja erst nach dem deutschen Sieg 1871 herausgelöst worden waren. Die deutsche und französische Sprache wie auch die Kultur der beiden Völker verbanden sich schon aufgrund dieser wechselvollen territorialen Geschichte in der Biographie des jungen Folz.

An seinem Ziel, Historiker zu werden, änderte dies freilich nichts, und so entschloss er sich zum Studium der Geschichte und Geographie zunächst in Nancy, wo der Karolinger-Forscher Robert Parisot[6] sein Interesse auf das frühe Mittelalter und insbesondere auf Karl den Großen lenkte, auf eine Zeit also, in der von *Deutschen* und *Franzosen* im nationalstaatlichen Sinne noch keine Rede sein konnte, in der gleichsam die Mitte Europas noch *ein Reich* darstellte.[7] Da Parisot in den Ruhestand trat, wechselte der *licencié d'histoire et de géographie* nach Straßburg, wo sich in den 20er und 30er Jahren die Avantgarde der modernen französischen Historiographie versammelte: Lucien Febvre und Marc Bloch wurden nun seine Lehrer, die von ihnen getragene berühmte Schule der „Annales" auch seine Ausbildungsstätte.[8] 1933 absolvierte er die Agrégation und wechselte in den Schuldienst. Bis 1934 arbeitete er in Mulhouse, danach wieder in Straßburg. Unterbrochen wurde diese Tätigkeit 1936/37 durch eine Arbeit am Institut Français in Berlin. Neben der Pädagogik stand aber wohl die ganze Zeit auch das Bemühen, eine Doktorarbeit anzufertigen, und so wurde der Aufenthalt in Deutschland für mittelalterliche Quellenstudien genutzt. Was Folz in diesen Jahren im Berlin des Dritten Reiches mit ansehen konnte, war jene Überzeichnung des deutschen Nationalismus, der nur wenige Jahre später seine französische Heimat bedrohte.

Schon 1934 hatte Folz seinen Militärdienst abgeleistet. So stand er, als der Krieg ausbrach, der Armee ohne Zögern mit seinen perfekten deutschen Sprachkenntnissen als Militärübersetzer zur Verfügung. Schließlich bedrohte die deutsche Aggression den seit nicht einmal einem Jahr Verheirateten auch ganz direkt: seine Ehefrau Marianne Folz, Tochter eines Mathematiklehrers, musste die gemeinsame Wohnung in Straßburg räumen. Der Widerstand des französischen Militärs währte jedoch nicht lange. Bereits im Juli 1940 wurde Folz aus der geschlagenen Armee entlassen. An eine Rückkehr nach Straßburg war für ihn unter den Bedingungen einer deutschen Besatzung nicht zu denken. So siedelte er nach Toulouse über, das er aber schon zum 1. Januar 1941 Richtung Oran wieder verließ. Hier in der französischen Kolonie wirkte er fortan wieder als Lehrer. Im Gepäck hatte er dabei stets jene Unterlagen, die er für seine Arbeit an der Dissertation benötigte. Seinen Lehrer Marc Bloch besuchte er noch ein Mal 1941 in Montpellier, um ihn vom Fortgang seiner wissenschaftlichen Studien zu überzeugen.

---

5 SCHNEIDER, Hommage (wie Anm. 4), S. 66.

6 SCHNEIDER, Hommage (wie Anm. 4), S. 67.

7 Vgl. ZIMMERMANN, Nachruf (wie Anm. 4), S. 121.

8 Folz genoss deshalb wohl auch hohe Wertschätzung unter hervorragenden Vertretern der „Annales". Vgl. z.B. die Einschätzung von Le Goff, in: Jacques Le Goff: Geschichte und Gedächtnis, Frankfurt/M. 1999, S. 134.

1942 wurde Bloch von der Vichyregierung entlassen, schloss sich im Jahr darauf der Résistance an und starb als entdeckter Widerstandskämpfer im Juni 1944 im Kugelhagel eines deutschen Erschießungskommandos.[9]

Im November 1942 war auch für Folz der Zeitpunkt gekommen, wieder als Soldat zu kämpfen. Mit der Landung der alliierten Truppen in Nordafrika wurde er wieder als Militärübersetzer mobilisiert, machte die Landung in Italien bei Neapel mit und folgte schließlich 1944 der 1. Französischen Armee auf ihrem Zug durch Frankreich zur Befreiung von der deutschen Besatzung. Über die hier mit den Deutschen gemachten Erfahrungen hat Folz nie gesprochen, da er sich stets an seine Schweigepflicht als Geheimnisträger gebunden gefühlt hat.[10] Nur eine stattliche Anzahl von Orden und Ehrenzeichen lässt vermuten, dass er auch als Soldat Außerordentliches geleistet hat.[11]

Es wäre wohl kaum verwunderlich, wenn Folz nach all diesen schmerzlichen Erfahrungen sein Bild von Deutschland geändert und sich der damals gängigen Vorstellung von dem unverbesserlichen Deutschen, den man zum Schutze Frankreichs nun ein für alle Male niederhalten müsse, angeschlossen hätte. Doch davon war der Deutschlandkenner Folz nach dem Zeugnis vieler seiner Zeitgenossen weit entfernt.

Folz wurde nun zunächst in Straßburg ansässig und widmete sich ganz seiner wissenschaftlichen Karriere. Schon im Oktober 1947 wurde ihm ein Extraordinariat (*maître de conférence*) an der Universität in Dijon angeboten, das er annahm. 1949 begann er an der Sorbonne mit seiner formalen wissenschaftlichen Qualifizierung. Seine *thèse principale* über *„Le souvenir de la légende de Charlemagne dans l'Empire germanique médiéval"* und seine *thèse secondaire „Études sur le culte liturgique de Charlemagne dans les églises de l'Empire"*[12] begeisterten und trugen dazu bei, dass ihm 1952 ein reguläres Ordinariat in Dijon übertragen wurde. Mit dieser wissenschaftlichen Arbeit wie mit vielen nachfolgenden Werken eröffnete Folz seinen Zeitgenossen und Schülern ein tiefgründiges Verständnis für das deutsche Mittelalter, ein objektives, unverzerrtes Bild der mittelalterlichen Geschichte des Nachbarn, das so unmittelbar nach dem Kriege auch durchaus politische Bedeutung hatte. Das *Saint Empire*, seine Herrschaftsrealität und die allem zu Grunde liegende Herrschaftsidee war das Thema, um das seine intensive Forschung kreiste. So veröffentlichte er etwa 1953 *„L'idée d'Empire en Occident du Ve au XIVe siècle"*,[13] 1967 *„La naissance du Saint-Empire"*[14] und schon 1957 versuchte er dem gebildeten Frankreich in der populärwissenschaftlichen Reihe „Encyclopédie de la Pléiade II" *„Le monde germanique"* nahe

9 Zu Bloch vgl. Peter SCHÖTTLER (Hrsg.): Marc Bloch: Historiker und Widerstandskämpfer, Frankfurt/M. 1999.

10 SCHNEIDER, Hommage (wie Anm. 4), S. 68f.

11 Folz erhielt u.a. auch die amerikanische Auszeichnung „Medal of Freedom".

12 Robert FOLZ: Le souvenir et la légende de Charlemagne dans l'Empire germanique médiéval, Genf ²1973 (EA Paris 1950); DERS.: Études sur le culte liturgique de Charlemagne dans les églises de l'Empire, Paris 1951.

13 Robert FOLZ: L'idée d'Empire en Occident du Ve au XIVe siècle, Paris 1953 (amerik. unter dem Titel: The concept of Empire in Western Europe from the 5th to the 14th century, New York 1969).

14 Robert FOLZ: La naissance du saint-empire: textes de Otton Ier, Widukind de Corvey, Liutprand de Crémone, Thietmar de Mersebourg, Flodoard, Gerbert, Wipon, Paris 1967.

zu bringen.[15] Mehr als das: Folz setzte sich für eine Erfahrungsaustausch der Mediävisten in Frankreich und Deutschland ein, für eine Zusammenarbeit am gemeinsamen kulturellen Erbe. Über 33 Jahre vermittelte er zusammen mit Philippe Dollinger der französischen Fachöffentlichkeit durch einschlägige Literaturberichte in der „Revue historique" Kenntnisse der deutschen Mittelalterforschung und trug so entscheidend zur Überwindung der Sprachbarrieren bei. Umgekehrt war er auch ein Vermittler der französischen Mittelalterforschung nach Deutschland. Seine Dijoner Kollegen resümierten daher wohl zu Recht: *„Grâce à lui et à quelques autres, la science historique française a pu occuper une place de choix dans l'histoire médiévale de l'Allemagne"*.[16]

In dieser Weise lehrte er fortan in Dijon, seiner Universität, die er trotz mehrerer Angebote anderer Hochschulen nicht verließ und die seine Heimat wurde, zum Vorteil auch der Burgundischen Geschichtsschreibung, die er in vielfältigster Weise befruchtete.[17]

Dijon war aber in dieser Zeit auch in einer weiteren Perspektive ein fruchtbarer Boden für einen Mann wie Folz, der so leicht wie nur wenige andere als kultureller Vermittler wirken konnte. Die Universität hatte nämlich als erste eine, wenn auch zunächst lose, Partnerschaft, *jumelage*, mit der Johannes Gutenberg-Universität in Mainz geschlossen. Diese Verbindung lag nahe, weil Mainz eine Universitätsneugründung aus der Zeit der französischen Besatzungsherrschaft war, die der französische Kulturoffizier Raymond Schmittlein, ein Mann mit familiären Wurzeln im Elsass, angeregt und umgesetzt hatte.[18] Anders als die traditionellen Hochschulen Freiburg und Tübingen sollte Mainz eine Reformhochschule werden, die Deutschen der westlichen Wertegemeinschaft wieder zuführen und ganz und gar von demokratischem Geist und freiheitlichem Aufbauwillen durchdrungen sein. Vor diesem Hintergrund hatten zwei der ersten Mainzer Professoren, der Philologe Helmuth Scheel[19] und der Philosoph und Leiter des Studium Generale Karl Holzamer,[20] zusammen mit dem französischen Kul-

15 Robert FOLZ: Le monde germanique. In: Encyclopédie de la pléiade. Histoire Universelle 2. De l'Islam à la Réforme, Paris 1957, S. 593-690.

16 RICHARD/LAGRANGE, Éloge (wie Anm. 4), S. 102.

17 Beispielhaft sei hier nur die Edition der Urkunden des Klosters St-Bénigne de Dijon erwähnt. Robert FOLZ/Jean MARILIER (Hrsg.): Chartes et documents de Saint-Bénigne de Dijon: prieurés et dépendances des origines à 1300, Dijon 1986. Folz' Ehefrau Marianne engagierte sich für die „Association Bourguignonne Culturelle". Vgl. SCHNEIDER, Hommage (wie Anm. 4), S. 73.

18 Zum Forschungsstand über die Gründung der Mainzer Universität und die Rolle Schmittleins siehe die einschlägigen Aufsätze in Michael KIßENER/Helmut MATHY (Hrsg.): Ut omnes unum sint (Teil 1). Gründungspersönlichkeiten der Johannes Gutenberg-Universität (Beiträge zur Geschichte der Universität Mainz N.F. 2), Stuttgart 2005.

19 Helmuth Scheel (1895-1967), ehemals Direktor der Preußischen Akademie der Wissenschaften, war Professor für islamische Philologie und Islamkunde. Weiterführende Angaben bieten: Helmuth Scheel 1895-1967: Würdigung durch die Philosophische Fakultät der Johannes Gutenberg-Universität Mainz, Mainz 1968 sowie die Kurzbiographie von Konrad FUCHS, in: Biographisch-Bibliographisches Kirchenlexikon, begr. u. hrsg. v. Friedrich Wilhelm BAUTZ. Fortgef. v. Traugott BAUTZ, Bd. XVII, Hamm 2000, Sp. 1197-1201 und die im Universitätsarchiv Mainz verwahrte Beiakte (Scheel 2010).

20 Zu Holzamer siehe Karl HOLZAMER/Bruno KRAMMER: Lebensreise zwischen Philosophie und Fernsehen, Mainz 2003.

turoffizier Gabriel Fosse eine *jumelage* mit einer französischen Hochschule geplant und angebahnt.[21] Die Datierung dieser ersten Verbindung zwischen Mainz und Dijon lässt sich aus den noch vorhandenen deutschen Akten nicht präzisieren. Da anscheinend kein offizielles Partnerschaftsdokument ausgetauscht wurde, ist diese *jumelage* nur aus späteren Rückblicken und zusammenfassenden Aktennotizen zu erschließen, die aber unterschiedliche Zeitpunkte angeben.[22] Ganz gleich ob man aber 1947, 1949 oder 1952 als den Beginn dieser Kontaktaufnahme annimmt: die Partnerschaft war außerordentlich früh angebahnt und sie war natürlich auf Pflege und Initiative interessierter Professoren angewiesen. Und genau in diesem Zusammenhang tritt uns in den wenigen erhaltenen Dokumenten Robert Folz immer wieder entgegen.[23] Gegenstand dieser frühen *jumelage* war vornehmlich das gegenseitige Kennenlernen des Lehrkörpers im Rahmen von Gastvorträgen. Hier betätigte sich Folz offenbar eifrig, war er doch als einer der wenigen Professoren in Dijon in der Lage, vor deutschem Publikum in fehlerfreiem Deutsch vorzutragen und umgekehrt nach geeigneten deutschen Gastdozenten für Vorträge in Dijon zu suchen. Da die Universität Mainz auch Jahr für Jahr mehrere Gaststipendien für französische Studenten bereit hielt (3-6 Stipendien), war Folz ein gefragter Ansprechpartner für die Vermittlung. Freilich konnte aufgrund der unterschiedlichen Studienverläufe und Qualifikationsnachweise dieses Angebot oft nicht genutzt werden, und so war es Folz, der den enttäuschten Mainzern die fehlende Dijoner Reaktion erklären musste, dabei aber auch eine Harmonisierung der Studienabläufe anmahnte.[24] Gerade in den 1960er Jahren, als die *jumelage* aufgrund vielfältiger Probleme und eben der Sprachbarriere erlahmte, hielt Folz den Kontakt.

1976 begann eine neue Phase in den partnerschaftlichen Beziehungen der beiden Universitäten, nachdem auch die Presse ein erlahmendes Interesse in der Wissenschaft kritisiert hatte,[25] das den ansonsten aufblühenden Beziehungen in anderen Bereichen

---

21 Johannes Gutenberg-Universität Mainz, Akad. Auslandsamt, Akte 2./8 U. Dijon 1962-78, Aktennotiz für den Präsidenten, Oktober 1965. Vgl. ebd. auch Prof. Peter Noll (Akad. Auslandsamt) an Präsidenten, 10. Juni 1965.

22 Johannes Gutenberg-Universität Mainz, Akad. Auslandsamt, Akte 2./8 U-Dijon 1962-78, Aktennotiz für den Rektor, Oktober 1965. In diesem Dokument wird die *jumelage* auf das Jahr 1952 datiert. Dagegen wird in einem Vermerk des persönlichen Referenten des Präsidenten vom 15. Februar 1982, Johannes Gutenberg-Universität Mainz, Akad. Auslandsamt Akte Dijon U. de Bourgogne, Grundsatza. – 87 festgehalten, die *jumelage* sei 1947 begonnen worden und sei die erste Nachkriegspartnerschaft einer deutschen Universität überhaupt gewesen. Dagegen stellt ein weiterer Vermerk für den Präsidenten vom 11. Januar 1980 ebd. fest, die *jumelage* sei im Frühjahr 1949 begonnen worden. Für die Existenz einer frühen Partnerschaft der beiden Universitäten spricht die Abhaltung eines Internationalen Ferienkurses im August 1947, an dem offenbar viele französische Studenten teilnahmen sowie die besondere Betonung der universitären Verbindung zu Dijon, auf die Rektor Johannes Kraus in einer Ansprache 1957 schon hinwies. Vgl. dazu Helmut MATHY: Die Universität Mainz 1477-1977, Mainz 1977, S. 321f.

23 Vgl. kursorische Korrespondenz Folz in Johannes Gutenberg-Universität Mainz, Akad. Auslandsamt Akte 2./8 U. Dijon 1962-78.

24 Johannes Gutenberg-Universität Mainz, Akad. Auslandsamt Akte 2./8 U. Dijon 1962-78, Folz an Scheel, 30. November 1962.

25 Vgl. Artikel „Mainz am Rhein. Partnerschaft – aber wie?" In: Die Freiheit: Organ der sozialdemokratischen Partei Deutschlands, 10. Juli 1963 oder „Partnerschaft überwindet Erstarrungsprozess". In: Allgemeine Zeitung, Mainz, 21. September 1971.

gegenüberstand. Der Fachbereich Rechts- und Wirtschaftswissenschaften der Johannes Gutenberg-Universität, der unter Führung von Prof. Hubert Armbruster[26] schon früher ein besonderes Engagement gezeigt hatte,[27] ergriff nun erneut die Initiative und schloss am 11. Februar 1976 eine eigene, schriftlich fixierte Partnerschaft mit dem Dijoner Pendant, die regelmäßige Aktivitäten, vor allem aber einen kontinuierlichen Studentenaustausch auf der Basis geregelter Anerkennung von Studienleistungen organisierte.[28] Der Erfolg dieser Initiative war bestechend. Das Vorbild des Fachbereichs Rechts- und Wirtschaftswissenschaften[29] führte deshalb recht bald schon zu einem heute noch gültigen Rahmenabkommen zwischen den beiden Universitäten, das mehrfach modifiziert und erweitert wurde.[30] Aufgrund dieses *„Interuniversitären Abkommens ... über eine Zusammenarbeit in Forschung, Studium und Lehre"* vom 10. September 1976 (Unterzeichnung in Dijon) bzw. 18. Februar 1977 (Unterzeichnung in Mainz) intensivierten sich die Beziehungen zwischen den beiden Universitäten erneut.[31] Dijon-Beauftragte in den einzelnen Fachbereichen wurden gewählt, die nun ihrerseits für eine neue Qualität der Partnerschaftspflege sorgten. Für den Fachbereich 16 Geschichtswissenschaft übernahm Prof. Dr. Hermann Weber, vormals stellv. Leiter des Deutschen Historischen Instituts in Paris, diese Aufgabe und brachte durch ein beeindruckendes persönliches Engagement für diese Kontaktpflege die französisch-deutsche Historikerzusammenarbeit wieder in Gang.[32]

Diese neue Phase der Dijon-Mainz-Beziehungen erlebte Folz nur noch als Emeritus, denn 1978 war er in den Ruhestand getreten. Die damals in der Verantwortung

---

26 Weiterführende Angaben über den Staats- und Verwaltungsrechtler Hubert Armbruster (1911-1995) finden sich in seiner Personalakte im Universitätsarchiv Mainz, Hauptakte S 64/15 (01) sowie Beiakte 2025. Grundsätzlich zu den frühen Mainzer Professoren vgl. Michael KIßENER: Der Lehrkörper. Kontinuität oder Wandel? Die erste Professorengeneration der Johannes Gutenberg-Universität Mainz. In: KIßENER/MATHY, Ut omnes (wie Anm. 18), S. 97-123.

27 Vgl. Johannes Gutenberg-Universität Mainz, Akad. Auslandsamt, Akte 2./8 U. Dijon 1962-78, ASTA an Rektor, 14. Dezember 1962. 1962 wurde beispielsweise im Rahmen eines Partnerschaftstreffens der beiden juristischen Fakultäten der 2. Mainzer ASTA-Vorsitzende Bruno Funk von den französischen Kommilitonen zum Ehrenpräsidenten der Fachschaft Jura in Dijon gewählt.

28 Johannes Gutenberg-Universität Mainz, Akad. Auslandsamt Akte 2./8 U. Dijon 1962-78, Dekan Rudolf an Kultusministerium, 15. März 1976.

29 Der Kausalzusammenhang wird bestätigt in dem Vermerk des persönlichen Referenten des Präsidenten vom 15. Februar 1982, Johannes Gutenberg-Universität Mainz, Akad. Auslandsamt Akte Dijon U. de Bourgogne, Grundsatza. – 87.

30 Johannes Gutenberg-Universität Mainz, Akad. Auslandsamt Akte 2./8 U. Dijon 1968-80, Interuniversitäres Abkommen zwischen der Universität Dijon und der Johannes Gutenberg-Universität Mainz über die Zusammenarbeit in Forschung, Studium und Lehre vom 10. September 1976/18. Februar 1977, ergänzt durch Vereinbarung zum Partnerschaftsvertrag, 1978 und Zusatzvereinbarung zum Interuniversitären Abkommen vom 3. November 1981. Mit solchen Zusatzvereinbarungen, die nach einer Erneuerung der Partnerschaftsvereinbarungen 1995 in den 1990er Jahren noch wesentliche Erweiterungen erfahren haben, wurde ein steigender Grad der Harmonisierung von Studienleistungen und Abschlüssen erreicht. Vgl. dazu auch Johannes Gutenberg-Universität Mainz, Präsidium, Registratur, Akte Nr. 1013 Dijon.

31 Johannes Gutenberg-Universität Mainz, Akad. Auslandsamt Akte 2./8 U. Dijon 1968-80, Interuniversitäres Abkommen ..., div. Abschriften.

32 Vgl. div. Schriftwechsel in Johannes Gutenberg-Universität Mainz, Akad. Auslandsamt Akte 2./8 U. Dijon 1968-80.

stehenden Mainzer Kollegen erinnern sich freilich noch, wie sehr Folz diese neue Qualität der Kontaktpflege begrüßte und selbst bereit war, bei den nun organisierten gemeinsamen Seminaren, bei Exkursionen mit Studenten und Vortragsveranstaltungen mitzuwirken.[33] Dabei zeigte er sich einmal mehr als besserer Kenner deutscher Volkskultur, wenn er, wie der damalige Ordinarius für mittelalterliche Geschichte Alfons Becker sich noch erinnert, bei einer Exkursion im Mittelrheintal anders als die deutschen Studenten in der Lage war, das Loreleylied vorzusingen.[34] Dieser Kontakt zu Folz war nicht zuletzt auch deshalb wertvoll, weil Folz nach seiner Emeritierung seine wissenschaftliche Arbeit intensivierte und wertvolle hagiographische und liturgiegeschichtliche Beiträge verfasste: so etwa die in der Sammlung „Subsidia hagiographica" erschienenen Bände über „Les saints rois"[35] oder „Les saintes reines".[36]

Folz' unaufgeregtes, liebenswertes, aber doch meist stilles Bemühen um die Annäherung der beiden Völker, ein Engagement, das eben über die Wissenschaft und die Kontakte eines Wissenschaftlers lief, das seine Grundlage aber vor allem in der anerkannten Qualität seiner wissenschaftlichen Arbeit hatte, wurde am Ende durch zahlreiche akademische Ehrungen und Mitgliedschaften gewürdigt, insbesondere in Deutschland.[37] Schon 1955 kooptierten ihn die renommierten Monumenta Germaniae Historica zum korrespondierenden Mitglied.[38] 1964 ernannte ihn die Mainzer Akademie der Wissenschaften und der Literatur auf Initiative von Prof. Scheel, der selbst Ehrendoktor in Dijon geworden war, zu ihrem korrespondierenden Mitglied.[39] 1979 initiierte Hermann Weber seine Ernennung zum Ehrendoktor der Mainzer Universität.[40] Folz hat, seinen Dankesschreiben nach zu urteilen, diese Ehrungen nicht nur freudig angenommen, sondern sich selbst mit Nachdruck in den Dienst der Sache gestellt. Bei den Beiratssitzungen fehlte er nur, wenn Krankheit ihn davon abhielt.

So bleibt der am 5. März 1996 schließlich verstorbene große Dijoner Mediävist in Erinnerung durch seine wegweisende wissenschaftliche Arbeit, durch die menschliche Wärme, an die sich alle, die ihn kannten, dankbar erinnern. Er bleibt aber auch in Erinnerung als einer von jenen, die auf ihre ganz eigene Weise, in ihrem Verantwor-

33 Div. Programme in Johannes Gutenberg-Universität Mainz, Akad. Auslandsamt Akte 2./8 U. Dijon 1968-80.

34 Erinnerung Alfons Becker, Telefonat des Autors mit A. Becker, 2. Dezember 2005.

35 Robert FOLZ: Les saints rois du Moyen âge en Occident: VIe-XIIIe siècles, Brüssel 1984.

36 Robert FOLZ: Les saintes reines du Moyen âge en Occident: VIe-XIIIe siècles, Brüssel 1992.

37 Auch außerhalb Deutschlands fand Folz breite wissenschaftliche Anerkennung. Er war Mitglied der *British Academy* und *Correspondant de l'Institut de France*. Er war Offizier der Ehrenlegion und der *Palmes académiques*. Die *Académie Nationale de Metz* machte ihn 1976 zu ihrem Mitglied.

38 Auskunft aus der Personalakte Folz in der Monumenta Germaniae Historica durch Horst Zimmerhackl, 23. September 2005. Folz wurde auf der Jahressitzung am 9./10. Oktober 1955 zum Korrespondierenden Mitglied gewählt.

39 Akademie der Wissenschaften und Kunst Mainz, PA Folz, Generalsekretär Scheel an Prof. Brunner, 13. Januar 1964. Die Zuwahl erfolgte mit 42 Ja-Stimmen bei zwei Enthaltungen in der Plenarsitzung am 31. Juli 1964. Der Mainzer Freundschaftskreis Burgund gratulierte Folz direkt zur Wahl. Dies mag als Indiz dafür gewertet werden, dass Folz möglicherweise auch zu dieser Partnerschaftsorganisation engere Kontakte unterhielt.

40 Johannes Gutenberg-Universität Mainz, Dekanat FB 07, Akte Ehrenpromotion Folz. Vgl. auch JoGu 8 (1979) Nr. 64, S. 10.

tungsbereich das ihnen Mögliche taten, um trotz aller Verwundungen, die die wechselvolle deutsch-französische Geschichte in der ersten Hälfte des 20. Jahrhunderts auf beiden Seiten des Rheins verursacht hatte, zur deutsch-französischen Aussöhnung beizutragen. Robert Folz, so formulierte der Mainzer Mediävist Alfons Becker in seiner Laudatio anlässlich der Ehrenpromotion wohl sehr richtig, dürfe eben *„mit besonderem Recht ein Europäer genannt werden".*[41]

Zusammenfassung

Die positive Entwicklung der deutsch-französischen Freundschaft nach dem Zweiten Weltkrieg war nicht nur das Werk „großer", vor dem Hintergrund der Sachzwänge des Kalten Krieges agierender Staatsmänner wie Charles de Gaulle, Konrad Adenauer oder Robert Schuman, sondern auch das Produkt zivilgesellschaftlicher Annäherungsarbeit, die von vielen Einzelpersönlichkeiten beiderseits der Grenze geleistet worden ist. Ein solcher „kultureller Vermittler" zwischen Deutschland und Frankreich war der am 12. März 1910 in Lothringen geborene Mediävist Robert Folz. Nach dem Studium der Geschichte und Geographie – u.a. bei Lucien Febvre und Marc Bloch – und nach seiner aktiven Teilnahme am Zweiten Weltkrieg, promovierte der Mediävist 1949 an der Sorbonne in Paris mit einer begeistert aufgenommenen Arbeit über Karl d. Gr. und das deutsche Mittelalter und erhielt nach verschiedenen Zwischenstationen 1952 ein reguläres Ordinariat für mittelalterliche Geschichte an der Universität in Dijon. Dort eröffnete Folz seinen Zeitgenossen und Schülern ein unverzerrtes Bild der mittelalterlichen Geschichte des deutschen Nachbarn, das so unmittelbar nach dem Kriege durchaus politische Bedeutung besaß. Besonderes Engagement entwickelte Folz in den folgenden Jahrzehnten mit den verschiedensten Initiativen als Vermittler zwischen deutscher und französischer Mittelalterforschung. Solch deutsch-französische „Beziehungsarbeit" fand schließlich ihre logische Ergänzung in Folz' Engagement im Zusammenhang mit der schon wenige Jahre nach dem Krieg entstandenen „jumelage" zwischen den Universitäten Dijon und Mainz. Der perfekt Deutsch sprechende Mediävist pflegte diese zunächst lose Partnerschaft, bei der zu Beginn noch das gegenseitige Kennenlernen der Lehrkörper im Rahmen von Gastvorträgen im Mittelpunkt stand, besonders intensiv, war Ansprechpartner für die Vermittlung französischer Studenten nach Mainz und hielt auch in Zeiten erlahmenden Interesses immer Kontakt zu den deutschen Nachbarn. Noch nach seiner Emeritierung 1978 war Folz bei den inzwischen deutlich intensivierten partnerschaftlichen Kontakten zwischen Dijon und Mainz auf gemeinsamen Seminaren, Exkursionen mit Studenten oder Vortragsveranstaltungen anzutreffen. Robert Folz, der 1979 zum Ehrendoktor der Mainzer Universität ernannt worden war und „mit besonderem Recht" als „Europäer" bezeichnet werden kann, verstarb schließlich am 5. März 1996.

---

41 Alfons BECKER: Laudatio Folz, Johannes Gutenberg-Universität, Dekanat FB 07, Akte Ehrenpromotion Folz (in diesem Band S. 2-4).

Résumé

Le développement si positif de l'amitié franco-allemande après la deuxième guerre mondiale ne fut pas seulement l'œuvre de grands hommes d'Etat qui, tels Charles de Gaulle, Konrad Adenauer ou Robert Schumann, déployaient leur action sur fond de guerre froide, mais fut également le produit du travail de rapprochement effectué par des personnalités issues du monde civil de part et d'autre de la frontière. Le médiéviste Robert Folz, né le 12 mars 1910 en Lorraine, faisait partie de ces «passeurs culturels» entre l'Allemagne et la France. Après des études d'histoire et de géographie, entre autres auprès de Lucien Febvre et de Marc Bloch, et sa participation active à la deuxième guerre mondiale, il soutint à la Sorbonne en 1949 une thèse fort remarquée dont le sujet portait sur Charlemagne et le Moyen Age allemand. Après plusieurs postes, il obtint en 1952 la chaire d'histoire médiévale de l'université de Dijon. C'est là qu'il professa auprès de ses collègues et de ses étudiants les leçons explicites de l'histoire médiévale du voisin allemand, entreprise qui revêtait si peu de temps après la guerre une dimension politique de premier ordre. A travers de multiples initiatives, Robert Folz fit preuve dans les décennies suivantes d'un engagement tout particulier en tant que passeur et intermédiaire entre les médiévistiques allemande et française. Un tel travail relationnel trouva sa conclusion logique dans l'appui qu'il prêta au jumelage conclu quelques années seulement après la guerre entre les universités de Dijon et de Mayence. Le médiéviste parlant l'allemand parfaitement savait faire vivre avec une grande intensité ce partenariat d'abord informel et limité dans un premier temps à la rencontre réciproque des corps enseignants par invitations et conférences interposées. Il fut le partenaire attitré pour l'envoi des étudiants français à Mayence et continua d'entretenir les contacts quand s'amorça une période de moindre intérêt mutuel. Même devenu émérite en 1978, Robert Folz n'en continua pas moins à animer des échanges redevenus plus intenses entre Dijon et Mayence par le biais de séminaires communs, de voyages d'étudiants ou bien de conférences. Robert Folz, à qui fut attribué en 1979 le titre de docteur honorifique de l'université de Mayence et que l'on peut à bon droit baptiser de véritable «Européen», mourut le 5 mars 1996.

Alain Saint-Denis

Biographie de Robert Folz

Robert Folz est né en 1910 à Metz. Son père était professeur au lycée. Sa mère était la fille de Nicolas Jung qui devint maire de la ville en 1919.

Il a fait ses études dans cette ville, puis à la Faculté des Lettres de Nancy et enfin à Strasbourg. Il était titulaire de la licence d'Histoire complète à 19 ans en mars 1929, et du diplôme d'études supérieures en novembre de la même année. Chose peu commune, il a publié son premier ouvrage «Le concordat germanique et l'élection des évêques de Metz» moins de deux années plus tard.

En 1933 il est reçu brillamment à l'agrégation d'Histoire et Géographie. Il est nommé au Lycée de Mulhouse (1933-4), effectue ses obligations militaires et reçoit un poste au lycée Fustel de Coulanges à Strasbourg (1935). Il part à Berlin dans le cadre de la préparation d'une thèse sur la légende de Charlemagne entreprise sous la direction de Marc Bloch (1936-7). De retour à Strasbourg, il se marie le 23 décembre 1937 puis élabore la plus grande partie de son ouvrage avant que la mobilisation du 26 août 1939 ne vienne l'interrompre pour longtemps.

Après la défaite et l'armistice, il enseigne pendant une courte période au lycée de Périgueux, puis rejoint Oran (1941) où il devient professeur au lycée. Jusqu'à son départ, il demeura en contact avec son maître. Il le rencontra pour la dernière fois durant l'été 1941 près de Montpellier avant que le grand historien ne gagne la clandestinité.

Robert Folz se joignit aux troupes alliées dès leur débarquement en Afrique du Nord et participa activement à la libération de l'Italie, puis de la France. Il occupa les fonctions d'interprète et reçut pour les services insignes qu'il a rendus plusieurs décorations prestigieuses dont la *Medal of Freedom* américaine.

Après la guerre, il retrouva son poste à Strasbourg, reprit ses recherches et, malgré la disparition tragique de son maître, acheva sa thèse. Il se retirait pour écrire dans un petit chalet alsacien situé dans la forêt surplombant la vallée de la Lauch, au pied du grand ballon de Guebwiller. Ainsi fut mené à bonne fin: «Le souvenir et la légende de Charlemagne dans l'Empire germanique médiéval et Étude sur le culte liturgique de Charlemagne dans les églises de l'Empire».

Entre temps, en 1947, peu après la naissance de son fils Jean-Martin, Robert Folz se vit proposer le service de la chaire d'Histoire du Moyen Âge à la Faculté des Lettres de Dijon où il décida de s'installer. La soutenance des deux thèses eut lieu à la Sorbonne en 1949 Ces ouvrage des plus novateurs, reposant sur des dépouillements d'archives d'une ampleur exceptionnelle furent édités en 1950 et 1951. Ils valurent à leur auteur de nombreuses récompenses et des invitations à enseigner en Allemagne, en Italie et en Belgique.

À Dijon, Robert Folz assura, pendant un temps, les cours d'Histoire Ancienne et d'Histoire du Moyen Âge avant de devenir professeur titulaire de la chaire d'Histoire du Moyen Âge en 1952. Il prit une part très active au développement de l'enseignement de sa spécialité et mit en place la préparation à l'agrégation d'Histoire. Assesseur du doyen de 1955 à 1967, membre du conseil de l'Université, il consacra beaucoup de son temps à la vie d'un établissement auquel il resta toujours attaché malgré les propositions qui lui furent faites d'une chaire en Sorbonne et du rectorat de l'académie de Poitiers. Il participa de près au développement de l'Université à l'époque où furent construites sur un vaste campus les nouvelles facultés des Sciences, des Lettres, de médecine et de pharmacie. Après 1968, il se vit charger d'une lourde responsabilité: celle de diriger la nouvelle unité de formation et de recherche dite des Sciences Humaines, un ensemble sans grande cohésion dans un contexte troublé. Sa patience infinie, son savoir-faire et un travail considérable lui permirent de surmonter ces handicaps et de dépasser les agressions sectaires dont il fut victime. Il parvint à créer dans cette nouvelle faculté un département de Musicologie aujourd'hui florissant et réputé. Il dirigea, en même temps le département d'Histoire (1968-1978).

Pendant 31 ans, il a participé à la formation de très nombreux étudiants intervenant à tous les niveaux du DEUG à l'agrégation. Ses cours avaient une réputation telle qu'ils attiraient des auditeurs libres en grand nombre. Ceux qui ont eu le bonheur de suivre son enseignement, dispensé debout, d'une voie claire et forte, avec pour seul soutien quelques demi feuilles de papier de récupération couverts d'une fine écriture noire n'ont pas oublié l'enthousiasme, la précision, la clarté et l'exigeante maîtrise dont il savait faire preuve. Cette aisance, il la devait à des dispositions personnelles incontestables mais aussi à un travail de préparation très soigné qui était la marque du profond respect qu'il avait pour ses auditoires. Malgré les lourdes charges qu'il exerçait, la porte de son bureau très enfumé, était toujours largement ouverte aux collègues et aux étudiants qu'il savait écouter avec respect, attention et bienveillance. Sa sensibilité et son intuition lui permettaient de percevoir les difficultés de son interlocuteur sans jamais que ce dernier ait besoin de trop en dire. Il avait l'art de délivrer des conseils avec discrétion et des messages d'encouragement sans insister par un simple regard ou par une poignée de mains infiniment variée accompagnée de quelques mots toujours parfaitement adaptés aux circonstances. Moments inoubliables pour ceux qui les ont vécus.

Durant toutes ces années, son rayonnement scientifique l'a amené à siéger dans les plus hautes instances universitaires. Il est devenu titulaire résident de l'Académie de Mayence et correspondant de l'Institut de France et de la *British Academy*. Il s'est engagé avec conviction pour favoriser la réconciliation franco-allemande et nouer des relations amicales puis une coopération suivie entre l'Université de Bourgogne et celle de Mayence dont il a été élu docteur *Honoris causa*. Malgré toutes ces activités dont l'addition semble susceptible de remplir plusieurs vies, Robert Folz qui savait dompter le temps avec un art consommé a réussi à écrire sans cesse. Il nous a laissé une œuvre considérable.

Dominée par plusieurs livres, considérés comme de grands classiques qui demeurent des références: «L'idée d'Empire en Occident» (1953); «Le couronnement impérial de Charlemagne» (1964); «La naissance du saint Empire» (1970); «De l'Antiquité au Monde Médiéval» dans la collection Peuples et Civilisations (1972, 1990); «Les saints rois du Moyen Âge en Occident (VIe-XIIIe siècles)» (1984); «Les saintes reines du Moyen Âge en Occident (VIe-XIIIe siècles)» (1992). Mais comment ne pas évoquer les dizaines d'articles publiées en français ou en allemand et des centaines de recensions et de bulletins critiques qu'il a livrés très régulièrement au cours de sa carrière dans «Erasmus», «Le Moyen Âge», «Les cahiers de civilisation médiévale, les Annales de Bourgogne» et surtout la «Revue Historique» où durant 33 ans grâce au fameux

«Bulletin d'Histoire de l'Allemagne» il a mis à la portée des historiens français la meilleure part de la production historique allemande sur le Moyen Âge.

Robert Folz a travaillé jusqu'à ce que la maladie, le chagrin, la souffrance, les conditions de vie accablantes qui ont été celles de derniers mois de sa vie ne l'en empêchent. La sérénité avec laquelle il a affronté ces épreuves répétées et la Foi profonde qui l'animait malgré tout suscitent à nouveau l'admiration.

Il a quitté ce monde dans la plus grande discrétion le 5 mars 1996. L'Université de Bourgogne à laquelle il a légué sa riche bibliothèque a perdu un grand savant et un serviteur dévoué.

Résumé

Robert FOLZ est né en 1910 à Metz. Il a fait ses études dans cette ville, puis à la Faculté des Lettres de Nancy et enfin à Strasbourg. En 1933 il est reçu brillamment à l'agrégation d'Histoire et Géographie. Il part à Berlin dans le cadre de la préparation d'une thèse sur la légende de Charlemagne entreprise sous la direction de Marc Bloch (1936/1937). Ses travaux furent interrompus par la seconde guerre mondiale au cours de laquelle il perdit son maître. Il participa activement à la libération de l'Italie et de la France au côté des troupes alliées. Après la soutenance remarquée de sa thèse intitulée *Le souvenir et la légende de Charlemagne dans l'Empire germanique médiéval*, il fut nommé professeur d'Histoire du Moyen Âge à l'Université de Dijon (1947) et conserva ce poste jusqu'en 1978. Engagé dans l'administration de son établissement, il fut l'infatigable artisan du rapprochement franco-allemand. Il assura dans *la Revue Historique* durant 33 ans le fameux *Bulletin d'Histoire de l'Allemagne* où il a mis à la portée des historiens français la meilleure part de la production historique allemande sur le Moyen Âge. Il fut l'initiateur d'une coopération suivie avec l'Université de Mayence dont il fut élu docteur *Honoris causa*. Il devint en outre titulaire résident de l'Académie de cette ville, puis correspondant de l'Institut de France et de la *British Academy*. Son œuvre d'une ampleur impressionnante est jalonnée de grands classiques: *L'idée d'Empire en Occident* (1953); *Le couronnement impérial de Charlemagne* (1964); *La naissance du saint Empire* (1970); *De l'Antiquité au Monde Médiéval* [coll. Peuples et Civilisations] (1972, 1990); *Les saints rois du Moyen Âge en Occident (VIe-XIIIe siècles)* (1984); *Les saintes reines du Moyen Âge en Occident (VIe-XIIIe siècles).* (1992). Robert Folz a quitté ce monde dans la plus grande discrétion le 5 mars 1996.

Zusammenfassung

Robert FOLZ wurde 1910 in Metz geboren. In dieser Stadt begann er auch seine Studien, die er an der Philosophischen Fakultät von Nancy und schließlich in Straßburg fortsetzte. 1933 bestand er glänzend seine Agrégation in Geschichte und Geographie. Zur Vorbereitung einer Doktorarbeit über die Legende Karls des Großen, die von Marc Bloch betreut wurde, ging er 1936/1937 nach Berlin. Seine wissenschaftliche Arbeit wurde durch den Zweiten Weltkrieg unterbrochen, in dessen Verlauf er seinen akademischen Lehrer verlor. Folz war aktiv an der Befreiung Italiens und Frankreichs auf Seiten der alliierten Truppen beteiligt. Nachdem er seine Dissertation mit dem Titel *Le souvenir et la légende de Charlemagne dans l'Empire germanique médiéval* (Karl der Große in Erinnerung und Legende im Deutschen Reich des Mittelalters, 1950) in bemerkenswerter Weise verteidigt hatte, wurde er zum Professor für mittelalterliche Geschichte an die Universität Dijon (1947) berufen, wo er bis 1978 lehrte. In der Verwaltung seiner Universität wurde er zum unermüdlichen Gestalter der französisch-deutschen Annäherung. 33 Jahre lang sorgte er für das regelmäßige Erscheinen des berühmten *Bulletin d'Histoire de l'Allemagne* in der Zeitschrift *Revue Historique*, wodurch er den französischen Historikern den größten Teil der Produktion der deutschen Geschichtswissenschaft über das Mittelalter zugänglich machte. Er initiierte die Zusammenarbeit mit der Universität Mainz, zu deren Ehrendoktor er ernannt wurde. Er wurde außerdem als ständiges Mitglied in die Akademie der Wissenschaften und der Literatur in Mainz berufen; daneben war er korrespondierendes Mitglied des *Institut de France* und der *British Academy*. Aus seinem wissenschaftlichen Werk, das einen eindrucksvollen Umfang erreichte, ragen einige große Standardwerke besonders heraus: *L'idée d'Empire en Occident* (1953), *Le couronnement impérial de Charlemagne* (1964), *La naissance du saint Empire* (1970), *De l'Antiquité au Monde Médiéval* [coll. Peuples et Civilisations] (1972, 1990), *Les saints rois du Moyen Âge en Occident (VIe-XIIIe siècles)* (1984), *Les saintes reines du Moyen Âge en Occident (VIe-XIIIe siècles)* (1992). Robert Folz hat diese Welt am 5. März 1996 still verlassen.

Alain Saint-Denis

Bibliographie de Robert Folz (12 mars 1910 – 5 mars 1996)

1931

Le concordat germanique et l'élection des évêques de Metz. Dans: Annuaire de la Société d'Histoire et d'Archéologie de la Lorraine XL (1931), p. 157-305.

Le concordat germanique et l'élection des évêques de Metz, Metz: Les arts graphiques, 1931.

1950

Le souvenir et la légende de Charlemagne dans l'Empire germanique, Paris: Belles Lettres, 1950.

À propos du culte des souverains au Moyen Âge. Dans: Revue d'Histoire et de Philosophie religieuse, 1950, n° 3.

1951

Études sur le culte liturgique de Charlemagne dans les églises de l'Empire, Paris: Belles Lettres, 1951.

La vie intellectuelle et religieuse d'un secteur de l'Allemagne d'après la Germania Sacra. Dans: Revue d'Histoire et de philosophie religieuse, 1951, n° 2, p. 234-239.

1952

Histoire de l'Allemagne au Moyen Âge. Publications 1939-1944 (avec Philippe Dollinger). Dans: Revue Historique, 1952, p. 87-117; 258-294.

1953

L'idée d'Empire en Occident, Paris: Aubier, 1953.

Les problèmes des origines de Cîteaux. Dans: Mélanges Saint Bernard, Dijon 1953, p. 284-294.

Le catharisme d'après un livre récent. Dans: Revue d'Histoire et de Philosophie religieuse, 1953, p. 322-328.

1955

L'esprit religieux du testament bourguignon. Dans: Mémoires de la Société pour l'Histoire du Droit des pays bourguignons, fasc. 17, 1955, p. 7-28.

1956

Histoire de l'Allemagne au Moyen Âge. Publications 1946-1954 (avec Philippe Dollinger). In: Revue Historique, 1956, p. 96-128.

L'empereur Frédéric Ier et le royaume de Bourgogne. Dans: Mémoires de la Société pour l'Histoire du Droit des pays bourguignons, fasc. 18, 1956, p. 113-126.

Quelques aspects de l'histoire de Langres d'après un ouvrage récent. Dans: Annales de Bourgogne 28 (1956), p. 182-189.

1957

Le monde germanique du Xe au XVe siècle. Dans: Histoire universelle (Encyclopédie de La Pléiade), Paris: Gallimard, 1957, p. 595-693.

La papauté médiévale vue par quelques-uns de ses historiens récents. Dans: Revue Historique 218 (1957), p. 32-63.

La proclamation de la Bulle d'Or à Metz, le 25 décembre 1356. Dans: Annuaire de la Société d'Histoireet d'Archéologie de la Lorraine LVII (1957), p. 159-167.

Tradition historiographique et culte de saint Dagobert, roi des Francs. Dans: Le Moyen Âge LXIX (1963), p. 17-35.

1958

Sur les traces de saint Augustin: Otton de Freising, historien des deux Cités. Dans: Collectanea Ordiis Cisterciensis, 1958.

Otton de Freising, témoin de quelques controverses intellectuelles de son temps. Dans: Bulletin de la Société Historique de Langres XII (1958), n° 171/172, p. 79-90.

Zur Frage der heiligen Könige. Dans: Deutsches Archiv 14 (1958), p. 317-344.

1959

Aspects du prieuré clunisien. Dans: Bulletin du Centre International d'études romane, 1959, p. 1-11.

Le monastère du Val des Choux au premier siècle de son histoire. Dans: Bulletin du Comité des travaux historiques et scientifiques, 1959, p. 91-115.

Le pouvoir pontifical au Moyen Âge. Dans: Revue d'Histoire et de philosophie religieuse, 1959, p. 46-50.

1960

Histoire de l'Allemagne au Moyen Âge (avec Philippe Dollinger). Dans: Revue Historique CCXXIV (1960), p. 123-154; 369-400.

Sur un texte controversé: le rituel du sacre impérial dit Censius II. Dans: Cahiers de Civilisation médiévale III (1960), 3, p. 285-294.

Préface au livre de Pierre Camp: Histoire d'Auxonne au Moyen Âge, Dijon 1960.

Réalité de l'Empire au XIIe siècle. Dans: Études politiques. Cahiers de l'Association interuniversitaire de l'Est, Strasbourg 1960, p. 25-33.

1961

Histoire de l'Allemagne au Moyen Âge. Publications 1955-1959 (avec Philippe Dollinger). Dans: Revue Historique CCXXIV (1961), p.123-154; 369-400.

1963

Les assemblées d'État dans les principautés allemandes au Moyen Âge. Dans: Études suisses d'Histoire générale 20 (1962/1963), p. 167-187.

Tradition hagiographique et culte de saint Dagobert, roi des Francs. Dans: Le Moyen Âge 70 (1963), p. 13-31.

Der Brief des italianischen Humanisten N. dei Beccari an Karl IV. Dans: Historisches Jahrbuch 82 (1963), p. 148-162.

Le mépart dans les églises bourguignonnes. Dans: Mémoires de la Société pour l'Histoire du Droit des pays bourguignons, comtois et romans, fasc. 24, 1963, p. 229-245.

Sur le principe de l'autorité religieuse au Moyen Âge. Dans: Revue des Sciences religieuses 37 (1963), p. 27-33.

1964

Histoire de l'Allemagne au Moyen Âge. Publications 1960-3 (avec Philippe Dollinger). Dans: Revue Historique CCXXVIII (1964), p.165-190; 437-462.

Le couronnement impérial de Charlemagne. Dans: Trente journées qui ont fait la France (coll.), Paris: Gallimard, 1964. Trad. anglaise 1974.

La chancellerie de Frédéric Ier et la canonisation de Charlemagne. Dans: Le Moyen Âge, 1964, p. 13-31.

Vie posthume et culte de saint Sigisbert, roi d'Austrasie. Dans: Peter Classen/Peter Scheibert (Hg.): Festschrift P. E. Schramm, Wiesbaden: Steiner, 1964. p 7-26.

1965

La légende liturgique de saint Sigismond d'après un manuscrit d'Agaune. Dans: Speculum Historiale. Festschrift J. Spörl, Munich 1965, p 152-166.

1967

La naissance du Saint Empire. Dans: Le mémorial des siècles (coll.), Paris: Albin Michel, 1967. 2e éd. collection Marabout Université, 1982.

Aspects du culte liturgique de saint Charlemagne en France. Dans: Wolfgang Braunfels/Percy Ernst Schramm (Hg.): Karl der Große. Lebenswerk und Nachleben. Bd. 4: Das Nachleben, Düsseldorf 1967, p. 77-99.

Metz dans la monarchie franque au temps de saint Chrodegang. Dans: Saint Chrodegang, Metz 1967, p 11-24.

1969

Le régime monocratique en Allemagne, XIe-XVe siècle. Dans: Recueils de la Société Jean Bodin, t. XXII: La monocratie, Bruxelles: Les éditions de la librairie encyclopédique, 1969, p. 241-327.

Histoire de l'Allemagne au Moyen Âge (avec Philippe Dollinger). Dans: Revue Historique CCXLI (1969), p. 179-200; 409-440.

1971

La sainteté de Louis IX d'après les manuscrits liturgiques de sa fête. Dans: Revue d'Histoire de l'Église de France 57 (1971), p. 31-45.

1972

De l'Antiquité au monde médiéval (dir. avec la collaboration d'A. Guillou, L. Musset, D. Sourdel), Paris: Presses universitaires de France, 1ere éd. 1972, 2e éd. remise à jour 1990. Contributions: p. 1-86; 289-413.

1973

Le Saint Empire Romain Germanique. Dans: Recueils de la Société Jean Bodin, t. XXXI: Les grands Empires, Bruxelles: Les éditions de la librairie encyclopédique, 1973, p. 309-355.

1974

Le deuxième concile de Lyon et l'Allemagne. Dans: 1274, année charnière, mutations et continuités (Lyon, Paris, 30 septembre – 5 octobre 1974), Paris: Éditions du C.N.R.S., 1977, p. 449-479.

Die Ständeversammlungen in den deutschen Fürstentümern. Dans: Heinz Rausch (Hg.): Die geschichtlichen Grundlagen der Modernen Volksvertretung: Die Entwicklung von den mittelalterlichen Korporationen zu den modernen Parlamenten, Darmstadt: Wissenschaftliche Buchgesellschaft, 1974, p. 181-210.

Histoire de l'Allemagne au Moyen Âge. Publications 1969-1973. Dans: Revue Historique CCLI (1974), fasc. 510, p. 435-458; fasc. 512, p. 445-478.

1975

Le sacre impérial et son évolution (Xe-XIIIe siècle). Dans: Le sacre des rois, Colloque international des sacres royaux (Reims, 1975), Paris: Belles Lettres, 1985, p. 89-100.

Tradition hagiographique et culte de sainte Bathilde, reine des Francs. Dans: Comptes-rendus de l'Académie des inscriptions et belles lettres année 1975, juillet – octobre, Paris: Klincksieck, 1975, p. 369-384.

Pierre le Vénérable et la liturgie. Dans: Pierre Abélard, Pierre le Vénérable (Abbaye de Cluny, 2-9 juillet 1972), Paris: C.N.R.S., 1975, p. 143-163.

1977

L'histoire de la chevalerie d'après Moriz von Craun. Dans: Études germaniques 32 (1977), 2, p. 119-128.

1978

Charlemagne en Allemagne. Dans: Charlemagne et l'épopée romane, Actes du VIIe Congrès International de la Société Rencesvals (Liège 28 août – 4 septembre 1976), Liège 1978, p. 77-101.

Naissance et manifestations d'un culte royal: Saint Edmond, roi d'Est-Anglie. Dans: Karl Hauck/Hubert Mordek (Hg.): Geschichtsschreibung und geistiges Leben in Mittelalter. Festschrift für Heinz Löwe zum 65. Geburtstag, Köln/Wien: Böhlau, 1978, p. 226-246.

Histoire d'Allemagne au Moyen Âge. Publications des années 1974-1976. Dans: Revue Historique, t. CCLIX, p. 163-203.

1980

Quelques aperçus sur les saints rois du Moyen Âge. Dans: Mémoires de l'Académie des sciences, arts et belles lettres de Dijon CXXIV (1979/1980), p. 43-52.

Trois saints rois «souffre-Passion» en Angleterre: Osvin de Deira, Ethelbert d'Est Anglie, Edouard le Martyr. Dans: Comptes-rendus de l'Académie des inscriptions et belles lettres année 1980, janvier – mars, Paris: Klincksieck, 1980, p. 36-49.

Saint Oswald, roi de Northumbrie, étude d'hagiographie royale. Dans: Annalecta bollandiana 98 (1980), fasc. 1/2, p. 49-74.

L'interprétation de l'Empire ottonien. Dans: Orient et Occident (colloque de la société des historiens médiévistes de l'enseignement supérieur public, Dijon, 1978), Dijon: Éditions universitaires, 1980, p. 5-30.

Remiremont dans le mouvement colombanien. Dans: Michel Parisse (dir.): Remiremont, l'abbaye et la ville, Actes des journées d'études vosgiennes (Remiremont, 17-20 avril 1980), Nancy: Université de Nancy II, 1980, p. 15-27.

1981

Histoire de l'Allemagne au Moyen Âge, Publications des années 1977-1980. Dans: Revue Historique CCLXV (1981), 1, p. 131-167.

1982

La légende liturgique de saint Henri II empereur et confesseur. Dans: Mélanges Jacques Stiennon, Liège: Pierre Mardaga, 1982, p. 245 - 258.

1983

Histoire de l'Allemagne au Moyen Âge. Dans: Revue Historique, t. CCLXX, 2, p. 403-444.

1984

Sur la légende d'origine des Francs. Dans: Mémoires de l'Académie des sciences, arts et belles lettres de Dijon CXXVI (1983/1984), p. 187-199.

Les saint rois du Moyen Âge en Occident (VIe-XIIIe siècles) (Subsidia Hagiographica, no 68), Bruxelles: Société des Bollandistes, 1984.

1985

La pénitence publique au IXe siècle d'après les canons de l'évêque Isaac de Langres. Dans: L'encadrement religieux des fidèles au Moyen Âge et jusqu'au concile de Trente. Actes du 109e congrès national des Sociétés savantes (Dijon, 1984), Paris: C.T.H.S., 1985, p. 331-343.

Tradition et culte de Hildegarde. Dans: Autour d'Hildegarde (Metz, 1986), Université de Paris X – Nanterre, 1987, p. 11-25.

1986

Chartes et documents de Saint-Bénigne de Dijon, prieurés et dépendances, des origines à 1300. Tome I (avec la collaboration de Jean Marilier, Analecta Burgundica), Dijon: Société des Annales de Bourgogne, 1986.

L'évêché de Langres dans les rivalités politiques de la fin du IXe siècle. Dans: Langres et ses évêques, VIIIe-XIe siècle (colloque Langres – Ellwangen, 28 juin 1985), Société historique et archéologique de Langres, 1986, p. 117-132.

1987

Histoire de l'Allemagne au Moyen Âge. Dans: Revue Historique, t. CCLXXIV, 1, p. 201-218.

1989

Un évêque ottonien: Thierry Ier de Metz (965-984). Dans: Media in Francia. Recueil de Mélanges offert à Karl Ferdinand Werner, s.l.n.d. Maulévrier: Hérault éditions, 1989, p. 139-156.

1991

Les trois couronnements de Charles le Chauve. Dans: Alain Dierkens et Jean-Marie Sansterre (dir.): Le souverain à Byzance et en Occident du VIIIe au Xe siècle (Actes du colloque international organisé par l'Institut des Hautes Études de Belgique, Byzantion, T. LXI), Bruxelles 1991, p. 93-111.

Adalbéron II, évêque de Metz, 984, 1005. Dans: Klaus Herbers (dir.): Ex ipsis rerum documentis, Festschrift fur Harald Zimmermann, Sigmaringen: Thorbecke, 1991, p. 399-415.

1992

France et Allemagne: genèse de deux peuples. À propos d'un ouvrage récent. Dans: Le Moyen Âge XCVIII (1992), n° 1, p. 85-90.

Les saintes reines du Moyen Âge en occident (VIe-XIIIe siècles) (Subsidia Hagiographica, n° 76), Bruxelles: Société des Bollandistes, 1992.

Patrick Corbet

Robert Folz, historien de la sainteté royale au Moyen Age

Il ne peut y avoir de surprise à voir évoqués, dans une table ronde consacrée à l'œuvre de Robert Folz, ses travaux sur les saints rois et les saintes reines du Moyen Age. Historien de l'Empire, spécialiste du haut Moyen Age, connaisseur du passé de la Bourgogne, où il fit carrière, le maître dijonnais accorda aussi une constante attention à ce thème, de sa thèse de doctorat d'Etat de 1950 aux «Saintes reines» de 1992 (quatre ans avant sa disparition).

L'ampleur de la tâche effectuée sur cette question n'est pas difficile à prouver. L'établissement de la bibliographie sur le sujet, telle qu'elle figure à la fin de cette contribution, incite à réaliser des comptages. En voici les résultats: même en mettant de côté les deux thèses de 1950-1951 (pourtant liées à ce thème), c'est près de 450 pages de livres et 220 pages d'articles que R. Folz écrivit à ce propos. Si l'on ajoute les conférences, les participations (et souvent les présidences) à des jurys de thèse,[1] et surtout les recensions bibliographiques (il y en eut de décisives), l'on constate que R. Folz fut non seulement le spécialiste français du XXe siècle, mais surtout l'un des trois ou quatre savants internationaux qui marquèrent cette question capitale,[2] au même titre que Fr. Graus ou E. Hoffmann, pour ne pas parler ici des historiens anglais.[3]

Pour entrer plus avant dans l'analyse de cette oeuvre, nous nous livrerons d'abord à un commentaire chronologique de la bibliographie, afin de dégager le cheminement de la réflexion du médiéviste sur ce sujet et sa place parmi ses autres travaux. Dans un deuxième temps, nous nous attacherons à situer les apports fondamentaux de R. Folz à ce domaine.

I. Les étapes de l'œuvre de Robert Folz sur la sainteté royale

On trouvera évidemment comme point de départ des recherches de R. Folz sur la sainteté royale ses études de thèse d'Etat, qui forment comme le socle des travaux ultérieurs. Impulsées par Marc Bloch, dont «Les rois thaumaturges» voisinaient le thème ici examiné, la thèse principale sur «Le souvenir et la légende de Charlemagne dans l'Empire» et celle complémentaire sur le culte liturgique du grand souverain dans les églises de l'Empire lui ont assurément donné la maîtrise de nombreuses questions relatives à la sainteté royale: les processus de canonisation, les supports institutionnels de la vénération, la typologie des miracles et surtout le domaine du culte, magistralement

---

1 Nous songeons à la thèse d'Etat d'A. VAUCHEZ à la Sorbonne en 1978 ou à la nôtre (3e cycle) à Nancy en 1984.

2 Notons, sans s'en étonner, que la réception des travaux de R. FOLZ a été forte en Allemagne. Dans le volume collectif: J. PETERSOHN (Hrsg.): Politik und Heiligenverehrung im Hochmittelalter (Vorträge und Forschungen XLII), Sigmaringen 1994, ses contributions sont abondamment citées.

3 Voir les travaux de W. CHANEY, S. RIDYARD...

traité dans la deuxième thèse, à une époque où il ne figurait guère dans les programmes de l'Université française.

Charlemagne est toutefois un saint un peu particulier. L'entrée de R. Folz dans le champ de la sainteté royale se situe un peu plus tard, après la publication de ses thèses et celle de son livre sur l'idée d'Empire (1953). Elle correspond à l'article de 1958, «Zur Frage der heiligen Könige. Heiligkeit und Nachleben in der Geschichte des burgundischen Königtums». La contribution est un coup de maître, et l'on osera écrire, même si l'adjectif correspond mal à la personnalité du doyen, qu'elle signe de manière fracassante l'arrivée d'un grand savant sur un terrain jusque là jamais aussi bien défini. L'ampleur de l'étude (27 pages[4]), le prestige de la revue de publication (le «Deutsches Archiv»), le choix de la langue allemande, qui identifie en R. Folz un maître au pays de Fr. Kern et de P.-E. Schramm, la netteté programmatique du sur-titre (*«sur la question des saints rois»*) signalent une publication majeure, ce que confirme l'intérêt des résultats qui dévoilent (on y reviendra) les prémisses de la sainteté royale médiévale. En un coup, l'autorité du spécialiste est établie. Dans la foulée de ce travail fondateur figurent les contributions relatives à saint Dagobert II de Stenay (1963), où R. Folz révèle aux médiévistes un texte où s'aperçoit comme une perle une brillante allusion aux trois fonctions indo-européennes,[5] ainsi qu'à saint Sigisbert, parue dans la «Festschrift P.-E. Schramm».[6] Avec l'article de 1965 sur saint Sigismond (le second sur ce personnage), ces travaux semblent, compte tenu des délais de maturation de la réflexion et de publication, dévoiler les centres d'intérêt de R. Folz autour de 1960 et constituer une première génération d'études.

La décennie suivante est celle des grandes synthèses historiques du médiéviste, le «Couronnement impérial» (1964), la «Naissance du Saint-Empire» (1967), le «Peuples et civilisations» (1972). C'est pour la sainteté royale, une phase, semble-t-il, de moindre investissement. Les articles, issus de communications dans des colloques («Karl der Grosse», Saint Louis), paraissent davantage à caractère monographique.

Un second temps fort correspond aux dernières années de la carrière universitaire et au début de la retraite (1978) de R. Folz. Il commence avec les pages consacrées à la mérovingienne sainte Bathilde (1975), qui signent l'ouverture du questionnement à la sainteté des reines et inaugurent l'intérêt des haut-médiévistes pour une figure majeure du VIIe siècle qui ne cessera plus d'être attentivement scrutée.[7] Elles furent suivies par trois articles (1978-1980), formant une unité, puisque tous consacrés à des rois anglo-saxons du haut Moyen Age. Manifestant une extension géographique de l'enquête, faisant connaître des personnalités et des textes historiques peu connus, dégageant le thème de la souffrance des rois, comme on le redira, ils se placent haut dans la production du maître.

Une dernière phase est celle des deux synthèses, connues de tous, parues aux presses de la Société des Bollandistes. La première, de 1984, examine le cas de vingt-huit

---

4 C'est la plus longue des contributions de R. FOLZ sur ce thème.

5 Et aussi aux pouvoirs charismatiques des rois sur la nature et les récoltes. Le passage fut ultérieurement commenté par G. DUBY, Cl. CAROZZI et M. BUR.

6 Rappelons que le savant allemand avait livré un compte rendu tout-à-fait favorable de la thèse d'Etat de R. FOLZ.

7 Voir les travaux d'A. DIERKENS, J. NELSON, R. LE JAN.

saints rois, ayant vécu dans les pays examinés dans les articles ci-dessus évoqués, mais aussi aux marges lentement conquises de la Chrétienté, Scandinavie, Bohême et Hongrie. La seconde, éditée en 1992, étudie quatorze saintes reines ou princesses dont l'existence se situe entre le VIe et les XIIe-XIIIe siècles. Il paraît superflu de rappeler combien ces deux livres parfaitement maîtrisés dans leur exposition et leur documentation constituent l'approche la plus naturelle, la plus commode du problème des saints souverains au Moyen Age.

L'oeuvre de R. Folz sur ce sujet fut donc menée presque jusque sa disparition en 1996. Faisant date, elle est caractérisée par des études formellement achevées, d'une érudition sans faille, couvrant avec aisance huit siècles d'histoire, de saint Sigismond (†523) à saint Louis (†1270). La même ampleur du regard marque aussi l'espace examiné, qui va des Iles britanniques à l'Europe centrale. Comme tous l'ont noté, R. Folz a livré, avec l'ensemble de ses travaux, une indispensable clé d'accès à ce thème, avec des points de vue toujours solides, argumentés et peut-être surtout nuancés. Révélatrices à cet égards sont les réserves qu'il émettait en 1967 vis-à-vis des thèses de Fr. Graus sur l'inexistence d'une sacralité royale d'origine germanique au Moyen Age.[8] Rien n'était plus éloigné de lui que ces positions, disait-il, *«terriblement systématiques»*. Au total, il fut le meilleur connaisseur de l'ensemble de la question. Examinons à présent les points où son apport propre fut le plus notable.

II. L'apport des travaux de Robert Folz

Les textes: la place de la liturgie

La première originalité des publications de R. Folz dans ce domaine réside dans l'ampleur des sources utilisées dans l'enquête historique. C'est ce que soulignait par exemple en 1989 l'historien hongrois G. Klaniczay relevant l'extrême intérêt des remarques concernant saint Etienne dans le livre de 1984.[9] A coté des sources traditionnelles, les documents hagiographiques, se trouvaient convoqués les chroniques, les écrits législatifs et, spécialement, les *«Instructions à mon fils»* du souverain, porteuses d'informations jamais relevées sur la sainteté de ce dernier. Il ne fait pas de doute que cette largeur de vue et particulièrement l'utilisation nouvelle dans ce champ de documents législatifs et juridiques se relient aux compétences larges acquises lors de la préparation de la thèse de 1950, admirable par la diversité du gisement documentaire exploité.

Ceci étant, il reste clair que le plus remarquable de l'heuristique de R. Folz a été la mise en valeur des textes liturgiques dans l'étude de l'équation de sainteté. Les formules *«textes liturgiques»*, *«légende liturgique»*, *«culte liturgique»* reviennent de manière constante, jamais interrompue, dans les titres de ses articles. Déjà la thèse complémentaire de 1951 était consacrée à ceux relatifs à Charlemagne. On remarquera aussi que c'est sur ce terrain que le maître, admirable connaisseur du domaine, a spécialement mené une activité d'éditeur. A la différence de Marc Bloch, qui avait publié en 1913

8 Recension de: Volk, Herrscher und Heiliger im Reich der Merowinger, Prague 1965. Dans: Revue historique 91 (1967), n° 2, p. 154-156.

9 Sainteté royale et sainteté dynastique au Moyen Age. Traditions, métamorphoses et discontinuités, Cahiers du Centre de recherches historiques (Paris, E.H.E.S.S), avril 1989, n° 3, p. 69-79 (p. 73).

dans les «Analecta Bollandiana» la *vita* d'Edouard le Confesseur par Osbert de Clare, R. Folz n'édita pas de biographies hagiographiques. Il publia, en revanche, nombre d'offices liturgiques, ainsi à propos de Charlemagne (deux contributions), de saint Sigismond et de l'empereur Henri II.

Il est possible que cet intérêt pour la liturgie (point qui annonce les curiosités de l'historiographie d'aujourd'hui[10]) explique la situation un peu en retrait de R. Folz dans l'entreprise monumentale et pionnière dans ce type d'ouvrage historique que fut le colloque «Karl der Große». Quinze ans après sa thèse magistrale sur la vie posthume de l'empereur et au moment où il publiait, dans une collection de premier plan, sa synthèse sur le sacre de 800, il ne figure au sommaire des quatre volumes que pour des «Aspects du culte liturgique de saint Charlemagne en France». On ne peut douter que R. Folz ait vu dans sa contribution un apport indispensable et que nul autre n'aurait pu apporter.

La clé de ces interrogations réside certainement dans la formation et, au delà, dans la personnalité profonde de R. Folz. On en lit la confirmation dans une évocation de la vie et de l'oeuvre de l'historien, délivrée par le doyen J. Schneider.[11] Dans un hommage nourri par l'amitié qui l'unissait au disparu, celui-ci soulignait combien la liturgie avait été pour R. Folz la *«source première et indispensable d'une spiritualité»* et une voie de compréhension de l'esprit médiéval, ceci aussi bien durant l'enfance passée à Metz entre le *«grand moutier»* et Saint-Vincent, qu'à tous les stades de l'existence, et même jusqu'à l'ultime épreuve. Il n'est pas utile d'en dire plus.

Les thèmes: saints rois mérovingiens et souverains «souffre-passion».

Revenons à la sainteté royale pour dégager d'autres aspects majeurs de la recherche de R. Folz sur cette question. Ils paraissent se situer du côté des rois et des reines du très haut Moyen Age, dont il a rénové de manière définitive la gloire posthume. Il s'agit d'abord des saints rois de la dynastie mérovingienne, en particulier les Austrasiens du VIIe siècle Sigebert III (634-656) et Dagobert II (†679), dont il a, à partir de *vitae* tardives, expliqué magistralement les raisons de leur résurgence. Nul doute que le Lotharingien d'origine ait trouvé beaucoup de satisfactions dans les résultats de ces travaux.

Mais plus fondamentales encore ont été les recherches conduites sur des figures éclairées par des textes contemporains, à savoir Gontran et Bathilde. Ces saints appartiennent à une première époque de la sainteté royale, celle antérieure à l'émergence du type du roi-confesseur, fidèle sur son trône à la leçon de l'Eglise, qui apparaît autour de l'an Mil avec Henri II, Robert le Pieux, Edouard le Confesseur et aussi, un peu auparavant, avec les reines et impératrices ottoniennes. Avant cette date, les souverains sanctifiés sont des martyrs ou des rois décédés de mort violente. Quant aux souveraines, c'est la phase de leur existence passée au sein des cloîtres qui constitue le support essentiel de leur renommée de sainteté. Telle est la typo-chronologie couramment admise.

---

10 Voir en particulier les travaux d'E. PALAZZO.

11 Hommage à R. FOLZ (1910-1996), Mémoires de l'Académie nationale de Metz, 1997, p. 65-75.

Les oeuvres de R. Folz ont montré, par leur précision et leur acuité, combien cette classification méritait d'être nuancée et combien certaines traditions mérovingiennes anticipaient sur les évolutions ultérieures. Pour le cas de Bathilde de Chelles et de sa *vita prima*, l'historien a dégagé à quel point les chapitres décrivant la reine gouvernant avec sagesse son royaume au milieu des membres de sa famille annonçaient les grandes biographies des Xe-XIe siècles, en particulier du fait de la place accordée à la vertu d'humilité, dont l'association à la *dignitas* royale rend possible la sainteté du souverain chrétien. Les faits sont proches dans le cas de Gontran, où se dessine le portrait du bon roi, généreux, pénitent, constructeur d'églises, déjà *rex et sacerdos*, comme le sera saint Etienne de Hongrie. La formule du roi-confesseur s'esquisse ainsi dès Grégoire de Tours. Concluons que R. Folz a dégagé les origines mérovingiennes de la sainteté royale médiévale en son âge classique des Xe-XIIIe siècles.

L'autre groupe de saints haut-médiévaux sur lesquels le maître a apporté des éclairages capitaux semble être celui des rois souffrants, martyrs, assassinés. On touche là un thème vaste et investi par des disciplines variées, l'anthropologie, l'ethnologie, la science des religions et celle des mythes. R. Folz y a, quant au Moyen Age occidental, ajouté sa somme d'observations pénétrantes.

Il a d'abord identifié le premier roi médiéval de cette catégorie, le burgonde saint Sigismond (†523), et surtout dégagé le processus de sanctification en oeuvre dans ces cas. Le point de départ en est l'émotion, l'horreur créées dans le peuple par la mort violente du roi. Lue comme une expiation, elle conduit à effacer les fautes du personnage. Puis arrive la lente, l'hésitante reconnaissance par l'Eglise, qui s'incline devant des *famae sanctitatis* devenues irrésistibles. La reconnaissance de cette évolution observable à plusieurs reprises constitue un acquis historiographique considérable.

Un autre apport provient des articles des années 1978-1980 consacrés aux rois anglo-saxons et notamment, en raison de son titre frappant inspiré de l'hagiographie russe,[12] de celui des «Comptes rendus de l'Académie des Inscriptions et Belles-Lettres». Dans ces pages, R. Folz rappelle des silhouettes restées jusque là inconnues parmi les rois souffrants et dégage une typologie qui distingue les rois morts au combat contre les païens (Edmond, Oswald) de ceux assassinés dans les joutes politiques (Osvin, Ethelbert, Edouard). Il identifie enfin le maintien de ces formules dans différentes contrées d'Europe, notamment en Scandinavie, en Europe slave et même dans le royaume de France, où il place saint Louis et Charles de Blois dans la continuité des grands souffre-passion du haut Moyen Age, morts à l'exemple du Christ.

Tel paraît être, trop vite résumé, l'impressionnant capital d'observations historiques que nous a livré durant sa brillante carrière le professeur Robert Folz, fondé de pouvoir de sa génération[13] de médiévistes sur le terrain de la sainteté royale, mais aussi perspicace et nuancé lecteur d'images et de textes de la civilisation chrétienne du Moyen Age.

---

12 A partir des traditions des princes Boris et Gleb.

13 Nous reprenons là une formule de L. Musset, historien qui collabora avec R. FOLZ (dans le volume «Peuples et civilisations» de 1972).

Bibliographie des travaux de Robert Folz sur la sainteté royale

1. Le souvenir et la légende de Charlemagne dans l'Empire germanique médiéval. Thèse de doctorat d'État, Paris 1950 (rééd. Genève 1973).

2. Essai sur le culte liturgique de Charlemagne dans les églises de l'Empire. Thèse complémentaire, Paris 1951.

3. Zur Frage der heiligen Könige. Heiligkeit und Nachleben in der Geschichte des burgundischen Königtums. Dans: Deutsches Archiv 19 (1958), p. 317-344.

4. Tradition hagiographique et culte de Saint Dagobert, roi des Francs. Dans: Le Moyen Age 69 (1963), p. 17-35.

5. Vie posthume et culte de S. Sigisbert, roi d'Austrasie. Dans: Festschrift P.-E. Schramm, t. 1, Wiesbaden 1964, p. 7-26.

6. La légende liturgique de Saint Sigismond d'après un manuscrit d'Agaune. Dans: Speculum historiale. Festschrift Johannes Spörl, Fribourg et Munich 1965, p. 152-166.

7. Aspects du culte liturgique de saint Charlemagne en France. Dans: Karl der Grosse. Lebenswerk und Nachleben, t. IV, Düsseldorf 1967, p. 77-99.

8. La sainteté de Louis IX d'après les textes liturgiques de sa fête. Dans: RHEF 57 (1971), p. 31-45.

9. Tradition hagiographique et culte de sainte Bathilde, reine des Francs. Dans: CRAIBL, 1975, p. 369-384.

10. Naissance et manifestation d'un culte royal: saint Edmond, roi d'Est-Anglie. Dans: Geschichtsschreibung und geistiges Leben im Mittelalter. Festschrift H. Löwe, Cologne-Vienne 1978, p. 226-246.

11. Quelques aperçus sur les saints rois du Moyen Age. Dans: Mémoires de l'Académie des Sciences, Arts et Belles-Lettres de Dijon CXXIV (1979/80), p. 43-52.

12. Trois rois saints «souffre-passion» en Angleterre: Osvin de Deira, Ethelbert d'Est-Anglie, Edouard le Martyr. Dans: CRAIBL, janvier-mars 1980, p. 36-49.

13. Saint Oswald, roi de Northumbrie. Etude d'hagiographie royale. Dans: Analecta Bollandiana 98 (1980), p. 49-74.

14. La légende liturgique de saint Henri II, empereur et confesseur. Dans: Mélanges Jacques Stiennon, Liège 1982, p. 245-258.

15. Les saints rois du Moyen Age en Occident (VIe-XIIIe siècles) (Subsidia hagiographica, 68), Bruxelles 1984, 248 p.

16. Tradition et culte de Hildegarde, dans Autour d'Hildegarde. Actes du colloque de Metz publiés par P. Riche et al., Centre de recherches sur l'Antiquité tardive et le haut Moyen Age, Université de Paris X-Nanterre, Cahiers V, 1987, p. 19-25.

17. Les saintes reines du Moyen Age en Occident (VIe-XIIe siècles) (Subsidia hagiographica, 76), Bruxelles 1992, 200 p.

Résumé

Dans l'œuvre de Robert Folz (1910-1996), le thème de la sainteté royale au Moyen Age a été une récurrente préoccupation. Il ne lui consacra pas moins de deux livres et seize articles, qui l'imposèrent comme le maître français incontesté du sujet et l'un des spécialistes internationaux les plus reconnus.

Ces pages s'attachent d'abord à suivre la chronologie des travaux du maître, depuis la thèse de doctorat d'Etat (préparée sous la direction de Marc Bloch) sur le souvenir et la légende de Charlemagne dans l'Empire (1950), où se discernent les outils conceptuels et heuristiques plus tard mis en œuvre. Une première phase d'intérêt se situe autour de 1960, avec notamment le fameux article (en allemand) du «*Deutsches Archiv*» sur la tradition royale de Bourgogne (1958). Après la décennie de ses grandes synthèses, R. Folz s'empara à nouveau du thème après 1975, consacrant en particulier trois contributions majeures aux saints rois martyrs anglo-saxons. Les deux livres de 1984 et 1992 sur les saints rois et les saintes reines au Moyen Age couronnent cet itinéraire.

Parfait connaisseur de l'ensemble de la thématique, donnant toute sa place à la liturgie dans l'approche et la compréhension du phénomène, R. Folz s'attacha surtout aux souverains sanctifiés du haut Moyen Age. Il démontra ainsi que le type du roi confesseur, qui s'impose aux Xe-XIe siècles, figurait dès l'époque mérovingienne dans des traditions textuelles comme celles de Gontran et de Bathilde. L'historien dijonnais fut aussi le plus perspicace analyste de la catégorie des rois «souffre passion», martyrs, assassinés. Il en scruta l'origine avec la figure de saint Sigismond, puis le développement selon différentes harmoniques dans les monarchies d'outre-Manche. Il révéla aussi l'attitude prudente de l'Eglise face à de telles légendes et décrivit l'accomplissement du motif dans l'espace européen, jusqu'à la Russie, durant le millénaire médiéval.

Zusammenfassung

Im Werk von Robert Folz (1910-1996) begegnet uns immer wieder die Beschäftigung mit dem Thema der Heiligkeit der Könige im Mittelalter. Dieser Frage hat er nicht weniger als zwei Monographien und sechzehn Aufsätze gewidmet, die ihn als d e n französischen und auch einen der anerkanntesten internationalen Experten zu diesem Thema ausweisen.

Der vorliegende Vortrag orientiert sich zunächst an der Chronologie der Werke des Meisters, beginnend mit seiner Dissertation (betreut von Marc Bloch) über die Erinnerung an und die Legendenbildung um Karl den Großen (1950), in der sich bereits die konzeptionelle und heuristische Herangehensweise erkennen lassen, die Folz später perfektioniert hat. Ein erster Schwerpunkt dieses Interesses zeigt sich um 1960, als der berühmte Aufsatz über die Königstradition in Burgund (in deutscher Sprache), im „Deutschen Archiv für die Erforschung des Mittelalters" (1958) erschien. Nach einem Jahrzehnt der großen Überblickswerke wandte sich Robert Folz 1975 erneut seinem ersten Forschungsschwerpunkt zu und widmete insbesondere drei große Aufsätze den heiligen angelsächsischen Märtyrerkönigen. Mit den zwei Monographien von 1984 und 1992 über die heiligen Könige und die heiligen Königinnen im Mittelalter krönte er sein Werk zu diesem Thema.

Als perfekter Kenner des gesamten Themenkomplexes, der bei der Annäherung an dieses Phänomen und beim Versuch, es zu verstehen, der Liturgie einen wichtigen Platz einräumte, verfolgte R. Folz vor allem die Spur der heiligen Herrscher des frühen Mittelalters. So konnte er nachweisen, dass der Typ des Bekenner-Königs, der sich im 10./11. Jahrhundert durchsetzt, bereits seit der Merowingerzeit in den überlieferten Texten, zum Beispiel über Guntram und Balthilde, vorkam. Der Historiker aus Dijon war auch der scharfsinnigste Analytiker, wenn es um die Könige ging, die eine „Passion erlitten", gemartert oder ermordet wurden. Er entdeckte den Ursprung dieses Typus in der Person des heiligen Sigismund und untersuchte die Entwicklung anhand verschiedener Übereinstimmungen in den Königreichen jenseits des Kanals. Er deckte auch die vorsichtige Haltung der Kirche gegenüber solchen Legenden auf und beschrieb, wie sich das Motiv während des mittelalterlichen Jahrtausends im gesamten europäischen Raum, bis hin nach Russland, vervollkommnete.

Caspar Ehlers

Ein Erinnerungsort im 12. Jahrhundert? Das Speyerer Domkapitel und Heinrich V.

Einleitung

Der Speyerer Dom ist ohne Zweifel aus unserer Sicht ein Erinnerungsort. Anhand des beginnenden 12. Jahrhunderts soll in meinen kurzen Ausführungen versucht werden, Tendenzen der Instrumentalisierung des Ortes durch die Zeitgenossen aufzudecken. Vielfältig scheinen die vor uns liegenden Fäden zu sein, aus denen bis heute ein bunter Zopf geflochten wird. Einige davon möchte ich im Folgenden aufnehmen und einen weiteren hinzufügen, der bislang unbeachtet geblieben ist: Birgt die Domkirche gar das Grab eines heiligen Königs? Vorsichtiger formuliert: *Ist Heinrich IV. überhaupt als heilig angesehen worden*?, erlaubt die provokante Frage mehr Spielraum. Sie konzentriert sich dann nicht mehr auf einen langen Zeitraum, den zu betrachten in jedem Falle zur Verneinung führen würde, sondern auf wenige Jahre, beziehungsweise Tage.

Die Spanne zwischen dem Tod Heinrichs IV. am 7. August 1106 und dem seines Sohnes am 23. Mai 1125 wird der Gegenstand meiner folgenden Ausführungen sein. Beide starben nicht in Speyer, beide wurden dorthin überführt. Des Älteren Begräbnis war Aufgabe und Verpflichtung für den Sohn, dessen Bestattung hingegen die anderer Großer des Reiches. In den neunzehn Jahren der Herrschaft Heinrichs V. veränderte sich das Bild vom Speyerer Dom.

Die Rolle und Funktion Speyers im mittelalterlichen Reich

Bis zum Herrschaftsantritt des ersten Saliers, Konrads II., war Speyer vermutlich die unbedeutendste der rheinischen Bischofsstädte. „Kuhstadt" – *vaccina* – wird sie um 1000 in einem bekannten Diktum von einem genannt, der in ihr zur Schule ging und später sogar ihr Bischof werden würde. „Metropolis" hingegen ist ihr Titel, als Heinrich V. beigesetzt wird.[1] In diesem Sinne ist „Speyer" heute noch Synonym für das „deutsche Mittelalter", für imperialen Glanz zwischen Welt und Kirche. Der Dom ist ein beliebtes Reiseziel für Touristen und Staatsmänner aus aller Welt.

1 Walter von Speyer: Vita Christophori (ed. Karl STRECKER, MGH Poetae Latini 5, Hannover 1939. Nachdruck 1978), S. 12. Von 973 bis 981 besuchte Walther die Speyerer Domschule, von 1004 bis 1031 war er Bischof der Stadt. In seinem Episkopat begann Konrad II. mit der Förderung des Bistums. – Ordericus Vitalis: Historia, Ecclesiastica, lib. XII/43 (ed. Marjorie CHIBNALL, The Ecclesiastical History of Ordericus Vitalis. 6 Bände, Oxford 1978-1980), hier Bd. 6, S. 360.

Das Jahr 1024 bedeutet den Anfang für diese Entwicklung.[2] Konrad II., der aus der Region stammende Nachfolger Heinrichs II. , beginnt unmittelbar nach seiner Wahl mit der Förderung von Dom und Bistum. Angeblich war ein geleistetes Gelübde die Ursache, dessen genaue Umstände wir jedoch nicht kennen. Auch wenn er am Ende seines Lebens im Dom beigesetzt werden wird, so besteht über seine genauen Absichten keine Klarheit. Wollte er eine persönliche oder eine familiäre Grablege einrichten? Sollte es letzteres gewesen sein, stellen sich sofort neue Fragen: Warum wurde das unweit gelegene Kloster Limburg an der Haardt in ähnlicher Weise und Größe ausgebaut – und als Begräbnisort der Schwiegertochter genutzt? Warum wendet sich Heinrich III. einem neuen Ort zu und fördert das sächsische Goslar in unvergleichbarer Weise, während es über Speyer heißt, er habe die Grablege seiner Eltern *„mehr und mehr gering geachtet“.*[3]

Wie dem auch sei: Alle Salier sind zu ihren Lebzeiten dem mittelrheinischen Bistum gewogen. Herausragende Privilegien und zahlreiche Schenkungen wird Speyer bis zum Tode Heinrichs V. erhalten. Von einigen mehr, von anderen weniger. Es ist der letzte Salier, der sich erstaunlich zurückhält. Am Ende der Salierzeit ruhen alle Herrscher aus der Familie im Dom, deren Gemahlinnen bis auf Mathilde „von England“ und die zweite Frau Heinrichs IV., Praxedis-Adelheid „von Kiew“, sowie einige jung verstorbene Kinder: ewige Königsnähe.

Bleiben die toten Könige der Stadt auf immer erhalten, so sieht es mit den lebenden etwas anders auf. Speyer ist zu allen Zeiten, nicht nur zur Zeit der Salier, kaum unter den Spitzenorten einzuordnen, wenn es um die Besuche geht. Gleichwohl aber ist es bis in das späte Mittelalter hinein Ziel herrscherlicher Reisen. Auch an die Tradition der Bestattungen wird angeknüpft, die Staufer betten Barbarossas Frau, Beatrix, und deren Tochter, Agnes, hier zur letzten Ruhe und lassen Philipp von Schwaben dorthin überführen.

Rudolf von Habsburg soll sich sogar absichtlich nach Speyer begeben haben, als er Anfang Juli 1291 den Tod nahen fühlte.[4] Sein Nachfolger, Adolf von Nassau (†1298), ist zwar nicht dort gestorben, wurde aber doch 1309 aus dem Kloster Rosenthal nach Speyer überführt. So auch sein direkter Amtsnachfolger Albrecht von Österreich (†1308), der aus Wettingen nach Speyer gebracht wurde. Beide, Adolf wie Albrecht,

---

2 Jüngere monographische Untersuchungen zu Speyer im Mittelalter: Andreas Urban FRIEDMANN: Die Beziehungen der Bistümer Worms und Speyer zu den ottonischen und salischen Königen. (Quellen und Abhandlungen zu mittelrheinischen Kirchgeschichte 72), Mainz 1994; Caspar EHLERS: Metropolis Germaniae. Studien zur Bedeutung Speyers für das Königtum 751-1250. (Veröffentlichungen des Max-Planck-Instituts für Geschichte 125) Göttingen 1996; Hans-Josef KREY: Bischöflicher Herrschaft im Schatten des Königtums. Studien zur Geschichte des Bistums Speyer in spätsalischer und frühstaufischer Zeit. (Europäische Hochschulschriften III/703) Frankfurt/Main 1996; Georg GRESSER: Das Bistum Speyer bis zum Ende des 11. Jahrhunderts (Quellen und Abhandlungen zur mittelrheinischen Kirchengeschichte 89), Mainz 1998.

3 *„indeque, ut aiunt, locum illum patris matrisque suae sepultura preditum, magis magisque parvipendens, subiratus episcopoque loci illius infensus discessit...“* Hermann von Reichenau: Chronik zum Jahr 1052 (ed. Georg Heinrich PERTZ, MGH SS 5, Hannover 1844. Nachdruck 1985, S. 75-133), S. 131.

4 Vgl. Regesta Imperii, Abteilung VI: Rudolf I. bis Heinrich VII. (1273-1313), Bd. 1: 1273-1291, Rudolf I., neubearbeitet von O. REDLICH (1898), Nr. *2518 a und b.

fanden im August 1309 ihre letzte Ruhestätte in den Grablegen königlicher Damen: Im Grab der Gemahlin Friedrich Barbarossas, Beatrix, wurde Albrecht, in demjenigen von deren Tochter, Agnes, hingegen Adolf beigesetzt.

Die ersten drei Herrscher nach dem sogenannten Interregnum fanden mehr oder minder direkt ihre Ruhestätte im Dom zu Speyer, der so seine Bedeutung als Königsgrabkirche noch vermehrte, während beispielsweise Bamberg und Magdeburg wie Goslar aus dem Blickfeld rückten. Noch Karl IV. weilt allein 6-mal in der mittelrheinischen Bischofsstadt. Bedeutendster Aufenthaltsort mit Königsgrablegen bleibt jedoch Aachen – wovon wir heute ja noch hören werden!

Um es zusammenzufassen: Der Dom zu Speyer ist seit der Salierzeit eine über die Grenzen des alten Reiches hinaus bekannte Grabkirche. Nachrichten über die Bestattungen finden sich in zahlreichen westeuropäischen Quellen – den *metropolis*-Begriff prägte für Speyer Ordericus Vitalis. Eine gradlinige Entwicklung seit 1024 kann allerdings nicht angenommen werden. Am Beispiel des toten Heinrichs IV. und seinen Bestattungen sowie des lebenden Heinrichs V. solle eine dieser Umbruchphasen in einem neuen Licht betrachtet werden.

1106

Am 7. August 1106 war Heinrich IV. von zahlreichen Getreuen und seinem Sohn verlassen in Lüttich gestorben, am 3. September wurde der Leichnam durch Heinrich V. nach Speyer überführt, der damit einem zu Lebzeiten geäußerten Wunsch seines Vaters entsprach. Warum war ihm dies so wichtig, wo er doch zu dessen Lebzeiten sich kaum als der ideale und rücksichtsvolle Sohn präsentiert hat? Reue gegenüber dem Toten ist das am ehesten einleuchtende Motiv – ich habe es selbst in meiner Untersuchung aus dem Jahr 1996 so bewertet. Erlauben Sie mir heute, einen Gesichtspunkt zu erörtern, der in gewisser Weise mit dem Grund für unsere kleine Konferenz verbunden ist. Inwieweit er plausibel erscheint, überlasse ich der Diskussion.

Der Leichnam Heinrichs IV. wurde zunächst im Dom zu Lüttich beigesetzt, aber eine Woche später auf Grund seiner nicht gelösten Exkommunikation von dort in eine ungeweihte Kapelle im heutigen Stadtteil Cornillon (Kornelienberg) am rechten Ufer der Maas umgebettet. Am 24. August schließlich wurde der Leib des Kaisers auf Veranlassung seines Sohnes zurück nach Lüttich überführt, von wo aus er nach Speyer gebracht werden sollte.[5] Am 3. September kam der Leichenzug dort an und Heinrich IV. fand wieder nur eine vorläufige Ruhestätte in einer ungeweihten Seitenkapelle im Winkel zwischen Nordquerhaus und Hauptschiff.[6]

Ist allein dieses Itinerar eines toten Königs schon bemerkenswert, so findet sich in der ersten Fortsetzung der Chronik Sigeberts von Gembloux durch Anselm eine noch erstaunlichere Beschreibung der Reaktionen einiger Lütticher auf den Tod des Kai-

5 Zusammenfassend Gerold MEYER VON KNONAU: Jahrbücher des deutschen Reiches unter Heinrich IV. und Heinrich V. 7 Bde., Leipzig 1890-1909, hier Bd. 6, S. 6-10.

6 EHLERS, Metropolis (wie Anm. 2), S. 118ff. und 343ff.

sers.[7] Diese ist bislang in der Forschung nicht intensiv gewürdigt worden, obgleich sie ohne Zweifel auf eine Verehrung des Verstorbenen mit Elementen des Heiligenkultes hinweist: Man versuchte nicht nur, die Entfernung der Leiche aus dem Lütticher Dom zu verhindern, sondern berührte den Körper in der Hoffnung, dadurch gesegnet zu werden. Es wurde Erde vom Grab genommen und über die Felder oder durch die Häuser gestreut; Saatkörner legten sie auf die Bahre, um durch Beimischung mehr Frucht hervorzubringen.[8]

Ähnliche Verhaltensweisen – allerdings der Speyerer Bevölkerung – melden die „Vita Heinrici IV. Imperatoris“ und der sogenannte „Libellus de Rebellione Heinrici V.“, der als Teil der Hildesheimer Annalen überliefert ist.[9] In Speyer wurde der tote König am 3. September 1106 so feierlich von Klerus und Volk empfangen, als wenn er nicht exkommuniziert wäre. Aber auch hier durfte Heinrich IV. nicht im Dom zur Ruhe kommen, sondern er wurde auf Veranlassung des Bischofs, wie erwähnt, in die nicht konsekrierte Seitenkapelle verbracht. Dies erregte den Zorn der Einwohner, die im Verstorbenen den großen Wohltäter ihrer Stadt sahen, so dass sie seine provisorische Grablege in den folgenden fünf Jahren häufig aufsuchten. Die „Vita Heinrici IV.“ berichtet in ihrem 13. Kapitel, dass die *„Witwen, Waisen und übrigen Armen des Rei-*

---

7 Sigebert von Gembloux: Chronik ad a. 1106, Codex A aus St. Paul zu Verdun (ed. Ludwig Konrad BETHMANN, MGH SS 6, Hannover 1844. Nachdruck 1980), S. 371 f. in Note d; zu Sigebert vgl. Jutta KRIMM-BEUMANN: Art. Sigebert von Gembloux. In: VerfLex² 8 (1992) Sp. 1214-1231.

8 [*„Interim Heinricus imperator Leodii moritur, eique succedit filius aequivocus ejus."* Sigebert von Gembloux: Chronik ad a. 1106 (wie Anm. 7), S. 371] Anselm von Gembloux berichtet ausführlicher: *„Imperator Heinricus exhereditatus imperio. et inreconciliatus apostolicae sedi. 7. Idus Augusti Leodii moritur. Hic in ipso mortis articulo mandaverat regi filio suo contra se Coloniam obpugnanti. ut Spirae sepeliretur. cui et anulum suum per Borchardum Monasteriensem episcopum misit. Sed eo interim sepulto in aecclesia sancti Lamberti. ex auctoritate apostolica per Heinricum Magaburgensem episcopum apostolicae sedis legatum ipsi aecclesiae divinum interdicitur officium. quoadusque corpus ab aecclesia ipsa ejiceretur effossum. Quod in aecclesia nondum consecrata et extra urbem in Cornelio monte sita 18. Kal Sept. translatum et reconditum est. quoadusque absolutione apostolica regiam sepulturam mereretur. Jam nono abhinc transacto die venientibus legatis qui eum deferrent ad filium. rursus effoditur. et immoderato favore concurrentis vulgi et obsequio in urbem relatus. ecclesiae quoque sancti Lamberti. obsistente clero, iterum infertur. Ibi sunt ei a quibusdam pauperibus clericis mercede conductis noctis unius vigiliae celebratae. vacante a divino officio aecclesia. et canonicis a facie furentis populi latentibus. Postera die cum priori sepulchro perstrepente eum debere restitui. et hoc ipsi facere aggrederentur. qui una cum predictis pauperibus clericis circa corpus extractis gladiis vigilaverant. quorumdam seniorum consilio vix potuerunt reprimi. Nam tantum exarserant in ejus immoderatum favorem. ut quotquot illius tetigissent feretrum. se sanctificatos ab eo crederent. Nonnullis etiam terram sepulchri ejus ungulis propriis scalpentibus, et per agros suos domosque quasi pro benedictione spargentibus. alii frumenta vetera feretro ipsius superjacebant. ut una cum novis immixta illa sererent. sperabant enim taliter fertilem sibi messem profuturam. Vix tandem redditus legatis non sine dolore et contradictione populi. clamabant enim ejus absentiam periculum et desolationem fore civitatis. ad filium defertur. Spirae ut petierat sepeliendus."* Anselms Zusatz zur Chronik Sigeberts (wie Anm. 7), Note d auf S. 371f.

9 Libellus de rebellione Heinrici V. (= Ein inserierter Bericht über die Jahre 1104-1106). Enthalten in: Annales Hildesheimenses, pars quarta ex Annalibus s. Albani maximam partem sumta (ed. Georg WAITZ, MGH SS rer. Germ., Hannover 1878. Nachdruck 1947), S. 51-58, hier S. 57.

ches zusammengekommen" seien, um über ihren *„Vater"* zu weinen, dessen Körper sie mit Tränen bedeckten und dessen *„freigiebigen Hände"* sie küssten.[10]

In diesem Lütticher und Speyerer Verhalten seien, so Egon Boshof, *„uralte, magische Vorstellungen vom Königsheil"* zu erkennen,[11] eine im weitesten Sinne religiös-christliche Motivation wird nicht in Erwägung gezogen, obwohl gerade die Lebensbeschreibung Heinrichs IV. das Ideal des christlichen Königs assoziiert. Ermahnt nicht der Erzbischof von Mainz den zu krönenden Konrad II., dass er *„ein Beschützer der Kirchen und ihrer Geistlichen (sei), ein Hort der Witwen und Waisen"*?[12]

Robert Folz hat in seinem Buch „Les Saints Rois du Moyen Âge" Heinrich IV. aus naheliegenden Gründen nicht erwähnt, denn weder hat sich der Kult etabliert noch treffen die üblichen Kriterien auf Heinrich IV. zu: Er ist kein Märtyrer, kein Bekenner oder Thaumaturg. Deswegen – und wegen der geographischen Einschränkung – suchen wir den Salier selbstverständlich unter Marc Blochs „Wundertätigen Königen" vergebens. Aber Folz bemerkt zu Recht: *„Le saint roi est une création de l'hagiographie médievale"*.[13] So scheint es doch angebracht, auf die Berichte näher einzugehen.

Die erwähnte Passage zur Verehrung in Lüttich findet sich nicht im Autograph Sigeberts (Codex 1) sondern in der unmittelbaren Fortsetzung durch Abt Anselm von Gembloux (1113-1136). Dieser benutzte das handschriftliche Exemplar seines Vorgängers, schrieb dessen Chronik ab und führte sie über das Jahr 1111 hinaus bis 1131/35 fort. Sein eigenhändiges Exemplar (Codex A) ist in St. Paul zu Verdun erhalten geblieben,[14] es bietet an wenigen Stellen Ergänzungen zu Sigeberts Chronik, so eben die zu 1106. Auch die erwähnten Berichte zu den Speyerer Vorgängen entstanden

---

10 *„Ad exequias illas viduae, pupilli, denique totius patriae pauperes conveniiunt, deflent se orbatos patre, fundunt in corpus lacrimas, deosculantur largas manus. Vix avellebantur ab amplexu extincti corporis, vix illud condendi copia dabatur. Sed nec tumulum deserebant, ibi vigiliis, lacrimis et orationibus vacabant, plangendo recitantes et recitando plangentes, quaenam opera misericordiae fecisset in se, quamquam mors eius plangenda non fuit, quam bona vita praecessit (...)."* Vita Heinrici IV. imperatoris, cap. 13. (ed. Wilhelm EBERHARD, MGH SS rer. Germ., Hannover 1899. Nachdruck 1990), S. 43.

11 Egon BOSHOF: Die Salier. Stuttgart ⁴2000, S. 263. Wortgleich (aber ohne *„magisch"*): DERS.: Heinrich IV. Herrscher an einer Zeitenwende. (Persönlichkeit und Geschichte 108/109) Göttingen 1979, S. 117f. – Boshof folgt vermutlich Percy Ernst SCHRAMM: Der König von Frankreich. Das Wesen der Monarchie vom 9. zum 16. Jahrhundert. Ein Kapitel aus der Geschichte des abendländischen Staates. 2 Teile, Weimar 1939. 2. verbesserte und erweiterte Auflage Weimar 1960, S. 151-155, gegen Marc Bloch, vgl. Anm. O. Kritisch gegenüber dem *„Germanischen Sippen- oder Königsheil"*: Joachim EHLERS: Der wundertätige König. In: Reich, Regionen und Europa in Mittelalter und Neuzeit. Festschrift für Peter Moraw, hrsg. von Paul-Joachim HEINIG, Sigrid JAHNS, Hans-Joachim SCHMIDT, Rainer Christoph SCHWINGES und Sabine WEFERS (Historische Forschungen 67), Berlin 2000, S. 3-19, hier S. 4f.

12 *„ut sis defensor ecclesiarum et clericorum, tutor viduarum et orphanorum..."* Wipo: Gesta Chuonradi, cap. 3 (ed. Harry BRESSLAU, MGH SS rer. Germ., Hannover 1915. Nachdruck 1993), S. 23. Zur „Vita Heinrici IV." vgl. ebenda S. 15.

13 Robert FOLZ: Les Saints Rois du Moyen Âge en Occident (Subsidia Hagiographica 68), Brüssel 1984, S. 19. Der Untersuchung ist außerdem zu entnehmen, dass sich die Mehrzahl der Wunder vor der Kanonisation ereignen: S. 123ff.

14 Vgl. die Einleitung Bethmanns in MGH SS 6 (wie Anm. 7), S. 268-209, hier S. 287.

in unmittelbarer zeitlicher Nähe zum Tode Heinrichs („Vita“ und „Libellus“). Eine Authentizität der drei Berichte käme von daher wie auch wegen der übereinstimmenden Inhalte in Betracht.

Die Intention der Vita Heinrichs IV. ist bekannt: der Person Heinrichs ein literarisches Denkmal zu errichten ohne das Ansehen des Sohnes zu beschädigen.[15] Dies tut der anonyme Verfasser, vielleicht Bischof Erlung von Würzburg,[16] im Stil einer Totenklage eher mit historiographischen als mit hagiographischen Stilmitteln, auch wenn er sich der klassischen wie der kirchlichen Sprache bedient. Die Chroniken aus Gembloux stehen ebenfalls Heinrich IV. nahe, der „Libellus“ zeigt – entgegen seinem Kunsttitel aus dem 19. Jahrhundert – Nähe zu Heinrich V.[17] Auch diese Ausgewogenheit mag als Indiz gelten für die Zuverlässigkeit der Berichte zur Anteilnahme der Bevölkerung am Tod des Kaisers.

Schwieriger ist die Bewertung der Details. Wie ist vor allem die Erzählung Anselms zu beurteilen, die auf eine beginnende Heiligenverehrung in Lüttich am Sarg des Saliers hinzuweisen scheint? Im Ergebnis dürfte keine Unklarheit bestehen, denn Heinrich IV. ist niemals nur in die Nähe der Heiligkeit geraten – vor allem schweigen die Berichte über jeden wundertätigen Erfolg der Verehrung am Grabe. Es entstand kein Kult im eigentlichen Sinne, vielmehr sind zeittypische Formen laienfrommen Handelns zu erkennen, wie sie auch anderenorts mit späteren Folgen auftraten. Hier sei auf die in der Vita Gottfrieds von Cappenberg erwähnte Verehrung des Großvaters des westfälischen Grafen hingewiesen,[18] jenes 1085 verstorbenen Hermann, dessen

---

15 Manfred SCHLUCK: Die Vita Heinrici IV. Imperatoris (VuF-Sonderband 26), Sigmaringen 1979; Franz-Josef SCHMALE: Art. Erlung von Würzburg. In: VerfLex² 2 (1980), Sp. 602-605; Tilmann STRUVE: Art. Vita Heinrici IV. Imperatoris. In: LexMA 8 (1997), Sp. 1758.

16 Vgl. jedoch Bernhard VOGEL: Zum Quellenwert des Carmen de bello Saxonico. In: DA 52 (1996) S. 85-133, vor allem S. 91f. mit Anm. 24-26.

17 Volkhard HUTH: Reichsinsignien und Herrschaftsentzug. Eine vergleichende Skizze zu Heinrich IV. und Heinrich (VII.) im Spiegel der Vorgänge von 1105/6 und 1235. In: FMASt 26 (1992), S. 287-330, hier S. 292 in Anm. 21 mit weiteren Verweisen.

18 *„Temporibus gloriosi Heinrici, qui huius nominis quintus Romanum administravit imperium, fuit in Westphaliae provincia electus ac dilectus Dei Godefridus, qui nobilissimis ac regiae stirpis ortus parentibus, in timore Domini comitatus agebat officium. Pater eius Godefridus, mater Beatrix dicebatur. Hic vero reverendissimus atque inter Dei amicos computari dignissimus avum habuit Hermannum comitem, qui, ut maiorum celeberrima relatione cognovimus, cum esset eleemosynator praecipuus, misericordiae operibus intentus, a tumultu militaris insolentiae quietissimus, adhuc vivens huiusmodi miraculum operatus est. Coecus quidam in illius degebat eleemosyna, qui die quadam ostensum sibi divinitus asserebat, quod visum recepturus esset, si aquam, de qua manus comes ablueret, oculis admovisset. Aquam igitur tulit, oculis adhibuit, protinus vidit. Ad sepulchrum vero eius hodieque nonnulla ostensarum virtutum demonstrantur indicia, quae oculis meis vidi, quaeque illic in testimonium reliquerunt hi, qui sanitate recuperata sospites inde reversi sunt.“* Ältere, längere Vita Gottfrieds von Cappenberg, cap. 1 (ed. Philipp JAFFÉ, MGH SS 12, Hannover 1856. Nachdruck 1995), S. 514f. – *[auus sanctitate &] Hermannus Comes auus Godefridi & Ottonis, habens Gerbergim de Hunebergh vxorem deuotissimam, fuit Dei cultor maximus, & eleemosynarum largitor præcipuus. In huius eleemosyna quidam pauper degebat, qui die quadam diuinitus sibi ostensum asserebat, quod visum reciperet, [miraculis clarus:] si aquam de qua Comes manus abluerat, admouisset oculis. Aquam igitur oculis apposuit, & protinus vidit.* Jüngere, kürzere Vita Gottfrieds, cap. 1/3 (AA SS, Januar I, Antwerpen 1643), Dies 13, S. 857. – Neue Edition dem-

Waschwasser Blinde heilen konnte und an dessen Grab auch weiterhin Wunder geschahen – mit der Familie war Heinrich V. übrigens verwandt.[19] Auch wenn sich am Grabe Heinrichs IV. kein Mirakel ereignete, ist dennoch auf eine mögliche Auswirkung der Tage im August 1106 einzugehen, nämlich die auf Heinrich V.

Es dürfte letztendlich unerheblich sein, ob Ideen heidnischen Ursprunges (*Königsheil*) oder Praktiken der Heiligenverehrung christlicher Prägung in der Quelle aus Gembloux zum Ausdruck kommen – Marc Bloch und Robert Folz etwa haben sich umfassend zur Genese des einen aus der Wurzel des anderen geäußert.[20] Der Effekt der Handlungen bleibt derselbe: Eine potentielle Gefährdung des reibungslosen Überganges der Herrschaft auf Heinrich V. Denn die Konflikte zwischen Vater und Sohn in den zurückliegenden Jahren, die Inhaftierung Heinrichs IV. vor seinem Tod und der Makel einer erzwungenen Übergabe der Reichsinsignien an Heinrich V. waren im Bewusstsein der Zeitgenossen und mussten durch das Mittel der Historiographie gleichsam *bewältigt* werden,[21] wie etwa das Beispiel der „Vita Heinrici IV." zeigt. Sollte nun auch noch der Verstorbene in herausragender Weise von der Bevölkerung (zumindest in Lüttich) verehrt in den Geruch der Heiligkeit geraten, hätte dies das Ansehen Heinrichs V. im Reich zumindest stark geschwächt. Er war schließlich der Gegner seines Vaters gewesen, derjenige, der ihn letztlich entmachtet hat, weshalb er einem isolierten Kult an seines Vaters Grab keinerlei Interesse entgegengebracht habe konnte.

Dass er sich schließlich für die Überführung nach Speyer eingesetzt hatte, geht aus den Quellen eindeutig hervor. Ob es auf Heinrichs IV. zu Lebzeiten geäußerten Wunsch geschah, braucht nicht bezweifelt zu werden, denn in seinen letzten Jahren hatte sich der Kaiser nach seinem Scheitern in Sachsen intensiver der Domkirche zugewandt.[22] Ob allerdings Heinrich V. allein wegen des väterliche Begehrens den Leichenzug anordnete, scheint der Nachfrage wert. Zwei Beobachtungen sprechen meines Erachtens dagegen. Erstens müsste dann das Handeln Bischof Otberts von Lüttich gegen den übereinstimmenden Willen des alten und des neuen[23] Herrschers gerichtet ge-

nächst: Die Viten Gottfrieds von Cappenberg, hrsg. von Gerlinde NIEMEYER und Ingrid EHLERS-KISSELER (MGH SS rer. Germ.).

19 Allerdings erst in der nächsten Generation: Hermann von Cappenberg war verheiratet mit der elsässischen Adeligen Gerberga von Huneburg, Gottfried der Ältere stammt aus dieser Verbindung. Er ehelichte Beatrix von Hildrizhausen-Schweinfurt, die über ihren Großvater, Otto von Schwaben, mit Saliern und Staufern verwandt war.

20 Marc BLOCH: Les Rois Thaumaturges. Études sur le caractère surnaturel attribué à la puissance royale particulièrement en France et en Angleterre. Paris 1961 (neuere Auflage: Paris 1983), S. 51-86. Dt. Übersetzung von Claudia Märtl: Marc BLOCH: Die wundertätigen Könige. München 1998, S. 85-119. Robert FOLZ: Zur Frage der heiligen Könige: Heiligkeit und Nachleben in der Geschichte des burgundischen Königtums. In: DA 14 (1958), S. 317-344, vor allem S. 318f. DERS.: Saints Rois (wie Anm. 13), S. 23-135.

21 Dazu HUTH, Reichsinsignien (wie Anm. 17), S. O.

22 EHLERS, Metropolis (wie Anm. 2), S. 98-117.

23 Eine nicht unumstrittene Urkunde Heinrichs V. aus Aachen mit dem nachgetragenen Datum 13. August 1106 erwähnt als Anwesende: Erzbischof Friedrich von Köln, die Bischöfe Otbert von Lüttich und Burkhard von Münster, Herzog Heinrich von Limburg sowie die Grafen Wibertus von Sachsen (Wiprecht d.Ä. von Groitzsch?), Berengar von Sulzbach und Arnulf von Los: Theodor Josef LACOMBLET: Urkundenbuch für die Geschichte des Niederrheins oder des Erzstifts Cöln, der

wesen sein, und zweitens wäre das Zögern Heinrichs V. nach dem 7. August 1106 nicht zu verstehen, denn er hätte auch die sofortige Überführung nach Speyer einleiten können, schließlich hielt er sich in diesen Tagen in Aachen auf.[24]

Mag es Otberts Absicht gewesen sein, seinen Dom mit einem Kaisergrab zu zieren,[25] so bleiben die Motive Heinrichs V. in letzter Konsequenz im Dunkeln, ist doch seine Entscheidung, den Vater in die *familiäre* Grabkirche an den Mittelrhein bringen zu lassen, nicht nur aus Verpflichtung und vor allem nicht sofort gefallen. Speyer bot nun die Möglichkeit, einer gefährlichen Entwicklung in Lüttich Einhalt zu gebieten. Hier ist es von Bedeutung, auf ein in Deutz noch um 1160 bekanntes Gerücht hinzuweisen, dem ebenfalls in der Forschung keine Beachtung geschenkt wird, wonach Heinrich IV. ermordet worden sein soll.[26] Wenn es in den Kontext der berichteten Geschehnisse in Lüttich gehörte, und nicht aus spätere Zeit stammt, so war es Bestandteil der entstehenden Verehrung von und Legendenbildung um Heinrich IV., die in keinem Fall seinem Sohn dienlich war.

Aber in Speyer warteten andere Risiken auf Heinrich V., sollte er den Kaiser in den ideellen Kontext der Saliergrablege einfügen, die er zunächst vielleicht hatte vermeiden wollen. Die Stadt war spätestens seit der Überführung seiner Gemahlin Bertha aus Mainz in den Dom (Mitte Februar 1090) eng mit Heinrich IV. verbunden, der sogar im Herbst 1105 vergeblich seinen Sohn am Betreten der Stadt zu hindern versucht,[27] was einen väterlichen Ausschließlichkeitsanspruch in Bezug auf Speyer seinem abtrünnigen Sohn gegenüber deutlich werden lässt. Es war seine, nicht Heinrichs V. Stadt.

In diesem Sinne verhalten sich auch die Speyerer, die – wie erwähnt – den Leichnam Heinrichs IV. ungeachtet des Kirchenbannes in der Stadt empfingen und ihm in den folgenden fünf Jahren die Verehrung entgegenbrachten, die ihm zustand. Er wurde nicht als Heiliger, sondern als einer der großen Förderer der Stadt angesehen, in einer Reihe mit Konrad II. und Heinrich III. stehend. In diese Tradition hatte sich der Sohn

---

Fürstenthümer Jülich und Berg, Geldern, Meurs, Cleve und Mark, und der Reichsstifte Elten, Essen und Werden. 1. Band, Düsseldorf 1840. Neudruck Aalen 1960, Nr. 261 = Karl Friedrich STUMPF-BRENTANO: Die Reichskanzler vornehmlich des X., XI. und XII. Jahrhunderts. Band 1, Innsbruck 1865-1883, Nachdruck Aalen 1960, Nr. 3006.

24 MEYER VON KNONAU, Jahrbücher (wie Anm. 5), Bd. 5, S. 300ff. und Bd. 6, S. 5ff. Er war allerdings mit der langwierigen Belagerung der Stadt Köln beschäftigt.

25 In ähnlicher Weise hat der Bamberger Klerus den Leib des in ihrer Stadt verstorbenen Konrads III. behalten, obwohl es seine Wille gewesen sein soll, in der staufischen Klostergründung Lorch beigesetzt zu werden, vgl. Otto von Freising und Rahewin, Gesta Friderici I/71 (Ottonis et Rahewini Gesta Friderici I. imperatoris. Ed. Georg WAITZ und Bernhard VON SIMSON, SS rer. Germ., Hannover 1912. Nachdruck 1978), S. 98; Odilo ENGELS: Die kaiserliche Grablege im Speyerer Dom und die Staufer. In: Papstgeschichte und Landesgeschichte. Festschrift für Hermann Jakobs zum 65. Geburtstag, hrsg. von Joachim DAHLHAUS und Armin KOHNLE (Beihefte zum AKG 39), Köln 1995, S. 227-254, hier S. 231f.

26 *„(Heinrich IV.) apud Leodium moritur vel, ut quidam dicunt, interficitur.“* Thiodericus aedituus Tuitensis: Summa Chronicorum, Nr. 95 (ed. Oswald HOLDER-EGGER, MGH SS 14, Hannover 1883. Nachdruck 1988) S. 572. Zu Thioderich von Deutz vgl. Wilhelm WATTENBACH u.a.: Deutschlands Geschichtsquellen im Mittelalter. Vom Tode Kaiser Heinrichs V. bis zum Ende des Interregnum, Bd. 1, Darmstadt 1976, S. 370f.

27 EHLERS, Metropolis (wie Anm. 2), S. 275f., königlicher Aufenthalt Nr. 38.

einzufügen. So nutzte er am Beginn seiner Alleinherrschaft den Ort, der wohl am engsten mit seiner Familie verbunden war, nicht nur zur Anknüpfung an Bestehendes, sondern auch als Rückzugspunkt aus einer ihn möglicherweise bedrohenden Situation. Der ‚abtrünnige' Sohn konnte sich so als legitimer Bewahrer und Fortsetzer präsentieren.

Lüttich spielte übrigens noch einmal eine bedeutende Rolle für den letzten Salier, als er hier seine Braut einholte, die englische Prinzessin Mathilde, bevor er sich mit ihr zu Ostern 1110 in Utrecht verlobte. Sie wurde am 25. Juli desselben Jahres in Mainz zur Königin gekrönt, wo das Paar an Epiphanias 1114 auch heiratete. Was aber lässt sich über den Fortgang der Beziehungen zu Speyer sagen?

Knapp fünf Wochen nach der vorläufigen Beisetzung Heinrichs IV. ist sein Sohn im Oktober 1106 erneut in Speyer nachzuweisen, mit aller Vorsicht könnte der Jahrtag seines Großvaters, Heinrichs III., als Grund dafür ausgemacht werden. Erst vier Jahre später kehrt er zurück und hält sich Ende Mai 1110 (vermutlich noch am Anniversar des Urgroßvaters, Konrads II.) in der Stadt auf, die er abermals im August – also möglicherweise am Jahrtag seines Vaters – desselben Jahres besucht.[28] Die Anwesenheit an den jeweiligen Todestagen seiner Vorfahren sind nicht durch Quellen gesichert, vom Itinerar her gesehen aber durchaus möglich. Heinrich V. scheint demnach an der Memoria seiner Familie Anteil genommen zu haben, bevor er 1111 dem eigenen Vater das ordentliche Begräbnis bereiten konnte, von dem nun zu reden sein wird.

1111

Am 7. August 1111, seinem fünften Todestag, wurde schließlich der Leichnam Heinrichs IV. auf Initiative seines Sohnes von der unkonsekriert gebliebenen Seitenkapelle in den Königschor des Speyerer Domes umgebettet. Vorausgegangen war die Absolution des Verstorbenen im Zusammenhang mit den römischen Verhandlungen Heinrichs V. Die Kapelle wurde übrigens später der Tagesheiligen des 7. August, St. Afra, geweiht. In jenen fünf Jahren intensivierte sich Heinrichs V. Beziehung zu Speyer als Begräbnisort seiner Vorfahren. Begünstigt hat diese Haltung sicherlich die ausgeprägte Verehrung der Speyerer Bevölkerung, die sie dem verstorbenen Vater entgegenbrachte, während er in der Seitenkapelle aufgebahrt war. Darüber hinaus dürfte es Heinrichs V. Intention gewesen sein, dem toten Vater mehr Respekt zu zollen als seinerzeit dem lebenden.

Es sind die Einwohner Speyers – und nicht Bischof oder Kapitel – die Empfänger des berühmten Privilegiums, das Heinrich V. anlässlich der Beisetzung seines Vaters in der Saliergrablege des Domes ausstellt. Der Text, so ordnet der Kaiser an, sei in goldenen Lettern an der Kirchenwand anzubringen, was auch geschah.[29] In der Verfü-

---

28 EHLERS, Metropolis (wie Anm. 2), S. 277, königliche Aufenthalte Nr. 41-43. Es lassen sich übrigens keine weiteren Besuche Heinrichs V. vor 1111 aus dem Itinerar rekonstruieren.

29 Zu diesen Vorgängen mit weiteren Verweisen EHLERS, Metropolis (wie Anm. 2), S. 118-128. Zur Echtheit vgl. Wolfgang MÜLLER: Urkundeninschriften des deutschen Mittelalters (Münchner Historische Studien, Abt. Geschichtliche Hilfswissenschaften 13), Kallmünz 1975, S. 23-26 sowie 43-48.

gung, deren Rechtsinhalt hier im Einzelnen nicht näher vorgestellt zu werden braucht,[30] werden die Bürger von stadtherrlichen Rechten des Bischofs befreit und verpflichtet, den Jahrtag Heinrichs IV. zu begehen, von der Vigil bis zu den Messen am Tag selbst. Zusammengenommen mit einer Arenga, die das Werk der Väter in Erinnerung ruft, wird das neue Verständnis deutlich. Auch wenn Heinrich V. nicht alle Jahrtage seiner Vorfahren den Bürgern zur Aufgabe macht, so stellt er doch die Verbindung zwischen den Saliern, dem Dom und der Stadt in den Vordergrund, wenn die salische Memoria zusammen mit der Treue der Einwohner als Motiv seiner Urkunde bezeichnet.[31]

Dem Domkapitel jedoch, als der für die Anniversarfeiern zuständigen Instanz, konnte diese Bestimmung gewiss nicht die Erfüllung aller seiner Vorstellungen bedeutet haben. Eine Begünstigung des Domklerus war ausgeblieben. Hatte noch sein Vater im April 1101 die Speyerer Domgeistlichkeit als *„seine besonders werten Kleriker in unserer vertrauten heiligen Domkirche“* (zweimal *„specialis“*) mit weitreichenden Privilegierungen ausgezeichnet,[32] so scheint der letzte Salier darin Zurückhaltung geübt zu haben; genaugenommen hatte er sie in der an ihrer Kirche anzubringenden Verfügung nicht einmal erwähnt.

1116 / 1119

Allerdings haben die Speyerer Kanoniker Jahre gebraucht, um Heinrich V. auf sein Versehen aufmerksam zu machen. Frühestens 1116, spätestens 1119 verfassen sie einen Brief an den Kaiser, in dem sie ihn eindringlich gemahnen, sich der Stätte seines Vaters, dessen spezielle Söhne sie gewesen seien, zuzuwenden; ja, er möge sich in ihnen an die Vorfahren erinnern:[33] *„Erinnert Euch (recordamini) also in uns an Euren*

---

30 Vgl. Hansjörg GRAFEN: Die Speyerer im 11. Jahrhundert. In: Siedlungen und Landesausbau zur Salierzeit, hrsg. von Horst Wolfgang BÖHME (Römisch-Germanisches Zentralmuseum, Monographien 25 und 26), 2 Bde., Sigmaringen 1990. Hier Bd. 2, S. 97-152, v.a. 116-119. Ingrid HEIDRICH, Bischöfe und Bischofskirche von Speyer. In: Die Salier und das Reich, hrsg. von Stefan WEINFURTER. 3 Bde. Sigmaringen 1991. Hier Bd. 2, S. 187-224.

31 *„Quoniam superne pietatis amminiculante gracia locum istum ob insignem patrum nostrorum memoriam et fidem civium ipsius erga nos semper constantissimam pre ceteris sublimare proponimus...“* Alfred HILGARD: Urkunden zur Geschichte der Stadt Speyer. Straßburg 1885, Nr. 14.

32 *„(clericos) nostros speciales in nostra speciali sancta Spirensi ecclesia“*. Die Urkunden Heinrichs IV. (ed. Dietrich VON GLADISS und Alfred GAWLIK: MGH Diplomata, Hannover 1941-1978. Nachdruck 1978), Nr. 466 (Kopie des 15. Jahrhunderts), vgl. die Bestätigung durch Konrad III. vom 31. März 1140: Die Urkunden Konrads III. und seines Sohnes Heinrich (ed. Friedrich HAUSMANN, MGH Diplomata, Hannover 1969. Nachdruck 1987), Nr. 43.

33 *„recordamini ergo in nobis patris vestri, cuius speciales filii fuimus; recordamini parentum vostrorum, qui nos quasi hereditario iure vobis commiserunt, quorum corporibus apud nos sepultis omnem honorem et reverentiam impendimus. Recordamini vestri honoris, vestrae promissionis, solitae benivolentiae, quam nunquam claudi nobis sensimus“*. Codex Udalrici Nr. 176 (ed. Philipp JAFFÉ: Bibliotheka rerum Germanicarum, Bd. 5. Berlin 1869, S. 1-469), S. 308-310. Zur Datierung vgl. HEIDRICH, Bischöfe (wie Anm. 30), S. 218 mit Anm. 213. KREY, Bischöfliche Herrschaft (wie Anm. 2), S. 41f. entscheidet sich in Anm. 179 für das Jahr 1119. Die Formulierung *„spezielle Söhne“* ist eine Anlehnung an das Diplom Heinrichs IV., vgl. obige Anm.; Heinrich KOLLER: Zur

Vater, dessen besondere [wieder: *specialis*] *Söhne wir gewesen sind; erinnert Euch Eurer Vorfahren, die uns gleichsam nach Erbrecht Euch übergeben haben* [die uns an Euch vererbt haben], *deren bei uns bestatteten Körpern wir alle Ehre und Verehrung entgegenbringen. Erinnert Euch an Euer Ansehen, an Eure Versprechungen, an das übliche Wohlwollen, von dem wir uns niemals getrennt gesehen haben".*

Der dreifachen Aufforderung, sich zu erinnern, geht der ebenfalls dreimal geäußerte Appell voraus, Heinrich möge zuhören („*audistis*"), denn seine Lage sei nicht die beste, immerhin sei er exkommuniziert. Das Domkapitel von Speyer hatte jedoch in dieser Zeit zu der kaiserlichen Partei gehört.[34] Dafür scheint ihnen Heinrich Versprechungen gemacht zu haben, die er nun nicht einzulösen bereit war.

Einerseits resultierte die Notlage sicherlich aus der selbst gewählten Nähe der Kanoniker zu Heinrich V., was ihre Position vor allem während der Abwesenheit des Saliers in Italien ab 1116 nicht gerade erleichterte. Andererseits waren offenkundig die dafür erwarteten Wohltaten des Kaisers ausgeblieben. Der Brief dokumentiert demnach nicht *salisches* Selbstverständnis, sondern das des Domkapitels, was zu trennen ist.[35] Im zweiten Jahrzehnt des 12. Jahrhunderts jedenfalls waren die Kanoniker Träger *Speyerer* Identität, sie interpretierten eine Bedeutung in die Grabkirche, die sie Heinrich V. in stilistisch eindringlicher Form nahebringen mussten. Er hatte die Einkünfte der *mensa episcopalis* durch die Privilegierung der Einwohner im Jahr 1111 geschmälert und keine entschädigenden Maßnahmen ergriffen.

Heinrichs IV. Ansinnen war seinem Sohn zur Verpflichtung geworden, und auch er selbst dürfte sich eine Beisetzung an der Seite seiner Ahnen gewünscht haben. Eine daraus resultierende Bindung *quasi hereditario iure* erkannte hingegen nur das Kapitel. Anders kann der Brief nicht interpretiert werden, denn er wäre sinnlos, wenn Heinrich V. weitgehende Verpflichtungen für sich selbst aus der *Familiengrablege* abgeleitet hätte.

Die Absicht des Domkapitels ist kaum verhüllt: der Kaiser soll sich wie seine Vorfahren dem Dom wieder zuwenden. Warum dieser das nicht in der erwarteten Form getan hat, ist nur schwer zu rekonstruieren. Bemerkenswert ist allemal, dass Heinrich V. die Bevölkerung der Stadt in den Mittelpunkt stellt, nicht deren Klerus. Der ausdrückliche Wunsch nach der Beteiligung der Bürger in dem Diplom von 1111 könnte als gegen die Geistlichkeit gerichtet interpretiert werden, was einen deutlichen Wechsel des Bezugspunktes salischer Herrschaftspraxis gegenüber Speyer bedeuten würde. Kaum lässt sich ein Bogen schlagen zu den Ereignissen in Lüttich 1106 – das Gegenteil ist der Fall. Musste Heinrich V. hier seinen Vater wegen der überbordenden Verehrung durch Laien entfernen, so stellte er dort dessen Memoria ihnen ausdrücklich anheim.

Als der Kaiser 1125 in Utrecht starb, war eine Stelle für sein Begräbnis im Dom nicht vorbereitet. Sein Sarg wurde dennoch in die vorhandene Anlage integriert, wo er

---

Echtheitsfrage des Codex Udalrici (Mitteilungen der Wiener Diplomata-Abteilung der MGH 3), Wien 1953.

34 HEIDRICH, Bischöfe (wie Anm. 30), S. 214 f. Sehr dicht dazu KREY, Bischöfliche Herrschaft (wie Anm. 2), S. 29-43.

35 KREY, Bischöfliche Herrschaft (wie Anm. 2), S. 41 f., setzt jedoch beides zu sehr in eins.

über den Sarkophagen seines Vaters und Großvaters durch eine extra dafür durchgeführte Aufschüttung Platz fand. In der zeitgenössischen Historiographie erregten Einzelheiten der Beisetzung wenig Beachtung, so dass weder ihr Termin noch Informationen zum Hergang überliefert sind. Die Absicht des letzten Saliers, in Speyer beigesetzt zu werden, lässt sich nur erschließen; dass die Grablege nicht rechtzeitig erweitert worden war, mag zwar auf den unerwartet frühen Tod Heinrichs zurückzuführen sein, spricht aber wenig für die intendierte Familiengrablege. Derartige Pläne scheinen doch zweitrangig für den Herrscher gewesen zu sein, dessen Gemahlin Mathilde vermutlich die Utrechter Intestbestattung sowie die Überführung des Körpers nach Speyer veranlasste.

Was war Speyer in der Regierungszeit Heinrichs V. zwischen August 1106 und Mai 1125? Beobachtungen, die gegen ein kontinuierliches salisches Verständnis vom Dom als Familiengrablege oder eines der Zeitgenossen vom Dom als *deutscher* Königsgrabkirche in modernem Sinn sprechen, überwiegen. Allein das Speyerer Domkapitel lässt in seinen Zeilen an Heinrich V. eine derartige Auffassung von familiärer Verpflichtung erkennen, die jedoch pragmatisch und den besonderen Umständen ihrer Entstehungszeit unterworfen ist. Schon Lothar III. wählt sich mit Königslutter einen eigenen Begräbnisort in seiner Heimat aus und nicht alle Staufer verstehen sich als durch ihre salische Abkunft verpflichtet, Speyer als letzte Ruhestätte auszuwählen.

Was wurde aus Speyer? Tendenzen, an die Grablegen im Dom anzuknüpfen, sind zu erkennen,[36] aber kaum auf eine Absicht Konrads II. zurückzuführen. Aus der schwäbischen Königsfamilie wird allein König Philipp fünf Jahre nach seinem Tod auf Anordnung Friedrichs II. Weihnachten 1213 nach Speyer überführt, wo bis zu diesem Zeitpunkt nur die Gemahlin und eine Tochter Barbarossas beigesetzt worden sind.

Trotz dreier weiterer Königsgräber in den folgenden Jahrhunderten bleiben es die der Salier, die das Ansehen Speyers in erster Linie prägen. Der Weg vom Salier- zum Kaiserdom dauerte hingegen länger als das Jahrhundert der zweiten ostfränkisch-deutschen Dynastie. Auch das sogenannte Saliermonument[37] mit seinen berühmten, die salische Familie hervorhebenden Inschriften stammt wahrscheinlich vom Speyerer Domklerus selbst. Es dürfte in der zweiten Hälfte des 12. Jahrhunderts, möglicherweise nach 1157 und vor 1184 entstanden sein, und spiegelt in keinem Fall salisches Selbstverständnis wieder. Wie der erwähnte Brief des Kapitels an Heinrich V. ist es ein Zeugnis für die Indienstnahme der Grablegen und die Pflege des Gedenkens durch die Domgeistlichkeit. Inschriften, die auf das Selbstverständnis der Stifter schließen lassen, gibt es mit Ausnahme der Verfügung Heinrichs V. nicht.

Für Otto von Freising, seit 1126/27 in Paris ausgebildet und ab 1132 Zisterzienser im Kloster Morimond, war Speyer übrigens ein Ort in *„Gallien“*, als er über die erörterte Beisetzung Heinrichs IV. im Jahr 1106 und über einen Hoftag Konrads III. zu Ostern 1151 berichtet.[38] Er zeigt sich damit der Verwaltungsgliederung des für ihn im

---

36 Siehe dazu EHLERS, Metropolis (wie Anm. 2), S. 166-183.

37 Hans Erich KUBACH und Walter HAAS (Bearbb.): Der Dom zu Speyer (Die Kunstdenkmäler von Rheinland-Pfalz 5, Textband), München 1972, 901-906, zu dem nicht mehr erhaltenen Monument.

38 *„Circa idem tempus imperator Heinricus aput Leodium Belgicae urbem diem obiit, sepultisque ibidem intestinis eius, corpus in Galliae civitatem Spiram deportatur..."* Otto von Freising, Gesta Friderici I/10 (wie Anm. 25), S. 26; *„Quos altera pars in civitatem Galliae Spiram subsecuta in-*

Sinne des Translationsgedanken nicht untergegangenen römischen Reiches verpflichtet.[39] Mit aller Vorsicht formuliert, erkannte er offenbar keine besondere Funktion Speyers für das ostfränkisch-deutsche Reich, über dessen Wesen er sich bekanntlich Gedanken machte.[40] Folgt man Hans-Werner Goetz, dann bezeichnet der Terminus *Gallia* bei Otto von Freising sogar *„Frankreich“*,[41] was jedoch einer näheren Überprüfung bedarf.

Im Laufe des 13. Jahrhunderts rückt Heinrich IV. in den Mittelpunkt der liturgischen Memoria, sein Todestag wird zum Termin einer gleichsam konzentrierten Jahrtagsfeier für die im Dom beigesetzten Salier – mit Schwerpunkt auf Heinrich III. und Heinrich IV. – bis in die beginnende Neuzeit werden. Dies allerdings könnte bereits auf die erwähnte Verpflichtung der Einwohner durch Heinrich V. aus dem August 1111 zurückzuführen sein, die die weiteren Jahrtage salischer Könige nicht erwähnt, allerdings auch nicht den seines Großvaters. Philipp von Schwaben, der 1213 aus Bamberg überführte Stauferkönig, erhält daneben eine eigene, etwas bescheidenere Liturgie, so dass beide Dynastien gleichsam ‚vertreten‘ sind. Im Spätmittelalter werden die Anweisungen zur Memoria im Zuge einer Überarbeitung des Nekrologes gestrafft, in der frühen Neuzeit war die Liturgie *multis incognita*, wie das sogenannte Jüngere Seelbuch (drittes Speyerer Nekrolog) vermerkt.[42]

Was ist Speyer heute? Der Ruhm der Speyerer Kirche scheint ungebrochen. Er wurde auch stets gepflegt. Jakob Wimpfelings „Laudes Ecclesiae Spirensis“ aus dem Jahr 1486 gehören ebenso dazu,[43] wie die Werbekampagne des Dombauvereins im Fernsehen unserer Tage (wo der Dom übrigens in seiner Bedeutung als historisches Monument und Wahrzeichen mit dem Eiffelturm in Verbindung gesetzt wird). Nahezu

---

ducias ab eo usque ad proximos dies rogationum in palatium Noviomagense accepit.“ Ebenda, I/67, S. 96. – Speyer steht mit seinem römischen Namen *Noviomagus* hinter Mainz und Straßburg an dritter Stelle der Vororte der „Germania Prima“ vor Worms in der Notitia Galliarum VII/3 (ed. Theodor MOMMSEN, MGH Auctores Antiquissimi 9, Hannover 1892. Nachdruck 1981, S. 552-612), S. 593. Vgl. Hans-Werner GOETZ: Das Geschichtsbild Ottos von Freising. Ein Beitrag zur historischen Vorstellungswelt und zur Geschichte des 12. Jahrhunderts (Archiv für Kulturgeschichte, Beihefte 19), Köln 1984, S. 28f. und 39-43 zum Bildungsgang.

39 GOETZ, Geschichtsbild (wie Anm. 38), S. 155 und öfters.

40 Otto von Freising: Chronik VI/17 (Ottonis episcopi Frisingensis Chronica sive Historia de duabus civitatibus. Ed. Adolf HOFMEISTER, MGH SS rer. Germ., Hannover 1912. Nachdruck 1984), S. 276 ff.

41 GOETZ, Geschichtsbild (wie Anm. 38), S. 36 setzt *Gallia* synonym mit *„Frankreich“* und *„Ausland“*. Vgl. Otto von Freising, Gesta Friderici I/13 (wie Anm. 25), S. 28 f., wo der Rhein als Grenze zwischen *„Gallia“* und *„Germania“* genannt wird.

42 Chrorregel des Speyerer Domkapitels, hrsg. von Franz Xaver GLASSCHRÖDER (Chorregel und jüngeres Seelbuch des alten Speyerer Domkapitels, hrsg. von Konrad VON BUSCH und Franz Xaver GLASSCHRÖDER [Veröffentlichungen des historischen Museums der Pfalz und des historischen Vereins der Pfalz 1/2], 2 Bände, Speyer 1923/26), hier Band 2, Speyer 1923, S. 381. Vgl. Caspar EHLERS: Unendliche Gegenwart. Speyer zwischen Konrad II. und Stefan George. In: Michael BORGOLTE (Hg.): Stiftungen und Stiftungswirklichkeiten (Stiftungsgeschichten 1), Berlin 2000, S. 11-37, hier S. 23 und 26.

43 Jakob WIMPFELING: Lob des Speyerer Doms – Laudes Ecclesiae Spirensis. Faksimile der Inkunabel von 1486, Pfälzische Landesbibliothek Speyer, Inc. 141. Edition, Übersetzung und Kommentar von Reinhard DÜCHTING und Antje KOHNLE. Wiesbaden 1999.

lückenlos wird man Quellen aus den vergangenen tausend Jahren finden, die sich mit der Bedeutung einer Stätte auseinandersetzen, die zu den hervorragenden Erinnerungsorten in Deutschland und – im Sinne Ottos von Freising – zu unser aller Erbe auf dem Boden des Römischen Reiches gehört.

Zusammenfassung

Alle Salier sind zu ihren Lebzeiten dem mittelrheinischen Bistum Speyer gewogen, das herausragende Privilegien und zahlreiche Schenkungen bis zum Tode Heinrichs V. erhalten wird. Am Ende ihrer Epoche ruhen alle Herrscher aus der salischen Familie im Dom sowie deren Gemahlinnen (bis auf Mathilde „von England" und die zweite Frau Heinrichs IV., Praxedis-Adelheid „von Kiew" und einige jung verstorbene Kinder): Ewige Königsnähe. Der Dom zu Speyer ist seit der Salierzeit eine über die Grenzen des alten Reiches hinaus bekannte Grabkirche. Nachrichten über die Bestattungen finden sich in zahlreichen westeuropäischen Quellen – den auf Speyer bezogenen metropolis-Begriff prägte Speyer Ordericus Vitalis. Eine gradlinige Entwicklung seit 1024 kann allerdings nicht angenommen werden. Am Beispiel des toten Heinrichs IV. und seinen Bestattungen sowie des lebenden Heinrichs V. sollte eine dieser Umbruchphasen in einem neuen Licht betrachtet werden.

Was war Speyer in der Regierungszeit Heinrichs V. zwischen August 1106 und Mai 1125? Beobachtungen, die gegen ein kontinuierliches salisches Verständnis vom Dom als Familiengrablege oder gar gegen eines der Zeitgenossen vom Dom als „deutscher" Königsgrabkirche sprechen, überwiegen. Allein das Speyerer Domkapitel lässt in seinem Brief an Heinrich V. eine solche Auffassung von familiärer Verpflichtung erkennen, die jedoch Heinrich V. in Erinnerung zu rufen ist – also in erster Linie vom Domkapitel und nicht vom Salier getragen wird. Schon Lothar III. wählt sich mit Königslutter einen eigenen Begräbnisort in seiner Heimat aus und nicht alle Staufer verstehen sich als durch ihre salische Abkunft verpflichtet, Speyer als letzte Ruhestätte auszuwählen.

Im Zusammenhang mit dem Tod und der ersten Bestattung Heinrichs IV. in Lüttich sowie seiner Überführung nach Speyer im Sommer 1106 stehen bislang in der Forschung weniger beachtete Berichte über die Verehrung des Leichnams durch die einfache Bevölkerung im Sinne eines beginnenden Heiligenkultes auf dem Niveau der Laienfrömmigkeit. Diese Ansätze musste Heinrich V. früh ersticken, um seine eigene Herrschaft nicht zu gefährden, denn eine Instrumentalisierung erschien gänzlich ausgeschlossen. Obgleich er nie zu den „Les Saints Rois du Moyen Âge" gehört hat, rückt Heinrich IV. im Laufe des 13. Jahrhunderts in den Mittelpunkt der liturgischen Memoria, sein Todestag wird zum Termin einer gleichsam konzentrierten Jahrtagsfeier für die im Dom beigesetzten Salier bis in die beginnende Neuzeit.

Résumé

Tous les Saliens ont été de leur vivant bien disposés envers le diocèse de Spire en moyenne Rhénanie, un évêché qui put jouir de privilèges importants et de nombreuses fondations jusqu'à la mort de Henri V. A la fin de l'époque des Saliens, tous les souverains de cette dynastie ainsi que leurs épouses reposent dans la cathédrale de Spire (à l'exception de Mathilde d'Angleterre et de la seconde femme d'Henri IV, Adélaïde de Kiev", et de quelques enfants morts en bas âge): la proximité royale semble alors éternelle. La cathédrale de Spire, depuis les Saliens, est un sanctuaire tombal dont la réputation dépasse les frontières du vieil Empire. On retrouve la mention des enterrements qui y sont célébrés dans de nombreuses sources de tout l'Occident: c'est Orderic Vital qui accole au nom de Spire le terme bien spécifique de *metropolis*. On ne saurait pourtant conférer une ligne continue à cette évolution depuis 1024. L'une de ces phases de rupture doit être examinée sous un nouveau jour en s'appuyant sur la mort de Henri IV et ses deux inhumations et sur l'action de Henri V.

Que représentait Spire sous le règne de Henri V entre août 1106 et mai 1125? Les éléments qui parlent à l'encontre d'une tradition salienne continue d'une cathédrale érigée en sanctuaire dynastique voire élevée par les contemporains en sanctuaire royal «allemand» semblent alors l'emporter. On ne trouve guère que le chapitre cathédral pour invoquer, dans une lettre adressée à Henri V, l'argument d'une sorte d'obligation familiale de la mise au tombeau en ce lieu, tradition rappelée à ce titre à Henri V et, ce faisant, portée avant tout par le chapitre lui-même et non par le Salien. Lothaire III pour sa part avait déjà retenu Königslutter, dans sa région natale, pour recueillir ses restes tandis que les Saliens sont loin de s'être tous estimés tenus, par leur naissance, de choisir Spire pour lieu de leur dernier repos.

Touchant à la mort d'Henri IV, à sa première inhumation à Liège puis au transfert de son corps à Spire au cours de l'été 1106, la recherche récente n'a pas accordé une attention suffisante aux témoignages du culte rendu à la dépouille du roi par le petit peuple au sens du début de culte d'un saint revêtant les formes d'une piété laïque. Henri V dut étouffer dans l'œuf ces débuts de culte afin de ne pas mettre en péril sa propre souveraineté, car leur instrumentalisation paraissait alors absolument exclue. Quoique n'ayant jamais appartenu à la lignée des «Saint Rois du Moyen Age», Henri IV devient au XIIIe siècle l'objet central d'une *memoria* liturgique, l'anniversaire de sa mort se transformant jusqu'au début des Temps Modernes en fête annuelle concentrant la célébration de tous les Saliens enterrés dans la cathédrale.

Franz J. Felten

Mainz und das frühmittelalterliche Königtum. Spuren – Erinnerungen – Fiktionen – und ihre Nutzanwendung

Wie der Titel bereits signalisiert und es in einem Band zu Ehren von Robert Folz[1] auch angemessen erscheint, werden im Folgenden neben den sogenannten Ereignissen und Fakten *Tradition und Kult*[2] einen gebührenden Raum einnehmen. Zunächst sind die wichtigsten Beobachtungen zu den Beziehungen zwischen den Königen und Mainz bis ins 11. Jahrhundert kritisch zu sichten. Dabei bringt es die Quellenlage mit sich, dass von der Stadt Mainz, den Bürgern gar, kaum die Rede sein kann, sondern nur von dem Ort, den die Könige aufsuchten - und vor allem von den Bischöfen, die nach dunklen Anfängen seit der Karolingerzeit eine zunehmend bedeutsamere Rolle spielten. Danach ist zu zeigen, wie man sich in Mainz im Mittelalter, vom 11. bis zum 15. Jahrhundert, und dann wieder im 19. Jahrhundert des *guten Königs Dagobert* erinnerte[3] – denn hier weist Mainz durchaus bemerkenswertes Eigengut auf. Am Ende steht ein knapper Ausblick auf den Beginn des 21. Jahrhunderts.

1 Es sei gestattet, meine Vorbemerkung zu dem Vortrag in Dijon auch hier zu dokumentieren: *„Tout d'abord je voudrais exprimer ma profonde reconnaissance d'être invité à participer à ce colloque en l'honneur de M. Robert Folz, qui avait des relations intenses avec notre Université de Mayence. Et, comme Doyen du département des sciences historiques j'ai l'honneur de vous transmettre les amitiés de mes collègues et de notre président d'Université, M. le professeur Joseph Reiter. Par respect pour l'oeuvre si important du défunt j'ai choisi un sujet qui n'est pas de mes domaines de recherches mais qui aurait pu intéresser M. Folz: ‚Mainz und das Königtum im frühen Mittelalter', en mettant l'accent sur le souvenir d'un roi qui a été particulièrement inspirant en ce qui concerne le souvenir historique et la légende."*

2 Aus der Reihe der einschlägigen Arbeiten des Geehrten seien hier nur herausgegriffen: Robert FOLZ: Tradition hagiographique et culte de Saint Dagobert, roi des Francs. In: Le Moyen Age 69 (1963), S. 17-35; vgl. ID.: Zur Frage der heiligen Könige: Heiligkeit und Nachleben in der Geschichte des burgundischen Königtums. In: Deutsches Archiv 14 (1958), S. 317-44 und die große Monographie, ID.: Les Saints rois du moyen âge en Occident (VIe-XIIIe siècle), Bruxelles 1984, wo zu Dagobert weitere Zeugnisse behandelt werden (S. 191, ohne Mainzer Belege).

3 Dazu die umfassende, aber nicht vollständige Übersicht von Christoph WEHRLI: Mittelalterliche Überlieferungen von Dagobert I., Bern/Frankfurt am Main 1982. Zu Mainz nach Wilhelm DIEPENBACH: Die Dagobertlegende in Mainz. In: Wandern und Schauen. Mittelrheinische Heimatblätter, 14, Nr. 8, August 1934, S. 1-5, Nr. 9, September 1934, S. 1-7; hier wird die Fassung aus der Festschrift für Heinrich SCHROHE: Stadt und Stift. Beiträge zur Mainzer Geschichte, Mainz 1934, S. 18-36 benutzt.

I. Mainz und das Königtum

Mainz, so weiß man, hatte engste Beziehungen zum mittelalterlichen Königtum im ostfränkisch-deutschen Reich.[4] Seine Erzbischöfe standen schon unter Karl dem Großen und Ludwig dem Frommen dem Herrscher sehr nahe, brachten es unter deren Nachfolgern zu einer führenden politischen Rolle, über ihre Ämter als Erzkaplan und Erzkanzler hinaus, die sie zeitweise schon im 9., dann kontinuierlich bis zum Ende des Alten Reiches zu Beginn des 19. Jahrhunderts bekleideten.[5] Die Stadt war Jahrhunderte lang *metropolis Germaniae*.[6] Bei der Wahl des ostfränkisch-deutschen Königs spielte der Erzbischof zunächst gelegentlich, dann regelmäßig eine führende Rolle, die schließlich in der Goldenen Bulle auch institutionell für Jahrhunderte festgeschrieben wurde.[7] In Mainz wurde um 960 die liturgische Ordnung für die Königskrönung erarbeitet,[8] zu einer Zeit, als es selbstverständlich erschien, dass der Mainzer Erzbischof

---

4 Klassischer Überblick Heinrich SCHROHE: Mainz in seinen Beziehungen zu den deutschen Königen und den Erzbischöfen der Stadt bis zum Untergang der Stadtfreiheit (1462), Mainz 1915 (Beiträge zur Geschichte der Stadt Mainz 4).

5 Zu den Anfängen: Harry BRESSLAU: Handbuch der Urkundenlehre für Deutschland und Italien, 1, Leipzig ²1912, S. 296ff.; Josef FLECKENSTEIN: Die Hofkapelle der deutschen Könige, 2 Bde., Stuttgart, 1959-1966; siehe zu Liutbert: Bd.1, Grundlegung: Die karolingische Hofkapelle, Stuttgart, 1959 und zu Wilhelm: Bd.2, Die Hofkapelle im Rahmen der ottonisch-salischen Reichskirche, Stuttgart, 1966; Johannes BÄRMANN: Zur Entstehung des Mainzer Erzkanzleramtes. In: Zeitschrift für Rechtsgeschichte, Germanische Abt. 75 (1958), S. 1-92; zur Spätphase jetzt die Arbeiten des interdisziplinären Arbeitskreises Mainzer Reichserzkanzler, zuletzt insbesondere Peter-Claus HARTMANN (Hrsg.): Der Mainzer Kurfürst als Reichserzkanzler. Funktionen, Aktivitäten, Ansprüche und Bedeutung des zweiten Mannes im Alten Reich, Stuttgart 1997. Zu den Entwicklungen im 11. Jahrhundert unten mit Anm. 95.

6 So schon in der Antike; vgl. die Belege bei Carlrichard BRÜHL: Palatium und Civitas. Studien zur Profantopographie spätantiker Civitates vom 3. bis zum 13. Jahrhundert, II: Belgica I, beide Germanien und Raetia II, Köln/Wien 1990, S. 90, Anm. 5; entsprechend dann die Annales Fuldenses, die vermutlich in Mainz geschrieben wurden, ad. a. 852, Friedrich KURZE (ed.): MGH SS rer Germ 7, Hannover 1891, S. 42. „Metropolis Franciae" in der Fortsetzung Reginos: Reginonis abbatis Prumiensis chronicon cum continuatione Treverensi, ad a. 953, Friedrich KURZE (ed.): MGH SS rer Germ 50, Hannover 1890, S. 167 hat m.E. eine andere Bedeutung als sie das Ausrufezeichen bei BRÜHL, Palatium (wie Anm. 6), S. 93 suggeriert; vgl. den Überblick bei Johannes BÄRMANN, Moguntia metropolis Germaniae, Mainz 1965 (Mainzer Universitätsreden 24) und unten Anm. 98, S. 127, 134 und 137.

7 Erstmals ist der feierliche Kürruf für die Wahl Konrads II. 1024 belegt, die Erzbischof Aribo maßgeblich bestimmt hatte; Wipo c.2 geht von einem schon bestehenden Brauch/Vorrecht des Mainzers aus, als erster gehört zu werden; vgl. Johann Friedrich BÖHMER (ed.): Regesta Imperii III, Salisches Haus: 1024-1125, Abt.1, Die Regesten des Kaiserreiches unter Konrad II. 1024-1039, überarb. von Norbert VON BISCHOFF und Heinrich APPELT, Graz 1951, Nr.m, 9; dazu jetzt Franz-Reiner ERKENS: Konrad II. (um 990-1039). Herrschaft und Reich des ersten Salierkaisers, Regensburg 1998, S. 37-50; Herwig WOLFRAM: Konrad II. (990-1039). Kaiser dreier Reiche, München 2000, S. 60-68.

8 Cyrille VOGEL, Reinhard ELZE: Le Pontifical romano-germanique du dixième siècle, 1, Le texte, Città del Vaticano, 1963 (Studi e testi 226); zur Entstehung Carl ERDMANN: Forschungen zur politischen Ideenwelt des frühen Mittelalters, Berlin 1951; Cyrille VOGEL: Précisions sur la date et l'ordonnance primitive du Pontifical-romano-germanique. In: Ephemerides liturgicae 74 (1960), S. 145-162.

allgemein einen Vorrang in der Reichskirche genießt.[9] Bekanntlich konnten die Kölner Metropoliten seit 1036 ihr Krönungsrecht in Aachen durchsetzen[10] – was die Mainzer nicht hinderte, bei günstiger Gelegenheit ihren Anspruch zu realisieren. Die *civitatis magna fortis* Mainz war eine der bedeutendsten Städte in einer der wichtigsten Landschaften des ostfränkisch-deutschen Reiches,[11] wie Otto von Freising im 12. Jahrhundert beobachtete.[12] Sein schwäbischer Zeitgenosse Hermann von Konstanz nannte Frankfurt noch, heute kaum vorstellbar, einen *„viculus* [...] *in territorio Moguntinae urbis"*.[13]

All diese gut bekannten Dinge passen, so scheint es, zur Bedeutung von Mainz in der Römerzeit:[14] Die Stadt war *Metropolis Germaniae Primae*, hier residierte nach der *Notitia dignitatum*, die für die erste Hälfte des 5. Jahrhundert einen Überblick über die römische militärische und zivile Administration gibt, der *dux Mogontiacensis*, dem elf *praefecti* unterstanden. Mainz wurde mehrfach von römischen Kaisern besucht und selbst als das Castrum im 4. Jahrhundert aufgegeben wurde, umfasste die Zivilstadt zu seinen Füßen eine Fläche in der Größe von Köln.

---

9 HARTMANN, Mainzer Kurfürst (wie Anm. 5).

10 Grundlegend Ulrich STUTZ: Der Erzbischof von Mainz und die deutsche Königswahl. Ein Beitrag zur deutschen Rechts- und Verfassungsgeschichte, Weimar 1910; Franz-Reiner ERKENS: Der Erzbischof von Köln und die deutsche Königswahl. Studien zur Kölner Kirchengeschichte, zum Krönungsrecht und zur Verfassung des Reiches (Mitte 12. Jahrhundert bis 1806), Siegburg 1987.

11 BRÜHL, Palatium (wie Anm. 6), S. 93.

12 Otto beschreibt aus der Kenntnis des Augenzeugen, dass die Stadt auf der Rheinseite *„spissa et populosa"*, auf der Landseite hingegen nur locker bebaut gewesen sei (*rarum habitatorem latens*). Er betont ausdrücklich die Stärke der Mauer und die große Zahl der Türme; Gesta Friderici imperatoris, I.13, Georg WAITZ (ed.): MGH SS rer Germ 46, Hannover-Leipzig 1912, hier S. 28; in dem Gebiet zwischen Basel und Mainz lag nach Otto die *„maxima vis regni"* (ebd. I.12), in Erzbischof Adalbert I. von Mainz (1110-1137) sah er den listigsten und reichsten der Fürsten des gesamten Reiches. Aus der reichen Literatur, die diese Einschätzung bestätigte, siehe nur Theodor MAYER: Die Stellung Rheinfrankens in der deutschen Geschichte. In: Korrespondenzblatt des Gesamtvereins der deutschen Geschichtsvereine 82 (1934), S. 9-20; DERS.: Das deutsche Königtum und sein Wirkungsbereich. In: Das Reich und Europa, Leipzig ²1941, S. 52-74, wieder in DERS.: Mittelalterliche Studien. Gesammelte Aufsätze, Lindau 1955, S. 28-44.

13 Hermann von Konstanz: Historia miraculorum in itinere Germanico patratorum. Prooemium, Georg WAITZ (ed.): MGH SS 26, Hannover, 1882, ND Stuttgart, 1964, hier S. 122; vgl. BRÜHL, Palatium (wie Anm. 6), S. 106. Man sollte dann freilich auch Regino zitieren, der zum Jahre 876 Frankfurt *„principalis sedes orientalis regni"* nennt ([wie Anm. 6], 111). Freilich sollten auch derartige Aussagen nicht ohne genauere Untersuchung des Sprachgebrauchs bewertet werden, nennt Regino doch z.B. zum Jahre 869 Trier „nur" *urbs*, wie Metz (98) und Mainz (99).

14 Karl SCHUMACHER: Die merowingische und karolingische Zeit, 3 Bd.e, Mainz 1921-1925 (Siedelungs- und Kulturgeschichte der Rheinlande von der Urzeit bis in das Mittelalter 3); Gustav BEHRENS: Verschwundene Mainzer Römerbauten. In: Mainzer Zeitschrift 48/49 (1943-1954), S. 70-88; Konrad WEIDEMANN: Die Topographie von Mainz in der Römerzeit und im frühen Mittelalter. In: Jahrbuch des Römisch-Germanischen Zentralmuseums 15 (1968), S. 146-199 mit sehr informativen Plänen; Hans JACOBI: Antike Eurovisionen – Commentarien, Mogontiacum – das römische Mainz, Mainz 2000 (Geschichte der Stadt Mainz und der Regio Mogontiacensis 1); Gabriele ZIETHEN: Mogontiacum. Vom Legionslager zur Provinzhauptstadt. In: Franz DUMONT/Ferdinand SCHERF/Friedrich SCHÜTZ (Hrsg.): Mainz. Die Geschichte der Stadt, Mainz 1998, S. 39-67.

In fränkischer Zeit[15] ergibt sich ein bemerkenswert differenzierter Befund. Die Stadt wurde zu Beginn des 5. Jahrhunderts schwer zerstört, wie selbst Salvian im fernen Marseille noch eine Generation später festhielt,[16] doch dürften noch imposante Bauten, insbesondere eine mächtige Stadtmauer, aufrecht gestanden haben. Im Umland gingen die römischen *villae* unter, wie die Archäologen herausfanden, doch wurde das Land nicht von allen latein- bzw. romanischsprachigen Bewohnern verlassen. Drei von fünf Gräberfeldern der Stadt wurden offensichtlich kontinuierlich belegt, auch wenn die Nachrichten über Mainz seit der Mitte des 5. Jahrhunderts für ein Jahrhundert verstummen.[17] Der Anonymus Ravennatis, aus dem 9. Jahrhundert, aber auf älteren Quellen fußend, nennt Mainz eine fränkische *civitas* – wobei der Akzent auf *fränkisch* liegt.[18] Die Umgebung ist nach Ausweis der Ortsnamen und der Gräberfelder im 6. Jahrhundert dicht mit einer wohl ‚*multiethnischen*' Bevölkerung besiedelt.[19]

---

15 Ludwig FALCK: Mainz im frühen und hohen Mittelalter (Mitte 5. Jahrhundert bis 1244), Düsseldorf 1972 (Geschichte der Stadt Mainz 2), S. 1-55, mit sorgfältigen Angaben von Quellen und Literatur, auf die man in der neuen Stadtgeschichte 1998 leider verzichtet hat; Franz STAAB: Mainz vom 5. Jahrhundert bis zum Tod des Erzbischofs Willigis (407-1011). In: Mainz. Die Geschichte der Stadt (wie Anm. 14), S. 71-107. Besser unter diesem Aspekt daher die Beiträge in Friedhelm JÜRGENSMEIER (Hrsg.): Handbuch der Mainzer Kirchengeschichte 1, Christliche Antike und Mittelalter, Würzburg 2000 (Beiträge zur Mainzer Kirchengeschichte 6), von Ernst DASSMANN (Das Bistum in römischer und fränkischer Zeit, S. 19-86) und Franz STAAB (Die Mainzer Kirche im Frühmittelalter, S. 87-194).

16 *„Mogontiacensium civitate* [...] *excisa atque deleta est"*, De gubernatione Dei, VI.39, Karl HALM (ed.): MGH AA 1.1, Berlin, 1877, ND 1961, S. 74. Vgl. auch das sehr zeitnahe Zeugnis des Hieronymus, der sich ja längere Zeit in Trier aufgehalten hatte, über den Ansturm der Germanen 406/407: *„Moguntiacus, nobilis quondam civitas, capta atque subversa est"* (Hieronymus: Sophronius Eusebius, Sancti Eusebii Hieronymi epistulae III, ep. 125, 15, Isidorus HILBERG (ed.): CSEL 56, S. 91f.). Bei der Interpretation ist bei ihm wie bei Salvian die paränetische Absicht zu bedenken.

17 WEIDEMANN, Topographie (wie Anm. 14), bes. S. 154ff., neigt eher zu einer Unterbrechung der Siedlungen (siehe besonders S. 181); viel günstiger beurteilt die Kontinuität der römischen Bevölkerung STAAB, Mainz (wie Anm. 15), besonders S. 72-74; DERS.: Die Mainzer Kirche. Konzeption und Verwirklichung in der Bonifatius- und Theonesttradition. In: Stefan WEINFURTER/Frank Martin SIEFAHRT (Hrsg.): Die Salier und das Reich, 2. Die Reichskirche in der Salierzeit, Sigmaringen 1991, S. 90f. Leider ist Mainz in dem Werk: Alfred WIECZOREK u.a. (Hrsg.): Die Franken. Wegbereiter Europas. Vor 1500 Jahren: König Chlodwig und seine Erben, Mainz 1996 stiefmütterlich behandelt worden.

18 Ravennatis anonymi Cosmographia, 4. 24 und 26, in Itineraria Romana 2, Joseph SCHNETZ (ed.): Leipzig, 1940, ND Stuttgart 1990, S. 60f.; er leitet die von Mainz eröffnete Liste der *„civitates iuxta fluvium Renum"* (danach folgen u.a. Bingen, Koblenz, Remagen, Bonn) mit den Worten ein: *„in qua patria (i.e. Francorum) plurimas fuisse legimus, ex quibus aliquantas nominare volumus"*; danach fährt er fort: *„sunt et alie multe civitates ante praefatam Maguntiam iuxta ipsum fluvium Renum site"*; d.h. Mainz genießt hier keinen auf der Bezeichnung *civitas* gründenden Vorrang. Die übrigen (stromaufwärts) gelegenen *civitates* nennt er nicht, weil sie nicht in der fränkischen patria lagen: *„cum ipse Renus per Almanorum venit terram, ideo <eas> non Francorum patriam nominavi"*.

19 Die Kontinuität der *römischen* Bevölkerung neben den vor allem erst seit dem 6. Jahrhundert eingewanderten Germanen unterschiedlicher Herkunft betont STAAB, Mainz (wie Anm. 15), S. 71, 73; vgl. schon die erste Hälfte seiner Dissertation: DERS.: Untersuchungen zur Gesellschaft am Mittelrhein in der Karolingerzeit, Wiesbaden 1975 (Geschichtliche Landeskunde 11) unter dem Titel:

Umso erstaunlicher erscheint es, dass Mainz bei den wichtigsten Autoren der Zeit, insbesondere auch bei Gregor von Tours, der im letzten Viertel des 6. Jahrhunderts schrieb, nur sehr selten genannt wird. Der Dichter Venantius Fortunatus, der vermutlich um 566/67 selbst in Mainz war, feiert den um diese Zeit amtierenden Bischof Sidonius in seinen Gedichten als einen Vater, der in seine Stadt zurückkehrte (*„rediit"*), den Verfall der verwüsteten Stadt stoppte, alte Gotteshäuser erneuerte und eine neue Kirche zu Ehren des Hl. Georg errichtete, sich aber auch um die Eindämmung des Rheins kümmerte.[20] Ist diese *Rückkehr* des Bischofs ein Hinweis auf Abbruch des kirchlichen Lebens?[21]

Von einer Fürsorge der Könige, wie andernorts häufig bezeugt, ist für Mainz in zeitnahen Quellen nirgends die Rede. Erst eine viel spätere Randnotiz in einem Martyrologium des Doms aus dem 11. Jahrhundert und eine Passage in der 1060/62 in Mainz entstandenen „Passio Sancti Albani" nennen Dagobert einen Wohltäter des Domes und der Stadt.[22]

Venantius Fortunatus erwähnt nur die Hilfe Bertoaras, der Tochter Theudeberts I. (533-548), bei der (Wieder-)Errichtung des Baptisteriums;[23] dass die Prinzessin in Mainz residiert hätte, ist damit nicht belegt. Immerhin wissen wir von Dagobert I. , dass er zumindest einmal in Mainz war, 630/31?, als er von hier aus gegen die Wenden

---

Das Fortleben galloromanischer Bevölkerung und ihrer Kultur, S. 1-175 bzw. auch S. 176-197 zur Bedeutung der Galloromanen für die merowingische Verwaltung und Kirchenorganisation.

20 Venantius Fortunatus, Opera Poetica, Friedrich LEO (ed.): MGH AA 4,1,2, Carm. 2, S. 11, 12: 40, Carmen 9.9: S. 215f.

21 Die Frage wurde und wird in der Mainzer Historiographie sehr kontrovers diskutiert. Siehe dazu Eugen EWIG: Der Mittelrhein im Merowingerreich. Eine historische Skizze. In: Nassauische Annalen 82 (1971), S. 49-60, wieder in: DERS., Spätantikes und fränkisches Gallien, 3 Bde., Bd.1, München 1976, S. 435-449; ähnlich DERS.: Die ältesten Mainzer Patrozinien und die Frühgeschichte des Bistums Mainz. In: Victor H. ELBERN (Hrsg.): Das erste Jahrtausend. Textband 1, Düsseldorf ²1963, S. 114-127, wieder in: DERS.: Gallien, 2, München 1979, S. 154-170 und DERS.: Die Merowinger und das Frankenreich, Stuttgart u.a. 1988; vgl. die Zusammenstellung bei BRÜHL, Palatium (wie Anm. 6), S. 102 mit reichen Anmerkungen; Jetzt unterschiedlich im Handbuch der Mainzer Kirchengeschichte: DASSMANN, Bistum (wie Anm. 15), S. 27f.: *„Ob es im Verlauf der Ablösung der römischen durch die fränkische Herrschaft Unterbrechungen in der Kontinuität einer christlichen Gemeinde unter bischöflicher Führung gegeben hat, läßt sich darum [wegen des Schweigens der Chronisten] nicht mehr beantworten"*. Er betont aber, dass *„weiterhin Christen in Mainz gelebt haben"*, aufgrund von Grabsteinen, die in das ansonsten stumm bleibende späte 5. und frühe 6. Jahrhundert datiert werden können. Für Staab *„beweist aber die Fortdauer der lokalen Heiligenkulte (Alban, Aureus, Justinus, Ferrutius) und der repräsentativen christlichen Begräbnisse die ununterbrochene Existenz des Mainzer Christentums im Übergang von der Antike zum Mittelalter"* (Mainz [wie Anm. 15], S. 76). Weiterhin unterstreicht er *„die Überschattung der früheren Mainzer Überlieferung durch die überragende Gestalt des heiligen Bonifatius"* bzw. der Darstellung seiner Bedeutung für die Mainzer Kirche im *„bonifatianischen Corpus"* (Briefe und Vita) und hat mehr Vertrauen in die seit dem 11. Jahrhundert überlieferten Bischofslisten (S. 87-90, 92f. mit der langen Anm. 38).

22 Daraus hat man auf eine verlorene Urkunde Dagoberts geschlossen; vgl. unten Anm. 131.

23 *Berthoarae voto conplente*, Carmen 2.11 (wie Anm.20).

marschierte.[24] Vielleicht kam Sigibert 566 auf seiner Hochzeitsreise an Mosel und Rhein auch nach Mainz, nachgewiesen ist es nicht. 589 lud der Bischof Sigismund den König Childebert I. ein, Ostern in Mainz zu feiern[25] – ob er kam, wissen wir nicht. Bischof Leudegasius von Mainz, der nur ungefähr in die Zeit um 610 gesetzt werden kann, optierte in den Bruderkämpfen zwischen Theuderich und Theudebert für den Gegner *seines* Königs Theudebert, weil er – so der unbekannte Autor der sogenannten Fredegar-Chronik aus dem 7. Jahrhundert – dessen Unfähigkeit (*„stulticia“*) ebenso ablehnte wie er Theuderichs Tüchtigkeit (*„utiletatem“*) herbeisehnte.[26] Bei den Kämpfen der Franken gegen die Thüringer zu Beginn der vierziger Jahre des 7. Jahrhunderts erwiesen sich (die) Mainzer im Heer König Sigiberts, wiederum nach Fredegar, als *„treulos“*,[27] handelten vielleicht in *„geheimem Einverständnis“*[28] mit dem Thüringerherzog Radulf.

Der Ertrag unserer Umschau in den erzählenden Quellen ist also recht mager.

Bei den Urkunden ist es nicht besser: Von keinem fränkischen König vor Karl dem Großen haben wir auch nur eine einzige echte Urkunde, die in oder für Mainz ausgestellt worden wäre; nicht einmal Fälschungen oder (angebliche) Deperdita wie für Worms und Speyer sind für Mainz überliefert.[29] Von Urkunden Dagoberts, auf die

---

24 Fredegar IV.74, Bruno KRUSCH (ed.): MGH SS rer Mer 2, Hannover, 1888, 178, bzw. J.M. WALLACE-HADRILL (ed.): The fourth book of the chronicle of Fredegar with its continuations, London 1960.

25 Gregor von Tours IX.29, Bruno KRUSCH/Wilhelm LEVISON (ed.): MGH SS rer Mer 1,1, Hannover, 1951, S. 447.

26 Fredegar IV.38 (wie Anm. 24), S. 139. Über das Schicksal des Bischofs nach dem Tode Theuderichs 613 ist nichts bekannt; wir können nur feststellen, dass er unter den Teilnehmern der Pariser Synode 614 – im Unterschied zu den Nachbarbischöfen – nicht genannt ist, wissen aber nicht warum; zusammenfassend DASSMANN, Bistum (wie Anm. 15), S. 3.

27 Fredegar IV.87 (wie Anm. 24), S. 165. Zur Deutung der *Macacinsis*, die in diesem Kampf nicht treu waren (*hoc prilio nun fuerunt fedeles*) Wilhelm NIEMEYER: Der Pagus des frühen Mittelalters in Hessen, Marburg 1968, S. 87 (*„wenig wahrscheinlich, daß es sich dabei lediglich um das aus dem Stadtbezirk von Mainz stammende Truppenkontingent gehandelt hat. Vermutlich ist es die Bezeichnung für die Bevölkerung des nördlichen Rheinhessen, zu dessen Adelskreisen Herzog Radulf offenbar recht bedeutsame Beziehungen unterhielt“*), mit Hinweis auf Heinrich BÜTTNER: Das fränkische Mainz. Ein Beitrag zum Kontinuitätsproblem und zur fränkischen und mittelalterlichen Geschichte. In: Aus Verfassungs- und Landesgeschichte. Festschrift zum 70. Geburtstag von Theodor Mayer, 2, Lindau/Konstanz 1955, S. 231-243, wieder in Alfons GERLICH (Hrsg.): Zur frühmittelalterlichen Reichsgeschichte an Rhein, Main und Neckar, Lindau/Konstanz, 1975, S. 145-157; Walter SCHLESINGER: Pfalzen und Königshöfe in Württembergisch Franken und angrenzenden Gebieten. In: Württembergisch Franken: Jahrbuch des historischen Vereins für Württembergisch Franken 53 (1969), S. 3-22. Schmitz sieht in ihnen die *„Mainzer“* bzw. *„städtische Führungsschicht“* (Hans SCHMITZ: Pfalz und Fiskus Ingelheim, Marburg 1974, S. 426), mit Hinweis auf Michael GOCKEL: Karolingische Königshöfe am Mittelrhein, Göttingen 1970, S. 309: *„Macacinsis, das sind die Mainzer Großen“*.

28 EWIG, Merowinger (wie Anm. 21), S. 143 und öfter, vgl. Anm.21.

29 Die im 11. Jahrhundert erwähnte Schenkung (Mainzer Urkundenbuch, Bd.1, Die Urkunden bis zum Tode Erzbischofs Adalberts I. [1137], bearb. von Manfred STIMMING, Darmstadt 1972, Nr. 327, folgend MzUB), ist von *Pippinus filius Angisi*, d.h. Pippin dem Mittleren, nicht König Pippin wie im Register der UB.

sich Stadt und Erzbischof im 14./15. Jahrhundert beriefen – von ihnen wird noch die Rede sein – fehlt jede Spur.

Umso bedeutsamer ist der Vermerk *„actum in palatio nostro"* zu Mainz in einer der gefälschten Urkunden Dagoberts I. für Worms, angeblich aus dem Jahre 628.[30] Wäre die Formulierung aus einer echten Urkunde übernommen worden, so würde sie nicht nur einen der in der Zeit vor Karl dem Großen äußerst selten belegten Königsaufenthalte bezeugen, sondern sogar eine Pfalz in Mainz, deren Existenz und Lage in merowingischer wie in karolingischer Zeit in der Geschichtswissenschaft höchst umstritten ist.[31]

Ist diese Informationsarmut nur ein Quellenproblem? Sind wir, mit anderen Worten, ein Opfer einer durch die Ungunst der Verhältnisse drastisch geschrumpften Überlieferung einer ehemals viel reicheren Vergangenheit? – Oder spiegelt sich in dem mageren Befund eine tatsächlich bescheidene Bedeutung von Mainz in diesen Jahrhunderten wider? Lag die Stadt buchstäblich am Rande, wie bedeutende Autoren meinten?[32] Trat sie nicht nur politisch, sondern sogar kirchlich hinter Worms zurück? Noch in karolingischer Zeit lag die *civitas* Mainz im Wormsgau, der bis zur Nahe reichte, im 10. Jahrhundert hatte sich dessen Grenze bis südlich der Stadt vorgeschoben.[33] Trierer

---

30 Karl A. Pertz (Hg.): Diplomata regum Francorum e stirpe Merowingica, Stuttgart 1872 (ND 1980) (MGH DD in folio 1), spur. 21; Neuausgabe: Die Urkunden der Merowinger. Nach Vorarbeiten von Carlrichard Brühl, herausgegeben von Theo Kölzer unter Mitwirkung von Martina Hartmann und Andrea Stieldorf (MGH Diplomata Regum Francorum e stirpe Merowingica 2001), D 30.

31 Lokalhistoriker sind von ihrer Existenz überzeugt, suchen sie aber, in Anknüpfung an Bemerkungen bei spätmittelalterlichen Autoren oder aus freier Phantasie, an verschiedenen Orten in oder vor der Stadt. Auch für den überaus kritischen Carlrichard Brühl *„muß"* schon in merowingischer Zeit *„eine Pfalz vorhanden gewesen sein"*. Dagobert freilich habe *„selbstverständlich"* nicht selbst die Pfalz errichten lassen, wie manche Mainzer Autoren annahmen, *„sondern im Zweifel im spätrömischen Praetorium residiert, dessen Lage nur leider in Mainz nicht bekannt ist, das aber doch wohl an der Stelle der späteren Martinsburg vermutet werden darf"*; BRÜHL, Palatium (wie Anm. 6), S. 101; vgl. ebd., S. 109 mit ausführlicher Diskussion der Quellen und der reichen lokalhistorischen Literatur. Für keine der vielen Vermutungen gibt es einen archäologischen oder sonstigen Hinweis.

32 So etwa BRÜHL, Palatium (wie Anm. 6), S. 91 mit ausdrücklichem Bezug auf Heinrich BÜTTNER: Frühes Fränkisches Christentum am Mittelrhein. In: Archiv für mittelrheinische Kirchengeschichte 3 (1951), S. 9-55, hier S. 20; wieder in Alois GERLICH (Hrsg.): Zur frühmittelalterlichen Reichsgeschichte an Rhein, Main und Neckar, Lindau/Konstanz 1975, S. 207-236.

33 Vgl. nur die zahlreichen Belege im MzUB (wie Anm. 29), beginnend mit Nr. 24 von 763, in der Graf Leidrat seinen Besitz in und um das *castrum* Bingen *in pago Uuormacinse* verkauft; MzUB 32, Schenkung eines Grundstücks in *„pago Wormat. in Moguntia civitate"* an Lorsch (wie auch noch in MzUB 154 von 870). Zu Größe und Ausdehnung, auch zum Wandel im 10. Jahrhundert (zugunsten eines nach Süden vergrößerten Nahegaus) NIEMEYER, Pagus (wie Anm. 27), S. 83-88; Helmut GENSICKE: Worms-, Speyer- und Nahegau, in Friedrich KNÖPP (Hrsg.): Die Reichsabtei Lorsch. Festschrift zum Gedenken an ihre Stiftung 764, 1, Darmstadt 1973, S. 437-506; von Bedeutung von *pagus* und *comitatus* und der bewegten Geschichte ihrer Erforschung, die hier nicht zu diskutieren sind, knappe Zusammenfassung bei Ulrich NONN: Probleme der frühmittelalterlichen Grafschaftsverfassung am Beispiel des Rhein-Mosel Raumes. In: Jahrbuch für westdeutsche Landesgeschichte 17 (1991), S. 29-50; dazu jüngst die Kritik von Matthew INNES: State and Society in the Early Middle Ages. The Middle Rhine Valley, 400-1000, Cambridge 2000, S. 8f., der NONN und Hans K. SCHULZE: Vom Reich der Franken zum Reich der Deutschen, Berlin 1987 *„constitutionalist assumptions"* (S. 8) vorwirft, selbst aber – trotz des Begriffes *state* im Titel – den institutionellen Aspekt allzu sehr vernachlässigt. Dort noch nicht berücksichtigt die gründliche,

Autoren behaupteten im 11. Jahrhundert gar, Mainz sei zeitweise dem Bistum Worms unterstellt gewesen.[34] Sie waren freilich eifrig bemüht, den Trierer Vorrang auch historisch zu beweisen – wie umgekehrt Mainzer Autoren der Zeit das Alter ihrer großen Metropole[35] betonten – auch unter Berufung auf Dagobert, wie wir noch sehen werden.

Die Reihe der frühen Bischöfe ist höchst umstritten, ihre Sukzession könnte vom 5. bis zur Mitte des 6. Jahrhunderts, bis in die Zeit des schon genannten Bischofs Sidonius, unterbrochen gewesen sein.[36]

Umso bemerkenswerter ist der grandiose Aufstieg von Stadt und Bistum Mainz in der Zeit Karls des Großen.[37] Noch von Karl Martell, Karlmann und Pippin sind keine Aufenthalte bezeugt, damit natürlich nicht ausgeschlossen; es sind von ihnen auch keine in oder für Mainz ausgestellten (echten) Urkunden bekannt.[38] Noch wirkte sich an-

---

sprachwissenschaftliche und historische Methoden verbindende Arbeit von Roland W.L. PUHL: Die Gaue und Grafschaften des frühen Mittelalters im Saar-Mosel-Raum. Philologisch-onomastische Studien zur frühmittelalterlichen Raumorganisation anhand der Raumnamen und der mit ihnen spezifizierten Ortsnamen, Saarbrücken 1999, hier bes. S. 53-59 (mit profunder Kritik der vorliegenden Kartenwerke); Puhl bezieht auch die an sein Untersuchungsgebiet grenzenden Teile von Nahe- und Worms(feld)gau mit ein (S. 224-241, 455f); ebenso Thomas BAUER: Die mittelalterlichen Gaue, Köln 2000 zum Wormsgau und seinem *„Schrumpfungsprozeß gewaltigen Ausmaßes ... im Nordwesten"*, S. 23f.

34 Gesta Treverorum, Georg WAITZ (ed.): MGH SS 8, Hannover 1848, ND Leipzig 1925, hier S. 162; De rebus Trevirensibus saec. XIII-X libellus, Georg WAITZ (ed.): MGH SS 14, Hannover 1883, ND Stuttgart/New York 1963, hier S. 101, doch ist hier die spezifische Konkurrenzsituation zwischen den Metropolen und ihren Historiographen im 11. Jahrhundert in Rechnung zu stellen. Auf Mainzer Seite, in Gozwins „Passio S. Albani", ist davon natürlich nicht die Rede (Oswald HOLDER-EGGER (ed.): MGH SS 15, Hannover 1888, ND Stuttgart/New York 1963, S. 984-90, bes. S. 989). Vgl. nur Heinz THOMAS: Studien zur Trierer Geschichtsschreibung des 11. Jahrhunderts insbesondere zu den Gesta Treverorum, Bonn 1968 und, teilweise kritisch dazu: STAAB, Mainzer Kirche (wie Anm. 15), bes. S. 60 mit Anm. 110. S. auch unten mit Anm. 118ff.

35 Die „Vita quarta Bonifatii", geschrieben in Mainz nach 1011 und vor 1066, läßt den Missionar rheinaufwärts an allen *civitates* vorbei *„ad magnam metropolitanam sancte Monguntie civitatem"* gelangen (c. 1, ed. Wilhelem LEVISON (ed.): MGH SS rer Germ 57, Hannover/Leipzig 1905, S. 92). Auch die politische Bedeutungslosigkeit wird im 14. Jahrhundert dahingehend korrigiert, dass der Graf vom Rheingau in Mainz residierte – bevor die Bürger ihre Freiheit erkämpften; vgl. unten mit Anm. 185.

36 EWIG, Mittelrhein (wie Anm. 21), S. 54 bzw. S. 442 sprach sogar davon, *„daß Mainz als Bischofsstadt unter Sidonius neu gegründet wurde"*.

37 Nach BRÜHL eine Folge der Schwerpunktverlagerung des Reiches vom Pariser Becken an den Rhein (Palatium [wie Anm. 6], S. 92).

38 Außer der in der Urkundenforschung lange übersehenen Schenkung des Hausmeiers Pippin (des Mittleren) (MzUB [wie Anm. 29], 327), kennen wir nur eine Fälschung auf den Namen Pippins aus dem 11. Jahrhundert und ein plump gefälschtes Fragment einer angeblichen Urkunde Karlmanns (MGH DKar +39 = Johann Friedrich BÖHMER (ed.): Regesta Imperii I, Die Regesten des Kaiserreichs unter den Karolingern 751-918, neubearb. von Engelbert MÜHLBACHER, vollendet von Johann LECHNER, Hildesheim [2]1908, ND Hildesheim, 1966, folgend BM, BM +100), Fälschung für St. Maximin, angeblich 765 in Magontiae publ.pal. ausgestellt (MzUB 5 = BM +52); vgl. BRÜHL: Palatium (wie Anm. 6), S. 109, Anm. 223; Theo KÖLZER: Studien zu den Urkundenfälschungen des Klosters St. Maximin vor Trier (10.-12. Jahrhundert), Sigmaringen, 1989, S. 29-116; knapper DERS.: Merowingerstudien 2, Hannover 1999, S. 127-35.

scheinend die häufig in diesem Zusammenhang erwähnte Schwerpunktverlagerung des Reiches nach Osten nicht entsprechend aus. Das änderte sich schlagartig unter Karl dem Großen. Von ihm sind mindestens vier Aufenthalte in Mainz belegt, eine Reihe weiterer sicher anzunehmen. 770 feierte er das Weihnachtsfest in *„Mogontiam civitatem"* und blieb vielleicht länger dort.[39] 790 stellte er in Mainz am 9. Juni eine Urkunde für das Kloster Prüm aus[40] und war Ende August wieder[41] in der Nähe.[42] Für den Sommer 800 berief Karl seine *fideles* nach Mainz und sagte dort Anfang August auf einem *conventus generalis* den Feldzug nach Italien an.[43] Im Jahre 803 brach Karl nach Ostern von Aachen auf und hielt im Sommer, vermutlich in der ersten Julihälfte, in Mainz *„nach gewohnter Weise eine Reichsversammlung"*.[44]

Neben diesen direkt durch die Ausstellung von Urkunden oder sporadische Nachrichten der erzählenden Quellen[45] bezeugten Aufenthalten sind sicher viele andere anzunehmen, etwa anlässlich der feierlichen Beisetzung seiner Gemahlin Fastrada in der Abtei St. Alban (wahrscheinlich) am 11. August 794[46]. Und gewiss hat er die Stadt des öfteren auch besucht, wenn er in der Umgebung weilte, wo er sehr viel häufiger als in Mainz selbst bezeugt ist, insbesondere in Ingelheim[47] und Worms, seit Pippins Zeiten

39 Annales Regni Francorum, ad. a. 770, Friedrich KURZE (ed.): MGH SS rer Germ 6, Hannover 1895, S. 30.

40 MGH DKar 165, BM (wie Anm. 38), 307; BM 303b-306. Weitere in Mainz angeblich ausgestellte Urkunden sind sämtlich gefälscht.

41 Nach BRÜHL, Palatium (wie Anm. 6), S. 92, Anm. 24 verbrachte Karl die Zeit von Anfang Juni bis Anfang September im Mainzer Raum; BM (wie Anm. 38), 307a setzt die in den sogenannten Einhardannalen berichtete Reise auf dem Main zur neuen Pfalz an der fränkischen Saale zwischen Reichsversammlung und den durch Urkunden für den 31. August belegten Kostheimer Aufenthalt (BM 308 und 309). Für den Rest des Jahres ist Karl nur noch in Worms bezeugt.

42 MGH DD Kar 166 und 167 in Kostheim, gegenüber Mainz, ausgestellt.

43 Annales Regni Francorum, ad. a. 800 (wie Anm. 39), S. 110; *„conventus generalis"* fügen die sogenannten Einhardannalen hinzu (ebd. 111).

44 *„ad Magonciam venit ibique solito more conventum Francorum habuit"*; Annales Mettenses ad a. 803, Bernhard VON SIMSON (ed.): MGH SS rer Germ 10, Hannover 1905, 102. Die Versammlung war für den 24. Juni geplant (MGH Cap. I, 116, c. 29), doch sind zwei Fuldaer Urkunden, ausgestellt *„in conventu regali in urbe Megontia"*, auf den 7. und 11. Juli datiert; Edmund E. STENGEL (ed.): Urkundenbuch des Klosters Fulda, Marburg 1958, S. 97, 98.

45 In den wichtigsten zeitgenössischen Annalenwerken (Annales Regni Francorum, später Annales Bertiniani, Annales Fuldenses) tritt Mainz wenig hervor. Dasselbe gilt für Einhards Vita Karls des Großen und die beiden Viten Ludwigs des Frommen. Am häufigsten wird die Stadt – ohne ein besonderes Epitheton, sie wird allenfalls *urbs* oder *civitas* genannt – im Zusammenhang mit den Bruderkämpfen als Treffpunkt oder als bloße Ortsangabe erwähnt.

46 Annales Regni Francorum, ad. a. 794 (wie Anm. 39), 94; die Quellen zum Todestag BM (wie Anm. 38), 327a. Staab plädiert mit guten Gründen für den 11. als Beisetzungstag und die Beteiligung Karls und seines Gefolges (Die Königin Fastrada, in: Rainer BERNDT (Hg.): Das Frankfurter Konzil von 794. Kristallisationspunkt karolingischer Kultur 1, Mainz 1997, S. 202f.).

47 Aus der reichen Literatur insbesondere Peter CLASSEN: Die Geschichte der Königspfalz Ingelheim bis zur Verpfändung an Kurpfalz. In: Kurt BÖHNER u.a.(Hrsg.): Ingelheim am Rhein. Forschungen und Studien zur Geschichte Ingelheims, Ingelheim, 1964, S. 87-146; zu den Vorzügen Ingelheims und den Aufenthalten Karls und Ludwigs (der mindestens zehn Mal in Ingelheim weilte) S. 91-100. Vgl. auch SCHMITZ, Pfalz und Fiskus (wie Anm. 27); DERS., Die Pfalz Ingelheim und die rhein-mainische Pfalzenlandschaft. In: Jahrbuch für westdeutsche Landesgeschichte 2 (1976), S. 77-107. Seit einigen Jahren sind Ausgrabungen im Gang, die unsere Kenntnisse erheblich erwei-

ein *„Zentrum fränkischer Politik"*.[48] In Worms sind von 764 bis 790 acht Reichsversammlungen bezeugt, mindestens 11 echte Urkunden wurden von Karl dort zwischen 771 und 791 ausgestellt, drei Winter verbrachte er hier zwischen 779 und 791, als die Pfalz abbrannte.[49] Gut bezeugt sind auch Aufenthalte in Kostheim, dem Mainzer *„Vorort"* am jenseitigen Ufer an der Mündung des Mains gelegen,[50] und in Frankfurt, wo 794 eine große Synode und Reichsversammlung abgehalten wurden.[51] Unter Ludwig dem Frommen schiebt sich Ingelheim kurze Zeit deutlich in den Vordergrund, um unter Ludwig dem Deutschen wieder stark zurückzutreten zugunsten von dem nun aufstrebenden Frankfurt, wie die Diagramme und Kartenskizzen Walter Schlesingers anschaulich demonstrieren;[52] der Vorsprung von Worms vor Mainz würde sich noch vergrößern, trotz der Katastrophe von 790/791.

Mainz war auch nicht Sitz eines Grafen oder Zentrum des Königsgutes der Region; *politisch* gehörte Mainz, wie wir sahen, zum Wormsgau, seit dem späten 10. Jahrhundert zum Nahegau; das Königsgut war organisatorisch auf Ingelheim und später auf Frankfurt ausgerichtet.[53]

Für Mainz ist zu verbuchen, dass Karl hier 794 seine in Frankfurt verstorbene Gemahlin Fastrada bestatten ließ, in der von Erzbischof Richulf (787-813) mit außerordentlich großen und prächtigen Bauten ausgestatteten Abtei St. Alban auf dem *schö-*

---

tern (und z.T. korrigieren); vgl. bis zum Erscheinen der großen Untersuchung von Holger GREWE: Die Königspfalz in Ingelheim am Rhein nach den Ausgrabungen seit 1909. I: Vorbesiedlung und karolingische Pfalz; DERS.: Die Königspfalz zu Ingelheim am Rhein. In: Christoph STIEGEMANN, Matthias WEMHOFF (Hrsg.): 799. Kunst und Kultur der Karolingerzeit. Karl der Große und Papst Leo III. in Paderborn. Beiträge zum Katalog der Ausstellung Paderborn 1999, Mainz 1999, S. 142-51. Ausdrücklich hingewiesen sei auf die ungemein reiche lokalgeschichtliche Literatur; aus jüngster Zeit insbesondere: Karl Heinz HENN/Stadt Ingelheim am Rhein (Hrsg.): Karl der Große in Ingelheim. Bauherr der Pfalz und europäischer Staatsmann. Katalog zur Ausstellung zum Ingelheimer Karlsjahr 1998 anlässlich des 1250. Geburtstags Karls des Grossen im Alten Rathaus Nieder-Ingelheim 29. August bis 27. September 1998, Ingelheim 1998.

48 BRÜHL, Palatium (wie Anm. 6), S. 115 – *„in Parallele zur Entwicklung in Mainz"*.

49 Ebd. mit allen Belegen.

50 BM (wie Anm. 38), 309, 327c; vgl. GOCKEL, Königshöfe (wie Anm. 27), S. 128-30, der einen Beleg zu 807 *„ad Confflem"* ebenfalls auf Kostheim bezieht. Zur Formulierung der sogenannten Einhardannalen H. SCHMITZ, Pfalz und Fiskus (wie Anm. 27), S. 427f.

51 BM (wie Anm. 38), 324-27a, Aufenthalt vom 1. Juni bis zum 10. August, dem Todestag Fastradas; zur berühmten Synode s. neben Wilfried HARTMANN: Die Synoden der Karolingerzeit im Frankenreich und in Italien, Paderborn u.a. 1989, S. 105-115 den Sammelband BERNDT, Frankfurter Konzil (wie Anm. 46).

52 SCHLESINGER, Pfalzen (wie Anm. 27), S. 492-93. Sie beruhen, das sei noch einmal betont, nur auf der Zahl der sicher bezeugten Aufenthalte, deren Gewicht noch durch die Qualität des Aufenthaltes (Dauer, Feste, große Versammlungen) zu differenzieren wäre, wie Schlesinger selbst betonte. Dazu auch Peter CLASSEN: Bemerkungen zur Pfalzenforschung am Mittelrhein, in Deutsche Königspfalzen 1, Göttingen 1963, S. 75-96, wieder in DERS.: Ausgewählte Aufsätze, Sigmaringen 1983, S. 475-500 mit Blick auf die „Winterpfalzen" (S. 475f); jetzt Thomas ZOTZ: Pfalzen zur Karolingerzeit. Neue Aspekte aus historischer Sicht. In: Lutz FENSKE/Jörg JARNUT/Matthias WEMHOFF (Hrsg.): Splendor palatii. Neue Forschungen zu Paderborn und anderen Pfalzen der Karolingerzeit, Göttingen 2001, S. 13-23.

53 SCHMITZ, Pfalz und Fiskus (wie Anm. 27), S. 326-393; GOCKEL, Königshöfe (wie Anm. 27); Marianne SCHALLES-FISCHER, Pfalz und Fiskus Frankfurt. Eine Untersuchung zur Verfassungsgeschichte des fränkisch-deutschen Königtums, Göttingen 1969.

nen Berg im Süden der Stadt.[54] – Eine königliche Nekropole, wie etwa im berühmten Saint-Denis, freilich entwickelte sich daraus nicht, auch wenn im 10. Jahrhundert noch Mitglieder der ottonischen Familie hier bestattet wurden, doch dieses Schicksal teilt Mainz/St. Alban mit Aachen, wo Karl der Große, und mit Metz, wo Ludwig der Fromme ihr Grab gefunden hatten.

Längerfristig bedeutsamer für die Bedeutung von Stadt und Bistum war die Erhebung zum Erzbistum, 780/82, wohl im Zusammenhang mit dem Romzug Karls 781,[55] als erste und zunächst einzige Metropole im Osten des Reiches, was auch die riesige Ausdehnung der Kirchenprovinz von den Alpen bis zum Harz erklären könnte. Trotz dieser *Beförderung* Lulls (754-786), des Schülers und Nachfolgers des hl. Bonifatius, ist eine enge Kooperation zwischen den Königen und Lull nicht zu erkennen. Das ändert sich unter Erzbischof Richulf (787-813),[56] der Karl dem Großen vermutlich schon 781 als Gesandter zu Tassilo von Bayern gedient und den König nach Rom begleitet hatte. Später gehörte er zum engeren Kreis um Karl, zu der Gruppe von Gelehrten und Dichtern um Alkuin,[57] aber auch in militärischer und politischer Funktion.[58] In St. Alban, wo er bedeutende Bauten aufführen ließ,[59] hielt Richulf zusammen mit den (jüngeren) Metropoliten von Köln und Salzburg noch kurz vor seinem Tode 813 eine der fünf großen Reichssynoden ab, die Karl zur Reform der fränkischen Kirche angeordnet hatte.[60] Seine Nähe zum König – und sein Rang im Kreise seiner Mitbischöfe – zeigt sich auch darin, dass er als einer der ersten Zeugen von Karls Testament (811) genannt wird.[61] Seine hohe Stellung in der politischen Welt hebt auch seine *„sonst inhaltsar-*

---

54 Vgl. oben Anm. 46; Reinhard SCHMID: Die Abtei St. Alban vor Mainz im hohen und späten Mittelalter. Geschichte, Verfassung und Besitz eines Klosters im Spannungsfeld zwischen Erzbischof, Stadt, Kurie und Reich, Mainz 1996, S. 5-11, nach Ernst NEEB: Zur Baugeschichte der St. Albanskirche bei Mainz. In: Mainzer Zeitschrift 3 (1908), S. 69-91, hier S. 84ff.; DERS.: St. Alban vor Mainz. Ein Beitrag zur Stadttopographie. In: Archiv für Hessische Geschichte 55 (1997), S. 1-55.

55 Eine päpstliche Urkunde über die Erhebung von Mainz zur Metropole ist nicht erhalten; Stefan SCHIPPERGES: Bonifatius ac socii eius. Eine sozialgeschichtliche Untersuchung des Winfrid-Bonifatius und seines Umfeldes, Mainz 1996, S. 113 gibt als Grenzdaten den 8. 3. 780, MGH D Kar 129, wo Lull zum letzten Mal als Bischof, und D Kar 142, wo er erstmals als Erzbischof bezeichnet werde. Vgl. STAAB, Mainzer Kirche (wie Anm. 15), S. 138f. und unten Anm. 131.

56 Theodor SCHIEFFER: Erzbischof Richulf (787-813). In: Aus Kirche – Kunst – Leben. Festgabe für Albert Stohr I, Mainz 1950, S. 329-42; jetzt STAAB, Mainzer Kirche (wie Anm. 15), S. 146-150.

57 Von ihm sind fünf Briefe an Richulf erhalten (MGH Epp 4, Ernst DÜMMLER (ed.): Berlin, 1895, [2]1974, Epp. 4, 25, 26, 35, 212). Theodulf von Orléans rühmt ihn, dass er nie mit leeren Händen aus fernen Gegenden zurückgekehrt sei (Ad Carolum regem Z. 143f, Ernst DÜMMLER (ed.): MGH Poetae Latini 1, S. 487).

58 Alcuini ep. 121 (Eintreten Richulfs für den Papst). Vgl. Sigurd ABEL/Bernhard SIMSON (ed.), Jahrbücher des Fränkischen Reichs unter Karl dem Großen 2 (Jahrbücher der Deutschen Geschichte 5), Leipzig 1883, ND 1969, S. 217ff.

59 Gefeiert in einem Gedicht „De conditore Ecclesiae Santi Albani", Ernst DÜMMLER (ed.): MGH Poetae Latini 1, S. 431, wo auch das Weihedatum der Kirche, 1. Dez. 805, genannt wird; vgl. SCHMID, St. Alban (wie Anm. 54), S. 7f.

60 MGH Conc II.2, 254-58; zu der Synodenserie „Super statu ecclesiarum corrigendo" (Annales Regni Francorum [wie Anm. 39], 137) HARTMANN, Synoden (wie Anm. 51), S. 129-140.

61 Einhard, Vita Karoli, c. 33, Oswald HOLDER-EGGER (ed.): MGH SS rer Germ 25, Hannover 1911, S. 41.

me" (Schieffer) Grabinschrift hervor,[62] und sie spiegelt sich auch in den Geschichten, die Generationen später Notker von St. Gallen erzählt, wider.[63]

Über Richulfs Nachfolger Haistulf (813-825) wissen wir fast nichts, um so mehr über Erzbischof Otgar (826-47), der als *„Mann Kaiser Ludwigs des Frommen"*[64] eine bedeutende Rolle in den Auseinandersetzungen zwischen dem Kaiser und seinen Söhnen spielte. Obwohl er nach dem Tode des Kaisers, dem er in der letzten Stunde beistand, Lothar unterstützte und 843 erleben musste, dass seine Stadt mit ihrem Umland dem Reiche Ludwigs des Deutschen zugeschlagen wurde, verlor er seine kirchlichen Ämter nicht.[65]

Eine führende Rolle im neuen, ostfränkischen Reich spielten seine Nachfolger Hrabanus Maurus (847-56), Liutbert (863-889) und Hatto (891-913).[66]

Der *„Hofbischof"*[67] Liutbert war in sehr starkem Maß für die drei Könige seiner Zeit politisch, diplomatisch und militärisch aktiv, schon bevor er 870 Erzkaplan und Erzkanzler wurde. Sein Nachfolger Sunderold (889-891) fiel im Kampf gegen die Normannen in Niederlothringen. Hatto I. (891-913) erreichte schon unter Arnulf (von Kärnten) in Reich und (ostfränkischer) Kirche *„eine einzigartige, sämtliche geistliche Große überragende Position"*.[68] Regino von Prüm widmete sein berühmt gewordenes Sendhandbuch dem *„Sanctae sedis praesuli ac totius Germaniae primati"*,[69] heutigen Autoren gilt er als *„Rettungsanker des Reiches"*,[70] wegen seiner Verdienste um die Thronfolge Ludwigs des Kindes und während der sogenannten Regentschaft. Zeitgenossen und Nachlebenden ist er als *„tapferer und kluger Mann"*, als *„homo subtilis ingenii"*,[71] aber auch mit deutlich negativeren Ausprägungen eines Machtpolitikers in Erinnerung geblieben.[72]

---

62 *„inclitus officio regis in aede fui"* (MGH Poetae latini 1, Nr. II, 432); Th. SCHIEFFER: Erzbischof Richulf (wie Anm. 56).

63 Notker, Gesta Karoli, I.16 (Maus), 17 (goldenes Szepter), Hans F. HAEFELE (ed.): MGH SS rer Germ NS 13, Berlin 1959, S. 21f.

64 STAAB, Mainzer Kirche (wie Anm. 15), S. 153-62, Zit. 153.

65 Nicht einmal die Abtei Weißenburg, die er 839 noch von Ludwig dem Frommen erhalten hatte, wurde ihm entzogen; STAAB, Mainzer Kirche (wie Anm. 15), S. 155f. mit Anm. 49.

66 Von Staab zusammengefaßt unter der Kapitelüberschrift: „Das zentrale Erzbistum im Ostfränkischen Reich"; Mainzer Kirche (wie Anm. 15), S. 163.

67 IBID., S. 169 (Zitat); S. 176

68 Johannes FRIED: Der Weg in die Geschichte. Die Ursprünge Deutschlands bis 1024, Berlin 1994, S. 434 mit Hinweis auf die Charakterisierung Hattos als *„cor regis"* (Arnulfs) durch Ekkehard von St. Gallen (MGH SS 2, 83) und der Warnung: *„Allerdings darf der geistliche Einfluß auf den König (Arnulf) nicht überschätzt werden"*. Ernst-Dieter HEHL betont auch die strukturellen Bedingungen, die zur *„Mainzer Sonderstellung in der Zeit der Könige Konrad I. und Heinrich II. führten: Der Mainzer Erzbischof war vorübergehend ohne kirchenpolitische Konkurrenz"*, weil Köln und Trier zum westfränkischen Reich gehörten (Die Mainzer Kirche in ottonisch-salischer Zeit, 911-1122. In: Handbuch der Mainzer Kirchengeschichte 1 (wie Anm. 15), S. 195-281, Zit. S. 198f).

69 F(ridericus) G(uillelmus) A(rminius) WASSERSCHLEBEN (ed.): Libri duo de synodalibus causis et disciplinis ecclesiasticis, Lipsiae 1840, ND Graz 1964, 1. Zur Bedeutung und zum Kontext HEHL, Mainzer Kirche (wie Anm. 68), S. 197f.

70 STAAB, Mainzer Kirche (wie Anm. 15), S. 177.

71 Annales Fuldenses (Regensburger Fortsetzung), ad a. 891 (wie Anm. 6), S. 119 zu seiner Erhebung. Vgl. Widukind, Res Gestae Saxonicae, I.22, bezeichnenderweise in zwei Fassungen überlie-

Es ist nicht nötig, die weitere Folge der Erzbischöfe und ihre mehr oder minder enge Verbindung mit dem Königtum hier im Detail weiter zu verfolgen.[73] Es genüge der Hinweis auf Erzbischof Willigis (975-1011), der in seinem langen, wechselvollen, von Spannungen, ja Auseinandersetzungen nicht freien Pontifikat die Mainzer Kirche zu ihrem Höhepunkt im Rahmen der ottonisch-salischen Reichskirche[74] geführt hat, zum Nutzen des Königtums wie zum grenzüberschreitenden Ruhm der Mainzer Kirche.[75]

II. ERINNERTE und KONSTRUIERTE GESCHICHTE – oder die Bedeutung Dagoberts für Mainz

Die tatsächliche Bedeutung von Mainz in kirchlicher wie politischer Hinsicht wurde schon früh überboten von der imaginierten: Mainz galt und gilt als eine *civitas regia*,[76] wiewohl die Kanzlei des Königs generell sehr sparsam mit der Formel umging und

---

fert: *„Hic obscuro genere natus* (was nicht stimmt, aber geeignet ist, Hatto herabzusetzen) *ingenioque acutus, et qui difficile discerneretur, melior consilio foret an peior"* – es folgt die bekannte Geschichte mit der List Hattos im Kampf gegen die Babenberger. In der Fassung C ist dieser Text ersetzt durch die Worte: *„[...] Hattho, acutus consilio, acer ingenio et qui varietate sibi consueta multos mortales praecederet"* (MGH SS rer Germ 60, Paul HIRSCH, H.-E. LOHMANN (ed.), Hannover, 1935, S. 30-35)

72 Staab nimmt ihn ausdrücklich gegen *„üble Nachrede"* insbesondere Widukinds im Zusammenhang mit dem Sturz der Babenberger in Schutz (Mainzer Kirche [wie Anm. 15], S. 177f., S. 179 mit Anm. 113 – von der bekanntesten Sage – Mäuseturm bei Bingen – ist keine Rede). Und Widukind ist ja nicht allein. Abgewogener das Kurzporträt bei Albert HAUCK: Kirchengeschichte Deutschlands 3, Leipzig, 1911, ND Berlin, 1958, S. 10f.

73 Zum gesamten 10. und frühen 11. Jahrhundert siehe vor allem die kenntnisreichen und differenzierten Darlegungen von Ernst-Dieter Hehl, der auch die Risiken einer solchen Zusammenarbeit deutlich macht und zurecht darauf hinweist, dass es *„für das kirchliche Leben auch Regelsysteme gab, die nur zu einem geringen Maß vom Herrscher zu beeinflussen waren"* und dass die Mainzer Erzbischöfe als *„Wahrer und Garant kirchlicher Tradition im ottonischen Reich* [...] *ein Eigengewicht (besaßen), das ihnen auch Eigenständigkeit gegenüber dem Herrscher verlieh"* (Mainzer Kirche [wie Anm. 68], S. 196; S. 198).

74 Vgl. nur Odilo ENGELS: Der Reichsbischof (10. und 11. Jahrhundert). In: Peter BERGLAR/Odilo ENGELS (Hrsg.): Der Bischof in seiner Zeit. Bischofstypus und Bischofsideal im Spiegel der Kölner Kirche. Festgabe für Joseph Kardinal Höffner, Köln 1987, S. 41-94; Rudolf SCHIEFFER: Der geschichtliche Ort der ottonisch-salischen Reichskirchenpolitik, Opladen 1998.

75 Die breite Literatur zu dieser herausragenden Gestalt, deren langes Episkopat Höhepunkt und Abstieg des Mainzer Einflusses im Reich – und darüber hinaus – sah, und eigene, quellengesättigte Forschungen verarbeitete jüngst HEHL, Mainzer Kirche (wie Anm. 68), Kapitel: „Erzbischof Willigis (975-1011). Höhepunkt und Selbstbehauptung", S. 223-256; das anschließende Kapitel trägt den bezeichnenden Titel „Zwischen Anspruch und Verlust" – insbesondere des Krönungsrechts, das fortan der Kölner Erzbischof behauptete; vgl. unten mit Anm. 89ff.

76 Mainz wird von Brühl u.a. so selbstverständlich als *civitas regia* angesehen, dass auf Belege für die karolingische Zeit verzichtet wird. Bei der von BRÜHL, Palatium (wie Anm. 6), S. 93 mit Anm. 39 angeführten Stelle der Fortsetzung Reginos ad a. 953: *„Mogontiam metropolim Franciae regiamque civitatem inimicis suis deditam"* ist der Kontext zu bedenken: Im Aufstand Liudolfs hatte Erzbischof Friedrich Mainz verlassen und den Schutz der Stadt den Feinden des Königs überlassen; als der König erfuhr, dass Mainz seinen Feinden übergeben sei, rückte er schnellstmöglich gegen sie (BRÜHL, Palatium [wie Anm. 6], S. 167).

Mainz – im Unterschied zu Worms – nie so bezeichnete[77] und der Erzbischof spätestens im 10. Jahrhundert die Stadtherrschaft ausübte.
Auch im kirchlichen Bereich entsprach die Wirklichkeit nicht immer dem eigenen Anspruch. Schon zu Zeiten Lulls wurde dessen 782 erstmals urkundlich fassbarer[78] Rang als Erzbischof mit Hilfe einer auf Mainz umgefälschten Papsturkunde, nach der Bonifatius zum Erzbischof in Köln ernannt wurde, um eine Generation *vordatiert* und zugleich der Geltungsraum sehr großzügig umschrieben.[79] Im 11. Jahrhundert wird der Metropolitenrang noch erheblich weiter vorverlegt, in die Zeiten Dagoberts, so dass Bonifatius schon bei seiner ersten Rheinreise an einen Metropolitansitz kommt.[80] Mit seiner Fälschung konnte Lull aber nicht nur eine ältere Rechtsgrundlage seines Rangs vorweisen und einen weiten Umfang seines territorialen Anspruchs *festschreiben*, ohne definitiven Erfolg, wie wir wissen. Vor allem konnte er direkten Anschluss an das Prestige seines als Märtyrer verehrten Vorgängers gewinnen. Zielstrebig förderte er als Schüler, Landsmann und Nachfolger im Amt das Ansehen des Heiligen und begründete durch die von ihm veranlasste Sammlung der Briefe und Abfassung einer Vita den Beginn der wirkmächtigen Mainzer Bonifatiustradition.[81]
In dieser wichtigen Quellengruppe, *„von unschätzbarem Wert für unsere Kenntnis von seinen Erdentagen“*,[82] vermisst man freilich ein wichtiges Detail, das für die späteren Mainzer Ansprüche wichtig gewesen wäre: die maßgebliche Beteiligung des Heiligen an der Königserhebung Pippins! Die moderne Forschung hat daraus fast unisono den Schluss gezogen, dass Bonifatius an den weltpolitisch bedeutsamen Ereignissen von 751 nicht beteiligt gewesen sei.[83]

---

77 CLASSEN, Bemerkungen zur Pfalzenforschung (wie Anm. 52), S. 482f.

78 Erstmals wird Lull am 4. Juli 782 in einer Urkunde Karls für Fritzlar als Erzbischof bezeichnet; BM (wie Anm. 38), 251; Hans WEIRICH (ed.): Urkundenbuch der Reichsabtei Hersfeld, 1.1, Marburg, 1936, Nr. 16.

79 MzUB (wie Anm. 29), 11; Hermann JAKOBS (ed.): Germania Pontificia 4.4, Provincia Maguntinensis, nach Vorarbeiten von Heinrich BÜTTNER, Göttingen 1978, +90. Der Verdacht liegt nahe, dass Lull die Gelegenheit nutzte, den Mainzer Geltungsanspruch zu erweitern, vor allem auf Kosten von Köln; anders STAAB, Mainzer Kirche (wie Anm. 15), S. 139. Ob mit der Erhebung Lulls zum Erzbischof schon eine Kirchenprovinz Mainz im institutionellen Sinne eingerichtet wurde, ist nicht sicher, wie überhaupt die Neuorganisation der Erzbistümer im Frankenreich noch zahlreiche ungelöste Fragen bietet.

80 Passio S. Albani (wie Anm. 34), 989.

81 Dazu insbesondere STAAB, Mainzer Kirche (wie Anm. 15), bes. S. 40ff.; Petra KEHL: Kult und Nachleben des hl. Bonifatius im Mittelalter (754-1200), Fulda 1993.

82 Rudolf SCHIEFFER: Der heilige Bonifatius. In: Säulen der Mainzer Kirche im ersten Jahrtausend. Martinus, Bonifatius, Hrabanus Maurus, Willigis, mit Beiträgen von Friedrich PRINZ, Rudolf SCHIEFFER, Hans MAIER und Werner GOEZ, Mainz 1998, S. 25-44, Zitat 40.

83 Zuletzt mit intensiver Diskussion der Quellen und der Literatur Josef SEMMLER: Zeitgeschichtsschreibung und Hofhistoriographie unter den frühen Karolingern. In: Johannes LAUDAGE (Hrsg.): Von Fakten und Fiktionen. Mittelalterliche Geschichtsdarstellungen und ihre kritische Aufarbeitung, Köln/Weimar/Wien 2003, S. 135-164, bes. S. 157ff. – Zu den Ereignissen von 751 demnächst die Akten des Kongresses „Der Dynastiewechsel von 751“ (Bonn 10.-13. April 2002) von Matthias BECHER und Jörg JARNUT (Hrsg.), mit Beiträgen u.a. von Arnold ANGENENDT zur Krönungsliturgie, Rudolf SCHIEFFER zu Aspekten des wissenschaftlichen Urteils über den Dynastiewechsel, sowie Olaf SCHNEIDER und Helmut REIMITZ zu den Quellen; eine neue Untersuchung ist von Stefanie DICK, Paderborn, zum Bonifatius-Kongreß 2004 in Mainz zu erwarten.

Die Hereinnahme des Bonifatius in die Ereignisse von 751 beginnt nicht direkt in Mainz, aber in Quellen, die der Metropole nicht ferne stehen: zunächst in den „Annales Regni Francorum ad a. 750".[84] Verfasser und Entstehung sind nicht gesichert; Einigkeit besteht darüber, dass dieses Quellenwerk für die hier angenommene Zeit am Hofe oder durch Menschen mit engsten Beziehungen zum Hof aus älterem Material, mündlicher und schriftlicher Natur, nach 787 erarbeitet wurde und deutlich die historiographisch-politischen Interessen der Leute um Karl den Großen erkennen lässt.[85] Insofern wäre es im Mainzer Kontext sehr verlockend, hätte sich Friedrich Kurzes nicht belegte These durchgesetzt, Erzbischof Richulf selbst sei der Autor gewesen.[86] Von den Reichsannalen ging die Nachricht über die Beteiligung des Bonifatius in die übrigen Werke der *Hofhistoriographie* ein, in die „Annales Mettenses priores", ins „Chronicon Laurissense breve" und die sogenannten „Einhardannalen". Für Mainz besonders relevant ist die Übernahme in die sogenannten Fuldaer Annalen, die Reichsannalen des Ostfränkischen Reiches, die wir mit einigem Recht mit Mainz in Verbindung bringen können.[87] Sie berichten nämlich nicht nur seit 847 zunehmend über loka-

---

84 *„Pippinus secundum morem Francorum electus est ad regem et unctus per manum sanctae memoriae Bonefacii archiepiscopi et elevatus a Francis in regno in Suessionis civitate"* ([wie Anm. 39], S. 9f.).

85 Grundlegende Zusammenfassung der älteren Literatur: Heinz LÖWE: Die Karolinger vom Anfang des 8. Jahrhunderts bis zum Tode Karls des Grossen. In: Wilhelm WATTENBACH/Wilhelm LEVISON: Deutschlands Geschichtsquellen im Mittelalter. Vorzeit und Karolinger, Heft 2, Weimar 1953, S. 245-56; Ulrich NONN: Reichsannalen. In: Lexikon des Mittelalters 7, 1994, Sp. 616f; aus der jüngeren Diskussion, mit bezeichnendem Titel: Rosamond MCKITTERICK: Constructing the Past in the Early Middle Ages. The Case of the Royal Frankish Annals. In: Transactions of the Royal Historical Society, sixth series, 7 (1997), S. 101-29; DIES.: L'idéologie politique dans l'historiographie carolingienne. In: Régine LE JAN (sous la dir. de): La royauté et les élites dans l'Europe carolingienne (du début du IXe aux environs de 920), Villeneuve d'Ascq 1998, p. 59-70; DIES.: Political ideology in Carolingian historiography. In: Yitzhak HEN/Matthew INNES (Hrsg.): The Uses of the Past in the Early Middle Ages, Cambridge 2000, S. 162-74; DIES.: The Illusion of Royal Power in the Carolingian Annals. In: English Historical Review 115 (2000), S. 1-20; zuletzt SEMMLER, Zeitgeschichtsschreibung (wie Anm. 83), bes. S. 144f., S. 157f.

86 Vgl. nur LÖWE, Karolinger (wie Anm. 85), S. 250 mit Anm. 288 und DERS.: Die Karolinger vom Vertrag von Verdun bis zum Herrschaftsantritt der Herrscher aus dem Sächsischen Hause. Das ostfränkische Reich. In: Wilhelm WATTENBACH/Wilhelm LEVISON: Deutschlands Geschichtsquellen im Mittelalter. Vorzeit und Karolinger, Heft 6, Weimar, 1990, S. 722 mit Anm. 220. In einem eher kritisch-verwunderten Überblick über das mutmaßlich nicht eben blühende geistige Leben in Mainz findet sich die kryptische Bemerkung: *„Immerhin machte sich der Einfluß des Königtums geltend, auch wenn das bei dem Stift St. Mauritius gelegene Haus ‚zum Lateran' nicht auf eine Königspfalz nach Aachener Vorbild hindeuten sollte, sind die Reichsannalen wenigstens für eine gewisse Zeit in Mainz zu lokalisieren"*, ebd. S. 720f. Eine nicht auf Mainzer Interessen gründende Erklärung für das Auftauchen des Bonifatius in den Reichsannalen gibt jüngst Rosamond MCKITTERICK zu bedenken: *„The* Annales Regni Francorum*'s implausible allusion may have been intended to corroborate the Zacharias' connection"* (Illusion [wie Anm. 85], S. 15).

87 Ausführliche Darlegung der komplizierten Handschriften- und Forschungslage bei LÖWE, Karolinger, Heft 6 (wie Anm. 86), S. 671-87; zu Mainz insbes. S. 678 und 681, vor allem für den zweiten Abschnitt, da sich seit 847 die Berichte über Mainzer Ereignisse häufen. Franz STAAB nimmt die Quelle dezidiert *„für die mainzische Historiographie in Anspruch"* (Mainzer Kirche [wie Anm. 15], S. 46 – anscheinend noch ohne Kenntnis von Löwe). In der Einleitung zu seiner kommentier-

le Mainzer Ereignisse, sondern stellen auch den Rang der Stadt gebührend heraus: 852 habe der König alle Bischöfe und Äbte seines Reiches, *„Franciae, Baiorariae et Saxoniae"*, in Mainz, der Metropole Germaniens, zu einer Synode unter Leitung des Mainzer Erzbischofs Hraban zusammengerufen.[88] Bei der Königserhebung Pippins verschwindet in ihrer Darstellung die für die Reichsannalen konstitutive Beteiligung der Franken; allein die Salbung des Bonifatius macht Pippin zum König.[89] Regino von Prüm kontinuiert die Version der Reichsannalen mit Wahl und Salbung durch Bonifatius, und fügt erläuternd hinzu: *„Mogociacensis urbis"*.[90]

Diese Nachricht der Chronik Reginos, aufgefasst als *Gesta Francorum*,[91] nutzte man kurz nach der Mitte des 11. Jahrhunderts, d.h. mehr als 300 Jahre nach der Salbung Pippins, um den Anspruch des Mainzer Erzbischofs, den König zu krönen, historisch zu legitimieren – zu einem Zeitpunkt als dieses *Recht* schon verloren oder mindestens aufs höchste gefährdet war: Mitte des 10. Jahrhundert war es selbstverständlich, dass dem Mainzer diese Aufgabe zufiel; selbst in Aachen konnte er 936 dem räumlich an sich zuständigen Kölner Metropoliten eine nachgeordnete Funktion zuweisen.[92] Die Norm folgte der Praxis: 975, d.h. sehr schnell nach seiner Erhebung zum Erzbischof von Mainz, ließ sich Willigis das Krönungsrecht als erstes seiner Privilegien in *„tota Germania et Gallia"* von Papst Benedikt VII. ausdrücklich bestätigen.[93] 983 salbte er zusammen mit Erzbischof Johannes von Ravenna – ohne Beteiligung des Kölners – Otto III. in Aachen.[94] 1002 konnte er sogar Heinrich II. in seiner Bischofskirche in Mainz zum König krönen;[95] vielleicht mag er gehofft haben, damit einen Präzedenzfall für die Zukunft geschaffen zu haben, nachdem Papst Gregor V. wenige Jahre zuvor, am 8. Februar 997, dem Aachener Marienstift ein Privileg erteilt hatte, das

---

ten Übersetzung (The Annals of Fulda, Manchester 1992) folgte Timothy Reuter weitgehend Löwe.

88 Annales Fuldenses, ad. a. 852 (wie Anm. 6), S. 42; sie führen damit *„für Mainz den Begriff metropolis Germaniae ein"*; STAAB, Mainzer Kirche (wie Anm. 15), S. 46. Vgl. HARTMANN, Synoden (wie Anm. 51), S. 228-232.

89 *„Pippinus vero in civitate Suessionum a sancto Bonifatio archiepiscopo in regem unctus regni honore sublimatus est"* (Annales Fuldenses [wie Anm. 6], S. 6).

90 Ad a. 750 (wie Anm. 6), S. 44.

91 Passio S. Albani (wie Anm. 34), 989 mit Anm. 2. Reginos Liber II hat in einigen Handschriften als Titel: *„Incipit Liber de Gestis Regum Francorum"* (wie Anm. 6), S. 40.

92 Besonders deutlich wird das Mainzer ‚Krönungsrecht' in der Erzählung Widukinds über die Salbung, die Erzbischof Heriger Heinrich I. angeboten, dieser aber aus Demut zurückgewiesen habe: Res Gestae Saxonicae (wie Anm. 71), S. 37-39; für unsere Frage ist nicht entscheidend, ob der seit jeher viel erörterte Bericht so stimmt, wie er uns überliefert ist, was von der modernen Forschung (insbesondere von Johannes Fried) massiv bezweifelt wird. Entscheidend ist, dass für Widukind um 968 selbstverständlich der Mainzer das Angebot machte, wie er ihm auch 936 bei der – ebenfalls viel diskutierten – Aachener Krönung Ottos die führende Rolle zuweist (MGH SS rer Germ 60 [wie Anm. 71], S. 63-67); vgl. HEHL, Mainzer Kirche (wie Anm. 68), S. 202, S. 205f.

93 MzUB (wie Anm. 29), S. 217; Germania Pontificia 4.4 (wie Anm. 79), Nr. 77; dazu HEHL, Mainzer Kirche (wie Anm. 68), S. 224f.

94 Karl UHLIRZ/Mathilde UHLIRZ: Jahrbücher des Deutschen Reiches unter Otto II. und Otto III., 2, Otto III. (983-1002), Berlin 1954, S. 9.

95 Johann Friedrich BÖHMER (ed.): Regesta Imperii II.4, Die Regesten des Kaiserreiches unter Heinrich II. 1002-1024, neubearb. von Theodor GRAFF, Wien/Köln/Graz 1971, Nr. 1483yy.

ein Krönungsrecht des Mainzers an diesem Ort wohl ausschloss.[96] Wenige Wochen später krönte er Kunigunde in Paderborn.[97] Auch Konrad II. wurde 1024 vom Mainzer Erzbischof in seinem Dom gekrönt, am 8. September.[98] – Die Königin aber krönte sein Kölner Amtsbruder und Rivale Pilgrim Tage später in seiner Kathedrale.[99] Auch wenn die Forschung immer noch darüber rätselt, warum Aribo die Königin nicht krönte,[100] der Kölner nutzte die Chance und signalisierte damit weitergehende Ansprüche.

Gravierender noch für die Mainzer war, dass Konrad 1028 seinen Sohn Heinrich in Aachen zum König wählen und dort vom Kölner Erzbischof krönen ließ.[101] Damit hatten die Mainzer Erzbischöfe, wie sich erweisen sollte, *„ihr vornehmstes ‚politisches' Recht eingebüßt"*.[102] Wiederum folgte die Norm der Praxis auf dem Fuße: Das Palliumsprivileg vom Januar 1032 bestätigt Aribos Nachfolger Bardo (1031-1051) nur noch – im Vergleich zu früheren Privilegien – kümmerliche Sonderbefugnisse in seiner Kirchenprovinz und einige Ehrenrechte, vom Krönungsrecht des Willigisprivilegs von 975 aber ist keine Rede mehr.[103] Der Mainzer Erzbischof hatte seine herausragende Stellung in der Kirche nördlich der Alpen verloren.[104]

Es blieb nicht bei diesem Verlust. Bardo konnte am Hof offenbar keine bedeutende Stellung einnehmen, obwohl er mit der Königin Gisela verwandt war. Ja, die Urkunden des Herrschers scheinen seinen Bedeutungsverlust widerzuspiegeln, bezeichnen sie ihn doch seit 1040 immer öfter (definitiv seit 1053) nur noch als Erzkanzler, nicht mehr als Erzkaplan. 1032 war der Kölner bereits zum Erzkanzler für Italien bestellt worden, Bardo blieb zwar Erzkanzler für das Reich nördlich der Alpen, ein wich-

---

96 Johann Friedrich BÖHMER (ed.): Regesta Imperii II.5, Papstregesten 911-1024, bearb. von Harald ZIMMERMANN, Wien/Köln/Weimar 2., verbesserte und ergänzte Aufl. 1998, Nr. 788; Harald ZIMMERMANN: Papsturkunden, 2, Wien, 1985, S. 663f., Nr. 340. Es sei denn, es wäre denkbar, dass ein Erzbischof den König krönte, dem die Feier der Krönungsmesse nach dem Privileg nicht möglich war; vgl. HEHL, Mainzer Kirche, S. 235f., 244, 249 und passim.

97 Reg. Imp. II.4 (wie Anm. 95), Nr.1496a.

98 Reg. Imp. III.1. (wie Anm. 7), Nr. n.

99 Reg. Imp. III.1. (wie Anm. 7), Nr. 4a.

100 HEHL, Mainzer Kirche (wie Anm. 68), S. 268f. Heinz Thomas hatte noch 1970 harsch geurteilt, *„durch die starre Haltung Aribos in der Frage der Krönung Königin Giselas"* sei das Krönungsrecht des Mainzers *„verspielt"* worden (Erzbischof Siegfried von Mainz und die Tradition seiner Kirche. Ein Beitrag zur Wahl Rudolfs von Rheinfelden. In: Deutsches Archiv 26 [1970], S. 368-99, Zitat 381). Vgl. das Urteil STAABs, Mainzer Kirche (wie Anm. 15), S. 49.

101 Reg. Imp. III.1 (wie Anm. 7), Nr. 117a.

102 So HEHL, Mainzer Kirche (wie Anm. 68), im Kapitel: „Zwischen Anspruch und Verlust (1011-1060)", S. 275. Es ist sogar vermutet worden, der Kölner habe schon 1023 in einem Palliumsprivileg das Krönungsrecht vom Papst bestätigt erhalten; vgl. THOMAS, Erzbischof Siegfried (wie Anm. 100), S. 381: „Wahrscheinlich" (mit Hinweis auf STUTZ, Erzbischof [wie Anm. 10], S. 29f., Anm. 1) und Theodor SCHIEFFER: Germania Pontificia 7.1, Provincia Coloniensis, Archidiocesis Coloniensis, Göttingen 1986, Nr *132.

103 MzUB (wie Anm. 29), Nr. 278; Germania Pontificia 4.4 (wie Anm. 79), S. 89, Nr. 110.

104 Einen Überblick über die Entwicklung in Trier, Köln und Mainz gibt Egon BOSHOF: Köln, Mainz und Trier. Die Auseinandersetzungen um die Spitzenstellung im deutschen Episkopat in ottonisch-salischer Zeit. In: Jahrbuch des Kölnischen Geschichtsvereins 49 (1978), S. 19-48; HEHL, Mainzer Kirche (wie Anm. 68), S. 257ff.: Zwischen Anspruch und Verlust.

tiges politisches *Amt*, aber mit dem Erzkapellanat ging die damit verbundene Stellung an der Spitze der Hofgeistlichkeit verloren.[105]

Bardos Nachfolger Liutpold (1051-1059) musste erleben, dass der Papst am 7. Mai 1052 dem Kölner Erzbischof das Recht bescheinigte, den König in seiner Kirchenprovinz weihen zu dürfen.[106] Er selbst erhielt wenige Monate später zwar auch ein Palliumsprivileg, das ihm einige Ehrenrechte und Gerichtsbefugnisse verbriefte – von einem Krönungsrecht freilich war wie schon 1032 keine Rede mehr.[107]

Dennoch versuchte Erzbischof Liutpold 1054, wenn wir Lampert von Hersfeld glauben dürfen, bei der Königserhebung Heinrichs IV. dem Kölner das Krönungsrecht in Aachen streitig zu machen – freilich vergeblich, da sich der Kaiser für den Kölner einsetzte.[108]

In dieser für Mainz bedrohlichen Situation, so scheint es, griff man in Mainz zum Mittel der Historiographie, um Ansprüche, die politisch nicht mehr zu retten waren, im nachhinein zu legitimieren. Offenbar erstmals werden nun tatsächliche oder vermeintliche Verdienste des hl. Bonifatius in juristisch-historische Konstruktionen eingebaut. Schon Franz Staab hat darauf hingewiesen, dass die *„Mainzer Bonifatiustradition und päpstliche Privilegierung“* der herausragenden Stellung der Mainzer Erzbischöfe *„schon längere Zeit auseinandergeklafft“* hätten und gemeint, die Privilegien hätten *„für die Begründung des Mainzer Führungsanspruchs nur eine subsidiäre Bedeutung“* gehabt.[109] Die Überlieferung ist in der Tat lückenhaft. Dennoch ist unübersehbar, wie unterschiedlich man im 10. und im 11. Jahrhundert argumentierte: Erzbischof Friedrich berief sich 937/39 explizit auf ältere päpstliche Privilegien, die seinen Vorgängern die Stellung eines päpstlichen *„vicarius et missus* [...] *totius Germaniae“* konzediert

---

105 Und damit, wie HEHL mit seinem kirchenrechtlichen Interesse vermerkt, die Funktion als geistlicher Vorgesetzter der Hofkapläne, das „letzte ‚überregionale' Recht“ der Mainzer Kirche (Mainzer Kirche [wie Anm. 68], S. 275); er zeigt aber auch, wie die Erzbischöfe, auch Bardo, um ihre Ansprüche kämpften; so gelang es Bardo 1043, Agnes, die zweite Gemahlin Heinrichs III., in Mainz zu krönen (Cornelius WILL (Hrsg.): Regesten zur Geschichte der Mainzer Erzbischöfe 1. Von Bonifatius bis Arnold von Selehofen 742?-1160, Innsbruck, 1877, ND Aalen, 1966, S. 172 Nr. 42).

106 Germania Pontificia 7.1 (wie Anm. 102), Nr. 157; dazu Hans WOLTER: Das Privileg Leos IX. für die Kölner Kirche vom 7. Mai 1052 (JL. 4271). In: Egon BOSHOF/Heinz WOLTER (Hrsg.): Rechtsgeschichtlich-diplomatische Studien zu frühmittelalterlichen Papsturkunden, Köln u.a., 1976, S. 101-151, mit kritischer Edition. HEHL betont, dass dies kein rechtsetzendes Privileg war, sondern nur den Anspruch des Diözesans auf die Zuständigkeit in seinem Bistums bestätigte (Mainzer Kirche [wie Anm. 68], S. 278) – und, so kann man ergänzen, gegen die 1054 wieder vorgebrachten Ansprüche des Mainzers stärkte; siehe unten Anm. 108.

107 MzUB (wie Anm. 29), 293; Germania Pontificia 4.4 (wie Anm. 79), S. 90, Nr. 114.

108 Lamperti Hersfeldensis Annales, Oswald HOLDER-EGGER (ed.): MGH SS rer Germ 38, Hannover, 1894, S. 66 – mit der Rechtsauffassung des Mainzers *„ad quem propter primatum Mogontiae sedis consecratio regis et cetera negociorum regni dispositio potissimum pertinebat“*. Aus persönlichen – und kirchenrechtlichen – Gründen habe der Kaiser Hermann vorgezogen, wegen der Vornehmheit seines Geschlechts – aber auch, weil die Krönung in seiner Diözese stattfinden sollte. Vgl. BOSHOF, Köln, Mainz und Trier (wie Anm. 104), S. 40f.; HEHL, Mainzer Kirche (wie Anm. 68), S. 277f.

109 STAAB, Mainzer Kirche (wie Anm. 15), S. 46f.; vgl. ebd. 40. Die Frage des Verhältnisses von Bonifatius-Tradition und päpstlicher Privilegierung verdient eine ausführlichere Untersuchung, der durch die folgenden skizzenhaften Bemerkungen nicht vorgegriffen sei.

hätten.[110] Die Bestätigungen für Erzbischof Wilhelm und Willigis beziehen sich wiederum auf die Privilegien der Vorgänger, erweitern deren Geltungsbereich, lassen aber keine Veränderung der Rechtsgrundlage erkennen. Bonifatius erscheint explizit als Empfänger päpstlicher Privilegien, nicht als Begründer eigenständiger Ansprüche.[111]
Ganz anders hingegen die in der ersten Hälfte des 11. Jahrhunderts verfasste vierte, sogenannte Mainzer Vita des Heiligen:[112] Ihre ganz eigene Version der Ereignisse und Kausalbeziehungen beginnt mit einer Schilderung der Verhältnisse im Frankenreich und in Mainz, bevor Gott selbst den zukünftigen Heiligen rheinaufwärts bis zur *„magna metropolitana sancte Moguntie civitas"* führte. – D.h. Mainz war schon längst Metropole, wurde es also nicht erst durch Bonifatius oder dessen Ernennung zum Erzbischof. So ist es nur natürlich, dass Bonifatius von hier aus sein vom Heiligen Geist gelenktes Reformwerk unternahm, indem er sich an die politische Führung (*„caput regni"*) und die Bischöfe der Provinz wandte. Mainz wird hier nicht, wie wenig später bei Gozwin, als Hort der Rechtgläubigkeit gerühmt, aber sein Ansehen wird auch nicht beschädigt durch einen Bischof, dessen Lebenswandel nicht ganz den Normen entsprach, die eine von Bonifatius maßgeblich geförderte Kirchenreform setzte. Nach der Vita brachte Gewilib angeblich *„honestis moribus"* sein Leben zu, abgesehen davon, dass er allzugern zur Jagd ging und eigenhändig den Mörder seines Vaters durchbohrt hatte. Doch bereitwillig beugte er sich der Ermahnung des Heiligen und zog sich friedlich - und gegen eine Entschädigung – von seinem Amt zurück, machte auch später seinem Nachfolger keinen Ärger. Bonifatius wurde von den Fürsten aufs Höchste geehrt und mit einer Gesandtschaft zu Papst Gregor geschickt. Dieser weihte ihn zum Bischof, gab ihm die bischöfliche Inful und einen anderen Namen, bevor er ihn zu segensreichem Wirken *„ad Franciam"* zurückschickte. – Seinen Mainzer Sitz aber hatte er nicht in Rom, sondern schon vorher bekommen – *„electione cleri et populi"*.
Es bedarf keines detaillierten Nachweises, wie sehr diese Darstellung bis in die gröbsten Fakten hinein mit all dem kollidiert, was wir aus anderen Quellen über den Ablauf der Ereignisse im 8. Jahrhundert wissen.[113] In unserem Kontext ist entscheidend, dass

110 Deren Bedeutung wird noch unterstrichen durch die Bemerkung Papst Leos VII., dass man im päpstlichen Archiv trotz eifrigen Suchens nur eins der von Friedrich angegebenen Privilegien habe finden können; MzUB (wie Anm. 29), Nr. 193; Germania Pontificia 4.4 (wie Anm. 79), S. 73, Nr. 58.

111 MzUB (wie Anm. 29), Nr. 199; Germania Pontificia 4.4 (wie Anm. 79), S. 75, Nr. 65.

112 Vita quarta Bonifatii (wie Anm. 35), c. 1, 90-93. Levisons Datierung – nach 1011, vor 1062, möchte STAAB ohne Begründung auf *„näher zum Jahre 1011 hin"* einschränken (Mainzer Kirche [wie Anm. 15], S. 41).

113 Es beginnt schon im ersten Satz mit den Hausmeiern, *„Karolus senior"* und seinem Bruder Pippin; Bonifatius war längst Bischof, bevor er die Reform der fränkischen Kirche im Zusammenwirken mit der Reichsspitze und den Bischöfen unternahm; Papst Zacharias wies ihm die Diözese Mainz zu etc. Der Kampf gegen die unwürdigen Bischöfe wird zu einem freiwilligen Rückzug, so dass von dem zurückgetretenen (nicht etwa abgesetzten oder verurteilten) Altbischof nur das Beste zu berichten ist: *„quatuordecim annos honeste in sua domo erat"*. Folglich war auch das weitere Verhältnis zum neuen Amtsinhaber völlig harmonisch (Vita quarta [wie Anm. 35], 92f.); vgl. dagegen die Antwort des Papstes auf die Klage des Bonifatius, die allgemein auf Gewilib bezogen wird: *„episcopus autem condempnatus* [...] *qui pugnator et fornicator existit atque res ecclesiae post degradationem sibi vindicare nitetur, hic omnino ac detestabiliter respuendus est"*; Bonifatii ep. 87. In: Michael TANGL (ed.): MGH Epp selectae 1, Berlin, 1916, S. 199. Sehr viel positiver er-

Mainz seinen Rang, Bonifatius seine herausragende Stellung im Frankenreich und seinen Bischofssitz nicht päpstlicher Privilegierung verdankt, sondern seiner eigenen Leistung in der Verkündigung des Evangeliums, die ihm das Ansehen der Fürsten, des Klerus und des Volkes einbrachte.[114] Die Selbständigkeit des Heiligen wird wenig später noch unterstrichen durch die Schilderung, wie entschieden er dem Papst selbst *„ins Angesicht widerstanden habe"*, als Stephan II. bei seinem Besuch im Frankenreich Chrodegang zum Bischof weihte und damit die Rechte des Ortsbischofs nicht respektierte.[115] Damit wird nicht nur das Selbstbewusstsein und das Eintreten des Mainzer Erzbischofs für das Kirchenrecht gegen den tadelnswerten Papst unterstrichen, sondern zugleich die Rolle Chrodegangs von Metz, der den Mainzer de facto in der Reform der fränkischen Kirche ablöste, viele meinen auch: verdrängte, von Anfang an in ihrer Legitimation angezweifelt. Mehr noch: Bonifatius erscheint als ein dem Papst gleichrangiger Führer der Kirche, mahnt König Pippin die beiden vor ihm streitenden Männer doch, als Haupt der Kirche sollten sie den übrigen Gliedern kein schlechtes Beispiel geben.[116]

Obwohl der Autor Bonifatius mit dieser wiederum ahistorischen und im Detail fehlerhaften Anekdote[117] weit nach Westen und in den Kern der politischen Geschehnisse der frühen 750er Jahre führt, ist von einer Beteiligung an der Königserhebung Pippins hier – wie in der gesamten bonifatianischen Tradition vorher – noch nicht die Rede, obwohl es sich förmlich angeboten hätte.

Das ändert sich sehr rasch unter Erzbischof Siegfried I. (1060-1084): Schon ganz zu Anfang des Pontifikats baut sie der Mainzer Domscholaster Gozwin in seine „Passio S. Albani" ein. In diesem umfangreichen, auf älteren Legenden von Albans Lehrer Theonest und reichem historischen Material fußenden Werk[118] kommt er in einem Exkurs

---

scheinen Gewilib und die Darstellung der Vita bei Franz STAAB: Rudi populo rudis adhuc presul. Zu den wehrhaften Bischöfen der Zeit Karl Martells. In: Jörg JARNUT/Ulrich NONN u.a. (Hrsg.): Karl Martell in seiner Zeit, Sigmaringen 1994, S. 249-275, bes. S. 262ff.; knapp DERS.: Mainzer Kirche (wie Anm. 15), S. 114f.

114 STAAB verweist zu Recht auf das Zitat aus dem Buch der Weisheit: *„iustum deduxit Dominus per vias rectas"* (Sap. 10.10) wo es weiter heißt: *„et ostendit illi regnum Dei et dedit illi scientiam sanctorum honestavit illum in laboribus et complevit labores illius"* (Mainzer Kirche [wie Anm. 15], S. 41).

115 Vita quarta (wie Anm. 35), c. 8, 100; STAAB, Mainzer Kirche (wie Anm. 15), S. 43 verweist wiederum mit Recht auf die Bedeutung des in der Ausgabe nicht gekennzeichneten Bibelzitats in dieser Geschichte *„de disceptatione viri Dei cum Stephano papa"*, deren spezifischer Sinn dadurch unterstrichen wird. Denn mit den Worten *„in faciem ei restitit"* setzt der Autor seinen Heiligen unausgesprochen aber deutlich mit dem Apostel Paulus gleich, der nach seinen eigenen Worten Petrus selbst so widerstand – *„in facie ei restiti, quia reprehensilis erat"* (Gal. 2.11).

116 *„Non oportet ut, qui caput ecclesiae estis, ceteris membris exempla contentionis prebeatis; sed, me inter vos mediante, reconciliari convenit."* Da beide im Kirchenrecht gebildet waren, stimmten sie zu und versöhnten sich in Frieden (ed. Wilhelm LEVISON, 100 – letzte Episode vor dem Martyrium!). Vgl. die kirchenpolitisch akzentuierte Interpretation STAABs, Mainzer Kirche (wie Anm. 17), S. 44.

117 Levison sah in ihr denn auch schlicht eine *fabula* (Vita quarta [wie Anm. 35], S. 99, Anm. 1, wo er die Fehler im Detail auflistet und die mögliche Verknüpfung mit realen Begebenheiten erörtert).

118 In Auszügen, insbesondere zu Mainz, ediert von HOLDER-EGGER (wie Anm. 34). Zu Gozwin, seinem Werk und seinen Absichten, die er in zwei Prologen darlegt, Oswald HOLDER-EGGER:

über die Geschichte der Metropole Mainz und die Stellung der Mainzer Kirche auch auf den ‚großen Bonifatius' zu sprechen, und zwar im Kapitel 27: *„Quomodo primatum tocius Galliae et Germaniae a Romana sede per sanctum Bonifacium accepit"*:[119] Als mit päpstlicher Autorität die Kirche nach den Wirren der arianischen Ketzerei neu geordnet und die Hierarchie wieder hergestellt wurde, erwarb sich der große Bonifatius von Mainz aus besonders große Verdienste in der Verbreitung des Lichts des rechten Glaubens in der Finsternis des Unglaubens in Gallien und Germanien. Daher entschieden die Päpste Gregor und Zacharias, unter Zustimmung aller(!), den großen Bonifatius und seinen Stuhl(!) für immer (*„perpetualiter"*!) mit der Würde des Primats und der Ehre des Palliums auszuzeichnen und ihm das Recht zu geben, in ganz Gallien und Germanien bei allen Konzilien und kirchlichen Versammlungen als Vertreter des Papstes zu fungieren (*„apostolica vice fungi"*).

Die kirchenpolitische Aussage ist unverkennbar – und klingt wie eine direkte Reaktion auf Ereignisse des Jahres 1049: Zunächst hatte Papst Leo IX. dem Trierer Erzbischof Theoderich, der zuvor Domprobst in Mainz gewesen war (!), in Rom in spektakulärer Weise seine auf apostolischer Tradition fußenden Primatsansprüche bestätigt.[120] Wenige Monate später war dieser in Reims mit dem dortigen Metropoliten in Streit um den Vorsitz auf der Synode geraten. Der Streit war durch eine salomonische Sitzordnung kalmiert worden, doch präzisierte Trier (vermutlich) daraufhin seine Rechte im Sinne eines Primats *„tocius Gallie ac Germanie"* bzw. eines päpstlichen Vikariats *„totius Gallie et Germanie"*.[121]

Gozwin und Gozechin, Domscholaster zu Mainz. In: Neues Archiv 13 (1888), S. 11-21; THOMAS, Studien (wie Anm. 34), S. 39-63; STAAB, Mainzer Kirche (wie Anm. 17), S. 54-57, mit Edition eines Fragments vom Beginn der Passio mit instruktiver Einleitung und reichen Anmerkungen, S. 64-77; vgl. auch, insbesondere zur Verwendung in späteren Mainzer Geschichtswerken (auch des Mittelalters) Uta GOERLITZ: Humanismus und Geschichtsschreibung am Mittelrhein. Das ‚Chronicon urbis et ecclesiae Maguntinensis' des Hermannus Piscator OSB, Tübingen 1999, S. 285-88; DIES.: Mainzer Antiquitas und Deutsche Nation. Der Briefwechsel der Benediktinerhumanisten Hermannus Piscator und Petrus Sorbillo aus dem Jahr 1517. In: Peter JOHANEK (Hrsg.): Städtische Geschichtsschreibung im Spätmittelalter und in der Frühen Neuzeit, Köln/Weimar/Wien 2000, S. 157-180, bes. S. 170f.

119 Passio S. Albani (wie Anm. 34), S. 989.

120 Leo IX., der ehemalige Trierer Suffragan, hatte in der Peterskirche die Trierer Privilegien verlesen, dem Erzbischof eine römische Mitra aufgesetzt und eine Urkunde ausgestellt, die den Trierer Primat in der Gallia Belgica bestätigte; Egon BOSHOF (Hrsg.): Germania Pontificia 10.1, Provincia Treverensis, Archidiocesis Treverensis, Göttingen 1992, S. 57, Nr. 97; Heinrich BEYER u.a. (Hrsg.): Urkundenbuch zur Geschichte der mittelrheinischen Territorien 1, Koblenz 1860, ND Aalen, 1974, folgend MrhUB, Nr. 329 (gelegentlich als Fälschung angesehen); dazu Egon BOSHOF: Das Erzstift Trier und seine Stellung zum Königtum und Papsttum im ausgehenden 10. Jahrhundert. Das Pontifikat des Theoderich, Köln 1971, bes. S. 92f.; DERS., Köln, Mainz und Trier (wie Anm. 104), S. 38f.

121 Germania Pontificia 10.1 (wie Anm. 120), S. 48f., Nr. +49 vom 18. Januar 975 für Erzbischof Theoderich und textidentische Bestätigung für Eberhard vom 17. April 1049, Germania Pontificia 10.1 (wie Anm. 120), S. 58f., Nr. +99; MrhUB (wie Anm. 120), Nr. 247 bzw. 331 (teilweise). Boshof hält (gegen: Reg. Imp. II.5 [wie Anm. 96], S. 165f, Nr. 535, vgl. aber A. ZIMMERMANN: Papsturkunden 1, Wien, 1984, S. 461ff., Nr. +232) beide Urkunden für Fälschungen, *„nicht zuletzt wegen der ungewöhnlichen Fassung der Primatformel"* (Köln, Mainz und Trier [wie Anm. 104], S. 40f.; vgl. ausführlicher DERS., Erzstift [wie Anm. 120], S. 80ff., bes. S. 90-93, 96f.).

Die Mainzer standen also in den 1050er Jahren in einem doppelten Abwehrkampf: im politischen Ringen um das Krönungsrecht mit dem Kölner, im kirchlichen Gefüge gegen die Trierer Ansprüche auf Primat und Vikariat. Beiden setzt Gozwin die seit Bonifatius durch päpstliche Entscheidungen und Privilegien[122] festgeschriebene Mainzer Spitzenstellung entgegen: Der Mainzer Erzbischof und niemand sonst ist für alle Zeiten kraft päpstlicher Privilegien zum Leiter der nordalpinen Kirche mit allen Konsequenzen („*unde* [...]“) bestellt.
Von dieser anerkannten Rechtsposition aus findet er auch eine Antwort auf die schmerzliche politische Niederlage, die Erzbischof Liutpold 1054 in Aachen gegenüber dem durch Päpste und Könige sanktionierten Kölner Anspruch auf das Recht der Königskrönung erfahren hatte. Gozwin zog einfach eine politische Konsequenz aus der innerkirchlichen, aufgrund eigener Verdienste der Stadt und des Heiligen verdienten, mit apostolischer Autorität[123] sanktionierten Vorrangstellung des Mainzer Erzbischofs: „*Unde*“ – aufgrund des ihm zugesprochenen Vorsitzes in allen kirchlichen Versammlungen hat Bonifatius, wie in den Taten der Franken zu lesen,[124] mit Zustimmung des Papstes Zacharias Pippin, den Vater Karls des Großen, bei Soissons zum König gesalbt. – D.h. die Krönung Pippins ist eine logische Folge der dem Bonifatius verliehenen kirchlichen Rechte, die weit über die Kirchenprovinz Mainz hinausgehen. Da sie aber nicht nur ihm, sondern, wie schon in der Vita quarta Bonifatii, auch seiner Kirche und zwar für immer („*perpetualiter*“, „*perpetua traditione*“) mit höchster Autorität in feierlicher Form zugesichert sind („*consecrarunt*“, „*firmarunt*“), stehen diese Rechte mit allen Ableitungen auch allen Nachfolgern zu.
Eine zweite Konsequenz des apostolischen Vikariats und Primats ist das Recht des Mainzers, die kirchliche Organisation zu verändern: Nach der Königssalbung, so fährt Gozwin fort, hat Bonifatius in Orten und Städten, wo es sich anbot, in Würzburg und Eichstätt nämlich, Bischofssitze eingerichtet, indem er (!) Bischöfe wählte und salbte. An anderen Orten setzte er (!) Bischöfe ab, wenn es ihre Schuld erforderte. – Offenbar, diesen Eindruck vermittelt der Text, handelte Bonifatius allein, aus eigener Macht, als Vertreter des Papstes und kraft seines Primats („*apostolice vice et primatus potestate*

---

122 Anders als in der Vita spielt hier die *apostolicae sedis auctoritas* eine entscheidende Rolle: „*a quibusdam locis et archiepiscopatus apicem et pallii reverentiam, a quibusdam vero primatus dignitatem censuit transferendam, a nonnullis etiam cathedras iudicavit esse mutandas* [...] *Romanae sedis indixit censura illis in locis cathedras institui, ubi et catholicae fidei integra esset veritas*“; und in diesem Punkt zeichnet sich Mainz vor allen anderen aus: „*Quia vero ab urbe Mogunciaca eo tempore primus veri solis radius per magnum illum Bonifacium Galliae Germaniaeque illuxit et perfidiae tenebras luce veridicae predicationis exclusit, cunctorum assensu adiudicavit apostolicus pontifex Gregorius, deinde Zacharias, magnum Bonifacium et sedem illi credita* [hier wird nicht gesagt von wem!] *dignitati et pallii honore perpetualiter insigniri et pre totam Galliam Germaniamque in omnibus conciliis et ecclesiasticis conventibus apostolica vice fungi*“ (Passio S. Albani [wie Anm. 34], c. 27, 989).

123 Drei Mal findet sich die entsprechende Formulierung in dem c. 27: „*apostolicae sedis auctoritas*“, Z. 18, „*apostolicus pontifex*“, Z. 27, „*apostolica auctoritate*“, Z. 35.

124 Damit ist das zweite Buch der Chronik Reginos von Prüm als Quelle dieser Notiz gesichert.

deposuit"[125]); von einer Synode, von einer Mitwirkung von Bischöfen oder gar des zuvor von ihm gesalbten Herrschers ist keine Rede.
Nachdem Gozwin so an zentralen Beispielen die Konsequenzen der dem Bonifatius und allen Nachfolgern verbrieften Rechte deutlich gemacht hat, wiederholt er seine zentrale Aussage zum Mainzer Primat noch einmal ausdrücklich, bevor er ein allgemeines Lob der Stadt Mainz anstimmt, in dem er dann noch einmal auf die Spitzenstellung der Stadt in Kirche und Welt hinweist: Die Würde des Primats (*„primatus dignitatem"*) haben die genannten Päpste dem Bonifatius und dem Mainzer Stuhl mit apostolischer Autorität befestigt (*„consecrarunt"*) und durch Privilegien und schriftliche Zeugnisse auf ewig festgeschrieben (*„perpetua traditione firmarunt"*). Die *„nobilissima urbs"*, in hervorragender Lage am Rhein, ist nicht nur reich an allen Gütern, Ehren und Menschen aus allen Völkern und Nationen, sondern nimmt dank der Gnade Gottes auch die Spitzenstellung in Kirche und Reich ein.[126]
Hier fällt in der Tat die legitimierende Kraft der bonifatianischen Tradition und der durch die Verdienste des Heiligen erworbenen päpstlichen Privilegien zusammen. Sie sind nicht voneinander zu trennen. Nicht die Verdienste des Bonifatius allein legitimieren seine auch für die Zukunft bedeutsamen Handlungen, Salbung Pippins, Kirchenorganisation, sondern erst die ihm und seiner Kirche verliehenen Privilegien. Insofern unterscheidet sich Gozwin deutlich von der Vita quarta, die gleichsam die Päpste aus der Begründung der Mainzer Stellung ausgeblendet hatte: Mainz war schon eine *metropolitana civitas* vor der Ankunft des Heiligen, der seine Stellung nicht dem Papst, sondern Klerus und Volk verdankte, ja zusätzliches Profil erlangte, weil er dem unrechtmäßig handelnden Papst mannhaft widersprach. Gozwin hingegen spricht vor der Verleihung der päpstlichen Privilegien an den Heiligen nur von *„urbe Moguncia-ca"*.[127]
Wenige Jahre später, um 1073, ‚drehte' der ebenfalls in Mainz im Auftrag des Erzbischofs Siegfried schreibende Marianus Scotus in seiner Chronik die Argumentation des Gozwin geradezu um: Die von Bonifatius im Auftrag des Papstes vollzogene Salbung wurde mit der Stellung als Zweiter hinter dem Papst belohnt. Eine Handschrift der Annalen vom Disibodenberg, die Marians Werk und die Annalen von St. Alban im 12. Jahrhundert kombinierten, fügte im 14. Jahrhundert die bezeichnenden Worte hinzu: *„usque in hodiernum diem"*,[128] und betonte damit den legitimatorischen Aspekt der historiographischen Notiz.

---

125 Immer im Singular. Gozwin vermeidet absichtlich, bei derartig beschämenden Ereignissen Namen zu nennen (*„quarum nomina propter sublatrantem invidiam hic inserere fas non est"*, Z. 20f.); so erspart er sich das schlechte Licht, das auf den Hort des reinen Glaubens fallen würde, wenn er hier Gewilib nennen würde, wie auch dessen Ehrenrettung – gegen den Befund der Bonifatiusbriefe.

126 *„tam per pontificalem primatum diviono apice quam per regni fastigium mundiali culmine gloriosa ... omnique prorsus coronata dignitate"* (Passio S. Albani [wie Anm. 34], 989). Gozwin läßt keine Zweifel daran, dass der Mainzer Vorrang sich durchaus auf verbriefte Rechte und auf die wirtschaftliche Potenz der Stadt stützt; anders STAAB, Mainzer Kirche (wie Anm. 17), S. 40; 47f.

127 Passio S. Albani [wie Anm. 34], 989 in c. 27, Z. 25. Dem widerspricht c. 26 trotz des ersten Anscheins nicht, auch wenn dort schon von *„metropolis"* die Rede ist. Hier rafft Gozwin ganz offensichtlich die Entwicklung während mehrerer Jahrhunderte; s. unten Anm. 130.

128 *„Pippinus decreto Zachariae Pape a Bonifatio Mogontino archiepiscopo ungitur in imperatorem"* – ein klarer Anachronismus – *„et deinde ob id post papam secundus habetur episcopus Mogonti-*

Wir dürfen annehmen, dass Marianus damit zumindest nicht der Auffassung seines Herrn, des Erzbischofs Siegfried widersprach, hatte dieser doch den gelehrten Iren 1069 aus Würzburg nach Mainz geholt, wo er 1073 die Schlussredaktion seiner Chronik besorgte. Sie wurde weit verbreitet und in anderen Geschichtswerken verwertet – und trug so z.B. die Mainzer Ansprüche bis nach England, wo man in einer Überarbeitung im 13. Jahrhundert an dieser Stelle der nunmehr in papsttreuen Kreisen gültigen politischen Theorie der *translatio imperii* Rechnung trug.[129]

In diesem Kontext der historisch fundierten Verteidigung Mainzer Vorrechte erinnert Gozwin, anscheinend zum ersten Mal in Mainz,[130] in seiner langen *Digressio* zur Geschichte und Gründung der Stadt, auch an die Verdienste des Königs Dagobert um Mainz:[131] die *„regia urbs"* (c.23), seit römischer Zeit *„augustae nobilitatis civitas"*, kann sich auf Caesar und Drusus als Gründer und Besitzer berufen; noch viele Überreste, insbesondere das *Drusilatium* auf dem schönen Berg und die vielen Steine mit Inschriften, die in der ganzen Stadt gefunden werden, sowie die Reste des Theaters – in dem nach Gozwin Zirkusspiele und Theateraufführungen stattfanden – zeugen noch davon.[132] Im Zuge der Verheerungen, die der Hunnenkönig Attila nach göttlichem Willen über die Christenheit brachte, wurde auch Mainz, *„wie man heute noch sehen kann"* zur Strafe für die Bosheit der Häresie zerstört und verbrannt[133]. Später aber, als dank der Gnade Gottes und der katholischen Fürsten wieder Frieden herrschte, wurde die Stadt näher wieder aufgebaut und von fränkischen Königen, Dagobert vor allem, restauriert und zur ursprünglichen, ja zu viel größerer Würde berufen. Denn sie wurde

---

nus"; Mariani Scotti Chronicon a. 772 (750), Georg WAITZ (ed.), MGH SS 5, Hannover, 1844, ND Leipzig, 1925, S. 547 mit Anm. 6; vgl. STAAB, Mainzer Kirche (wie Anm. 17), S. 46.

129 Wilhelm WATTENBACH/Robert HOLTZMANN: Deutschlands Geschichtsquellen im Mittelalter. Die Zeit der Sachsen und Salier, 2. Teil, Das Zeitalter des Investiturstreits, Neuausgabe besorgt von Franz-Josef SCHMALE, Darmstadt 1976, S. 446f. Weitere Literatur bei STAAB, Mainzer Kirche (wie Anm. 17), S. 46f., Anm. 60.

130 So auch KÖLZER, Studien (wie Anm. 38), S. 8; vgl. auch seine jüngste knappe Übersicht über die Ausbreitung des Dagobert-Kults: Dagobert in Trier. In: Franz-Reiner ERKENS/Hartmut WOLFF (Hrsg.): Von Sacerdotium und Regnum. Geistliche und weltliche Gewalt im frühen und hohen Mittelalter. Festschrift für Egon Boshof zum 65. Geburtstag, Köln/Weimar/Wien 2002, S. 627-635, hier S. 635.

131 Vgl. den analogen Einsatz Dagoberts in den Trierer Fälschungen des 10. bis 12. Jahrhunderts, bei denen Kölzer zeigen konnte, wie die Gegner einander mit gefälschten Urkunden auszustechen versuchten; das Pseudooriginal DMer +29 – angeblich in Mainz ausgestellt – sollte z.B. die Maximiner Frühgeschichte seit Konstantin gegen die Ansprüche der Erzbischöfe sichern, die diese ihrerseits (vorher) mit Fälschungen – Dagobert bestätigte u.a. den Besitz von St. Maximin, St. Paulin etc. – hatten belegen wollen (DMer +32); KÖLZER, Studien (wie Anm. 38), S. 13ff.; knapp auch DERS., Merowingerstudien 2 (wie Anm. 38), S. 127-135. Noch im 15.-17. Jahrhundert spielten die Fälschungen in den berühmten Prozessen zwischen den Erzbischöfen und St. Maximin eine Rolle (KÖLZER, Studien, wie Anm. 38, S. 242f).

132 Passio S. Albani (wie Anm. 34), S. 988, c. 24. (15 Zeilen). Gozwin liefert hier eines der interessanten Zeugnisse, die Auskunft darüber geben, wie Zeitgenossen im Mittelalter die noch sichtbare römische Vergangenheit wahrgenommen haben. Dazu die Mainzer Habilitationsschrift von Lukas CLEMENS: Tempore Romanorum constructa. Zur Nutzung und Wahrnehmung antiker Überreste nördlich der Alpen während des Mittelalters, Stuttgart 2003, S. 58; 632f.; 104f.

133 Passio S. Albani (wie Anm. 34), S. 989, c. 25 – nur 6 Zeilen, mit Verweis auf das Zeugnis des Hieronymus über die Zerstörung durch die Germanen, fast 50 Jahre früher; vgl. oben Anm. 16.

– wann lässt er anscheinend bewusst offen – zum Haupt des Ostfränkischen Reiches und zur Metropole Galliens, Germaniens und aller Städte diesseits der Alpen gemacht.[134]
Diesen beiden sehr kurzen Kapiteln folgen die sehr viel ausführlicheren Passagen zu Bonifatius. Auch Erzbischof Richulf bekommt ein längeres Kapitel wegen seiner Verdienste um Bau und Ausstattung von St. Alban, dessen Funktion als Königsgrablege hervorgehoben wird.[135]

Zu diesem Befund, dass man sich nach der Mitte des 11. Jahrhunderts in Mainz der Verdienste eines Königs Dagobert (man differenziert schon nicht mehr) erinnerte, passt eine leider nicht datierbare Randnotiz in einem Martyrologium, das dem Dom gehörte. Vermutlich wurde es unter den Erzbischöfen Aribo und Bardo angelegt, nach der Handschrift wird es in die erste Hälfte des 11. Jahrhunderts datiert, mit Nachträgen aus der zweiten Hälfte dieses Jahrhunderts. Zum 19. Januar findet sich ein Nachtrag am Rande zum Gedenken an König Dagobert, den Wohltäter der Mainzer Kirche.[136] Daraus hat man geschlossen, dass es eine echte (oder auch gefälschte) Dagobert-Urkunde zugunsten des Domes bzw. des Erzstifts gegeben habe, doch findet sich davon keine Spur in früheren oder späteren Herrscherurkunden.[137]

---

134 *„mutato loco, super litus Hreni, a quo prius ducentis plus minus passibus disparabatur, est restaurata et a Francorum regibus maximeque a Dagoberto in pristinam, immo multo ampliorem dignitatem est revocata, caput scilicet effecta regni Orientalium Francorum ac metropolis Galliae Germaniaeque cunctarumque urbium cisalpinarum"*; Passio S. Albani (wie Anm. 34), S. 989, c. 26 – ebenfalls nur 6 Zeilen.

135 Passio S. Albani (wie Anm. 34), S. 989f., c. 36; im folgenden c. 37 wird das Lob der Stadt, der *„aurea, felix Moguntia"*, zu deren Verehrung Gallien sich erhebt, der das edle Germanien applaudiert, wieder zurückgeführt auf die Schätze ihrer Märtyrer (c. 37, S. 990). Die cc. 28-35 fehlen in der MGH Edition.

136 Franz FALK: Die ehemalige Dombliothek zu Mainz. Ihre Entstehung, Verschleppung und Vernichtung, Leipzig 1897, S. 121-124. Nach Wilhelm DIEPENBACH wurde die Handschrift am Ende des Jahrhunderts geschrieben, vermutlich in der Domschule unter Leitung der Nachfolger Gozwins; er setzte die Randnotiz zu Dagobert in dieselbe Zeit (Dagobertlegende [wie Anm. 3], S. 25 bzw. Anm. 13 – mit Verweis auf Falk und Ernst DÜMMLER: Das Martyrologium Notkers und seine Verwandten. In: Forschungen zur Deutschen Geschichte 25 (1885), S. 197-220, der knapp auf die Handschrift *„aus dem Ende des 11. Jahrhundert"* ohne weiteren Kommentar hinweist). STAAB, Mainz (wie Anm. 15), S. 77: *„um 1100"*.

137 Nach DIEPENBACH, Dagobertlegende (wie Anm. 3), S. 27 *„muß auch für Mainz selbst eine gefälschte Dagoberturkunde bestanden haben, welche das Erzstift Mainz mit besonderen Gnaden bedachte"*; vgl. auch WEHRLI, Überlieferungen (wie Anm. 3), S. 280f. Eine großzügige Schenkung freilich dürfte auch ausgereicht haben, um als Wohltäter zu gelten; vgl. zu Speyer Caspar EHLERS: Metropolis Germaniae. Studien zur Bedeutung Speyers für das Königtum (751-1250), Göttingen 1996, S. 35f, 42, 185. Es ist zu bezweifeln, dass im 11. Jahrhundert der 1365 erneuerte *„brief Dagoberts"* Grundlage für den Nekrologeintrag war, wurde der Rheingau doch erst im 10. Jahrhundert an Mainz geschenkt. Gewiß aber war er nicht identisch mit dem (angeblichen?) Privileg, auf das sich der Erzbischof zur Begründung seiner Stadtherrschaft 1443 berief: Die erzbischöfliche Kanzlei ließ 1365 nach dem Verlust der Urkunden infolge eines Brandes in Eltville anscheinend nur eine Urkunde auf den Namen Dagoberts erneuern, heißt es im Kanzleiregister des 15. Jahrhunderts, das die Katastrophe und die Neuanfertigung der Urkunden 1365 festhielt, doch ausdrücklich: *„dabei König Dagoberts brief auch gewest ist* [Singular], *und mit namen über das geleyt und leinpfat"*, zit. nach DIEPENBACH, Dagobertlegende (wie Anm. 3), S. 26; vgl. unten Anm. 139.

In viel späteren Kalendarien wurde das für Dagobert I. korrekt datierte[138] Gedenken auf den 29. Januar, ganz in die Nähe der Erinnerung an Karl den Großen verlegt; zusätzlich wurde am 23. Dez. *„Sancti Dagobertis Regis constructoris Mog. Urbis"* gedacht.[139] Offensichtlich ist hier das Verdienst Dagoberts I. mit der Person des 679 mit Frau und Sohn ermordeten Dagobert II. verknüpft, dessen Tod seit dem 9. Jahrhundert als Martyrium gedeutet wurde und dessen Kult man seit dem 11. Jahrhundert über den eng begrenzten Raum um seinen Bestattungsort hinaus zu verbreiten suchte.[140] Von Beziehungen dieses Dagobert zu Mainz wissen wir nichts.

Im ältesten Mainzer Frauenkloster Altmünster[141] brachte man, nach dem 11. Jahrhundert, Gründerin und Frühgeschichte in engen Zusammenhang mit Dagobert: Dieser habe nicht nur eine Tochter Bilhildis, die das Kloster gründete, sondern auch eine Schwiegertochter Chimnechildis gehabt, die sich einige Zeit nach dem Tode ihres Gatten ins Kloster Altmünster zurückgezogen habe und dort zweite Äbtissin geworden sei.[142]

Im 13. Jahrhundert war die Bedeutung Dagoberts für Mainz über die Stadt hinaus bekannt, wie beispielsweise die Speyerer Annalen zeigen: *„Hic etiam restauravit Moguntiam in meliorem situm"* ... Die schon von Gozwin berichtete Wiederherstellung von Mainz nach den Zerstörungen der Hunnen an besserem Ort ist für den Annalisten eine der Großtaten Dagoberts, zu denen auch die Gründung von Erfurt und die des Erzbistums (!) Magdeburg gehören.[143] – Mit Erfurt gerät endgültig Dagobert III. mit ins Spiel, soll er ja nach einem Zusatz zu den Annalen Lamperts von Hersfeld aus der ersten Hälfte des 12. Jahrhunderts und der wohl im späten 13. Jahrhundert entspre-

138 Vgl. SS rer Mer 2, 396.

139 DIEPENBACH, Dagobertlegende (wie Anm. 3), Anm. 13 unter Hinweis auf ein Calendarium aus dem 17. Jahrhundert; vgl. ebd., Anm. 8 die Auflistung der Mainzer liturgischen Bücher, in denen sich kein Eintrag für Dagobert findet.

140 FOLZ, Tradition (wie Anm. 2) hat sehr schön gezeigt, wie die Legende seit dem späten 9. Jahrhundert in engem Raum um den Bestattungsort Stenay an der Maas entstand, der Kult in der zweiten Hälfte des 11. Jahrhunderts gefördert wurde, nachdem der Herzog von Lothringen dort Mönche aus Gorze angesiedelt hatte und wie der unbekannte Autor wohl Ende des 11. Jahrhunderts aus freier Phantasie und Versatzstücken auch historiographischer Natur die Vita konstruierte. Die Mainzer Zeugnisse werden in der Untersuchung (wie auch in der Monographie von 1984) nicht behandelt.

141 Zur intensiven Diskussion um die Verwertbarkeit der sogenannten Gründungsurkunde von Altmünster von angeblich 635 (MzUB [wie Anm. 29], 2a und b), aus der trotz evidenter Unechtheit des angeblichen Originals aus dem 12. Jahrhundert teils weitreichende Schlüsse für das beginnende 8. Jahrhundert gezogen wurden, jetzt Margarete WEIDEMANN: Urkunde und Vita der hl. Bilhildis aus Mainz. In: Francia 21.1 (1994), S. 17-84; Brigitte FLUG: Mainz, Altmünster. In: Friedhelm JÜRGENSMEIER (Hrsg.): Germania Benedictina 9. Die Männer- und Frauenklöster der Benediktiner in Rheinland-Pfalz und Saarland, St. Ottilien 1999, S. 398-425, bes. S. 398-406 und DIES.: Äußere Bindung und innere Ordnung. Das Altmünsterkloster in Mainz in seiner Geschichte und Verfassung von den Anfängen bis zum Ende des 14. Jahrhunderts. Mit Urkundenbuch, phil. Diss. ms. Mainz 2000, bes. S. 28-63.

142 FLUG, Äußere Bindung (wie Anm. 141), S. 46.

143 Annales Spirenses, Georg Heinrich PERTZ (ed.), MGH SS 17, Hannover, 1841, ND Leipzig, 1925, hier S. 81.

chend gefälschten Urkunde 706 das dortige Peterskloster gegründet haben.[144] 1289 wurde dort seines Todes gedacht; der Mainzer Erzbischof verlieh sogar einen Ablass dafür.[145]

Auch in Mainz blieb die Erinnerung an Dagobert offensichtlich lebendig – auch wenn Wilhelm Diepenbach in seinem Kampf gegen die Dagobertlegende im frühen 20. Jahrhundert sehr bemüht war nachzuweisen, dass der Merowinger hier im Unterschied zum Elsass, der Pfalz und der Moselgegend nie verehrt, die Sagen um ihn nie bodenständig geworden, sondern stets nur *„ein Erzeugnis der Gelehrtenwelt"* gewesen seien.[146] Freilich musste er einräumen, dass dieses gelehrte Erzeugnis der Klosterstube *„im Laufe des Mittelalters auch volkstümlich (wurde)"*,[147] ja so konkret mit bestimmten Orten und Gebäuden bzw. Ruinen in Verbindung gebracht wurde, dass in so prosaischen Zeugnissen wie einem Pachtvertrag von 1319 Dagoberts *wyghus* zur Lokalisation einer Häusergruppe angegeben werden konnte.[148] *Wyghus* wurde später vielfach missverstanden, bis hin zu einem *„vicus Dagoberti"*. Diepenbach meinte, 1319 sei nur ein Turm in der Stadtmauer gemeint gewesen, der noch in einem Stadtplan von 1575 als *„Königsturm"* bezeichnet werde, heute zu lokalisieren *„in der Ecke zwischen Weißliliengasse und Eisgrube"*.[149] Geradezu erleichtert konstatierte er, dass damals die Erinnerung an Dagobert schon so verblasst gewesen sei, dass man den Namen des Königs vergessen habe. – Nur die Gelehrten hätten sie aus den alten Handschriften wieder ausgegraben.

---

144 Lamperti Hersfeldensis Annales (wie Anm. 108), S. 10; MzUB (wie Anm. 29), S. 3 = MGH DMer +83. Dazu Matthias WERNER: Die Gründungstradition des Erfurter Petersklosters, Sigmaringen 1973, bes. S. 13-30, S. 43-61; für einen echten Kern der Gründungslegenden Franz STAAB: Noch einmal zur Gründungstradition des Erfurter Petersklosters. In: Mitteilungen des Vereins für Geschichte und Altertumskunde von Erfurt 54 = NF 1 (1993), S. 19-53. Auf die umfangreiche Diskussion ist hier nicht einzugehen; vgl. zuletzt knapp KÖLZER, Merowingerstudien 2 (wie Anm. 38), S. 124 und 150 im Kontext des Fälschungskomplexes Weißenburg – Klingenmünster – Haslach, mit Zitat aus einer neuzeitlichen Quelle: *„Item construxit monasterium sancti Petri in monte iuxta Eufordiam et alias ecclesias multas in diversis partibus, qui deposito carnis onere foeliciter adivit Regem gloriae, cui laus sit per aevum. Amen."*; STAAB, Mainzer Kirche (wie Anm. 17), S. 112; KÖLZER, Dagobert in Trier, S. 635.

145 Ernst VOGT (Hrsg.), Regesten der Erzbischöfe von Mainz I.1, Leipzig 1913, ND Berlin, 1970, S. 18, Nr. 113.

146 Dieser Nachweis ist neben der Destruktion der ahistorischen Legenden und Sagen überhaupt offensichtlich ein Hauptanliegen seines Aufsatzes (Dagobertlegende [wie Anm. 3], S. 24); vgl. unten Anm. 231; vgl. dagegen das Motto, das Richard Dertsch in unmittelbarem Anschluß an Diepenbachs Aufsatz seinem Beitrag zur Festschrift Schrohe vorangestellt hat: *„Höchst reizend ist für den Geschichtsforscher der Punkt, wo Geschichte und Sage zusammenstoßen. Es ist meistens der schönste der ganzen Überlieferung"* (GOETHE: Geschichte der Farbenlehre 2.1), Richard DERTSCH: Zur Frühgeschichte von Altmünster. In: Festschrift für Heinrich Schrohe (wie Anm. 3), hier S. 37.

147 DIEPENBACH, Dagobertlegende (wie Anm. 3), S. 32.

148 *„domos sitas in curia dicta zum swerte in vico troncatorum aput Dagobertis wighus"*; zit. aus dem Copialbuch des Johannisstifts, bei DIEPENBACH, Dagobertlegende (wie Anm. 3), S. 27; vgl. schon Karl Anton SCHAAB: Geschichte der Stadt Mainz 1, Mainz, 1841, S. 168f.

149 Sogenannter Maskopp-Plan, nach einer Reproduktion von 1724 bei BRÜHL, Palatium (wie Anm. 6), S. 112; hier geht es um die Planquadrate H4/5; Vgl. Fritz HERRMANN: Quellen zur Topographie und Statistik der Stadt Mainz. Häuser und Steuerlisten aus der Zeit von 1497-1541. Mit einer Wiedergabe des Maskoppschen Stadtplans aus dem Jahre 1575, Mainz, 1914.

Aber im 14. Jahrhundert sah man in Dagoberts *wyghus* eindeutig eine Burg, die der Merowingerkönig angeblich am oder auf dem Jakobsberg gebaut haben sollte, wo damals noch kein Kloster stand.[150] In einer Stadtaufnahme von 1568 heißt ein Haus in derselben Gegend, wo Dagoberts *wyghus* zu lokalisieren ist, *„zur alten Burg"*[151] – was doch gegen die Identifizierung von *„Königsturm"* und Dagoberts *wyghus* spricht.

Auch die erzbischöfliche Kanzlei *arbeitete* im 14. Jahrhundert mit dem Prestige des fernen Merowingers – sehr spät also und ganz unspektakulär, wenn man an die großen Fälschungen auf seinen Namen in Klingenmünster oder Weißenburg und zahlreichen anderen Klöstern in der Pfalz und im Elsass denkt, von Trier ganz zu schweigen, wo diese Art der Nutzung des Prestiges Dagoberts schon im 10. Jahrhundert offenbar begonnen hatte.[152] Nach einem Brand in der erzbischöflichen Burg Eltville, dem auch Privilegien zum Opfer gefallen waren, andere waren verfault oder sonstwie verdorben,[153] ließ sich Erzbischof Gerlach 1365 von Kaiser Karl IV. Ersatzdiplome ausstellen. Darunter war, nach einer Notiz in einem Kanzleiregister des 15. Jahrhundert auch *„König Dagoberts Brief"*. Wer nun meint, dieser Brief sei das schon aus der Randnotiz des Martyrologs erschlossene Privileg zugunsten der Domkirche oder dokumentiere gar die Schenkung der Stadt an die Erzbischöfe, von der im 15. Jahrhundert die Rede ist, wird schwer enttäuscht: Es geht nur um das Geleit und den Leinpfad am Rhein von der Nordgrenze des Rheingaus bis oberhalb Weisenaus.[154]

Dabei hätte der Erzbischof doch ein umfassendes Privileg spätestens im 15. Jahrhundert gut brauchen können, als Erzbischof Dietrich Schenk von Erbach (1434-59)[155] dezidiert auf seiner Herrschaft über die Stadt bestand, während die Bürger der Meinung waren, Mainz sei eine freie Stadt,[156] die bis auf einige wenige Gewohnheitsrechte

---

150 *„der hatte eyne borg gemacht an dem orte geyn sanct Jacobsberge und enwas noch nit eyn cloester da"*; Carl HEGEL (Hrsg.): Verfassungsgeschichte von Mainz im Mittelalter, Leipzig 1882 (Separatdruck aus den Chroniken der deutschen Städte, Bd. 18, II, Abt. 2), S. 242.

151 Heinrich SCHROHE (Hrsg.): Die Mainzer Stadtaufnahmen des 16.-18. Jahrhunderts 1, Mainz 1930, S. 16, Nr. 157.

152 Theo KÖLZER konnte in seinen minutiösen Untersuchungen zu den Fälschungen von St. Maximin von 1989 (wie Anm. 38) zeigen, wie die Fälscher in diesem Trierer Klosters 963 erstmals Dagobert als Urheber ihrer angeblich uralten Privilegien ins Feld führten, mehr als 100 Jahre nachdem in Saint-Denis die Gesta Dagoberti geschrieben worden waren, wie andere Trierer Klöster und Stifte, auch das Erzstift bald nachzogen bis im 12. Jahrhundert an vielen Orten ein Höhepunkt dieser Fälschungsaktionen erreicht wurde; ein bequemer Überblick über die einschlägigen Produkte der Fälschungszentren im deutschsprachigen Raum jetzt in seinen: Merowingerstudien 2 (wie Anm. 38).

153 Fritz VIGENER (Hrsg.): Regesten der Erzbischöfe von Mainz II.1, Leipzig 1913, ND Berlin 1970, S. 459, Nr. 2039 vom 29. Dez. 1365.

154 *„Keyser Karles confirmation und erneuerung aller brief und privilegien, die zu Eltvil verbrant und verloren seind, dabei König Dagoberts brief auch gewest ist, und mit namen über das geleyt und leinpfad"*; Zit. nach DIEPENBACH, Dagobertlegende (wie Anm. 3), S. 26.

155 Eine Biographie fehlt; vgl. Alois GERLICH, in: Lexikon des Mittelalters 3, Stuttgart 1986, Sp. 1029f., Paul-Joachim HEINIG: Die Mainzer Geschichte im Spätmittelalter (1305-1484). In: Handbuch der Mainzer Kirchengeschichte 1 (wie Anm. 15), S. 517-531, der aber die hier behandelte Problematik kaum anspricht.

156 Nach HEGEL, Verfassungsgeschichte (wie Anm. 150), S. 160. Vgl. Gisela MÖNCKE: Zur Problematik des Terminus „freie Stadt" im 14. und 15. Jahrhundert. In: Franz PETRI (Hrsg.): Bischofs- und Kathedralstädte des Mittelalters und der frühen Neuzeit, Wien/Köln 1976, S. 84-94; Paul-Joachim

des Erzbischofs ihnen gehöre. Hier ist auf diesen gut dokumentierten und schon 1882 von Hegel eingehend geschilderten Konflikt[157] nicht näher einzugehen. Nur ein Aspekt sei herausgegriffen, der in unserem Kontext interessiert: die Berufung auf Dagobert. Auch nach Annahme eines Sühnevertrages, der vom Kaiser 1435 bestätigten *„Pfaffenrachtung"* hörten die Auseinandersetzungen zwischen Stadt und Erzbischof nicht auf. Schließlich wurde unter Vermittlung des Pfalzgrafen ein Schiedsgericht eingesetzt, dem der Erzbischof am 5. Nov. 1443 eine Klageschrift einreichte, in der wir wiederum Dagobert begegnen: Nach der Zerstörung durch die Hunnen habe er die Stadt wieder aufgebaut, das kennen wir schon seit dem 11. Jahrhundert, dann aber, und das ist neu, habe er sie um seines Seelenheils willen dem Erzstift übergeben. Seither seien die Bürger den Erzbischöfen dienstpflichtig, d.h.: Sie müssten Heerfolge auch außerhalb der Stadt leisten, Steuern und Zölle entrichten und vor dem erzbischöflichen Gericht erscheinen. Umgekehrt hätten sie kein Recht, einen Rat einzusetzen oder eigene Abgaben zu erheben.[158]

In seiner Gegenschrift vom 4. Dez. 1443 erklärte der Rat: Ihre Vorfahren besäßen seit jeher die Stadt mit all ihren Nutzungen, Ehren und Rechten, bis auf einige bestimmte Gewohnheitsrechte des Erzbischofs, nach *„angeborenem freiem Recht"*. Außerdem habe Dietrich selbst die ihnen von seinen Vorgängern freiwillig verliehenen Privilegien[159] pflichtgemäß beschworen, wie auch das Domkapitel verpflichtet sei, keinen Kandidaten zu wählen, der nicht zuvor geschworen habe, der Stadt ihre Freiheiten zu bewahren. Wenn die Bürger dem neuen Erzbischof huldigten, so folge daraus nicht, dass sie *„seine"* und *„seines Stifts Bürger"* wären. Das zeigten Verträge, die sie mit Königen und Kaisern, Fürsten, Herren und freien Städten aus eigenem Recht geschlossen hätten *„und was wir darin und damit vorgenommen und getan haben, haben wir Macht gehabt zu tun"*.[160]

Der Erzbischof hatte für seinen Anspruch einen konkreten Rechtsgrund genannt - die Schenkung Dagoberts, diese aber offensichtlich nicht belegt; weder ist die Rede

---

HEINIG: Reichstädte, Freie Städte und Königtum 1389-1450. Ein Beitrag zur deutschen Verfassungsgeschichte, Wiesbaden 1983, S. 48-54 mit weiterer Literatur in Anm. 182.

157 HEGEL, Verfassungsgeschichte (wie Anm. 150), bes. S. 157-169, zu den Konflikten um Rat und Gemeinde S. 72-91; aus der neueren Literatur insbesondere Joachim FISCHER: Frankfurt und die Bürgerunruhen in Mainz (1332-1462), Mainz 1958, bes. S. 8-10; Ludwig FALCK: Das Mainzer Zunftwesen im Mittelalter. In: Alfons SCHÄFER (Hrsg.): Festschrift für Günther Haselier aus Anlaß seines 60. Geburtstages am 19. April 1974, Karlsruhe 1975, S. 267-288, bes. S. 274-277; DERS.: Das spätmittelalterliche Mainz – Erzbischofsmetropole und freie Bürgerstadt. In: Blätter für Deutsche Landesgeschichte 112 (1976), S. 106-222, bes. S. 199ff.; Michael MATHEUS: Vom Bistumsstreit zur Mainzer Stiftsfehde: Zur Geschichte der Stadt Mainz 1328-1459. In: Mainz. Die Geschichte der Stadt (wie Anm. 14), S. 171-204, bes. S. 181f., leider, wie der Autor zu Recht bedauert, ohne Fußnoten, aber mit Hinweis auf Forschungsdesiderata (bes. S. 178).

158 HEGEL, Verfassungsgeschichte (wie Anm. 150), S. 159.

159 Recht präzise wird in der volkssprachigen Geschichte der Stadt bei Windecke der Inhalt des grundlegenden Privilegs Erzbischof Siegfrieds III. vom 13. November 1244 wiedergegeben; Wilhelm ALTMANN (Hrsg.): Eberhart Windeckes Denkwürdigkeiten zur Geschichte des Zeitalters Sigismunds, Berlin 1893, S. 465; vgl. Richard DERTSCH: Die Urkunden des Stadtarchivs Mainz 1, Regesten, Mainz 1962, S. 102; dazu FALCK, Mainz im frühen und hohen Mittelalter (wie Anm. 15), S. 186-194.

160 Ebd. S. 160.

von einer Urkunde Dagoberts, die inzwischen, d.h. nach der Erneuerung der Privilegien von 1365, als von einer Übertragung der Stadtherrschaft noch keine Rede war, hätte gefälscht werden können, noch von einer formal echten Bestätigung eines entsprechenden Deperditums.

Auch die Bürger legten keine Urkunden vor, obwohl sie im Einklang mit der ihnen gut bekannten „Geschichte der Gründung der Stadt Mainz“, vermutlich aus dem 14. Jahrhundert,[161] der Überzeugung waren, dass der große Merowinger nicht nur ihre Stadt wiederaufgebaut, sondern ihr – wie schon seine römischen Vorgänger – auch solche Freiheit verliehen hatte, dass sie keinen Herrn über sich haben und von Steuern, Herrendienst etc. frei sein sollten.[162] Angeblich hatte er ihnen darüber sogar *„offene briefe mit eyner gulden bullen an eyner siedenen snure“* ausgestellt,[163] die sie 1443 freilich ebenso wenig vorweisen konnten wie die zahlreichen Privilegien der Kaiser seit römischen Zeiten seit den Zeiten des *„Kaisers Drusus“*, dessen Grabmal die Freiheit der Stadt weit ins Land hinaus strahlte, der Kaiser Julius und Augustus, dessen *„gulden bullen* [...] *wart versmelzet, do konig Etzel die stat gewann“* – doch der Inhalt war erhalten geblieben: *„was darinne stunt, das ist gehowen in einen stein an der roten müren“*.[164] So konnten sie die Bedeutung des prestigeträchtigen Merowingers eher herunterspielen mit der Behauptung, schon *„vor zwei, drei und vierhundert Jahren, ja selbst vor König Dagoberts Zeiten, [sei ihre] Stadt Mainz eine gefreite freie Stadt“* gewesen[165] – für den Erzbischof eine unmögliche Vorstellung, da kein Gemeinwesen, kein Mensch ohne einen Herrn sein könne. Auf diese Grundsatzdiskussion ließen sich

161 Ed. bei HEGEL, Verfassungsgeschichte (wie Anm. 150), S. 241-243, als Beilage „Ursprung der Stadt Mainz“, S. 241-243; zu dieser, von ihm als *„romanhaft“* aus den Chroniken ausgesonderten Erzählung Klaus GRAF: „Ursprung der Stadt Mainz“. In: Verfasserlexikon 10, 1996, Sp. 130f; jetzt aber insbesondere GOERLITZ, Humanismus (wie Anm. 118), bes. S. 258-269 mit Anm. 325; DIES.: Facetten literarischen Lebens in Mainz zwischen 1250 und 1500. Mittelalterliche Erzählungen über das (ur)alte Mainz im Spannungsfeld von Latein und Volkssprache, Mündlichkeit und Schriftlichkeit. In: Michael MATHEUS (Hrsg.): Lebenswelten Gutenbergs (Mainzer Vorträge 7), Stuttgart 2005, S. 59-87.

162 *„gap yn friheid waz daz sij wolden und sij solden frie sin vor bede, vor geschuße, vor herrendynst, und sulden keynen herren han uber iren willen“*; HEGEL, Verfassungsgeschichte (wie Anm. 150), S. 243; fast identisch die Fassung in dem großen historischen Sammelwerk Eberhard Windeckes, der selbst auf seiten der Bürger aktiv Politik gemacht hatte; ALTMANN, Windecke (wie Anm. 159), S. 461; zum Autor und zu den Mängeln der Edition Peter JOHANEK, Windeck (Windecke). In: Verfasserlexikon 10, 1998, Sp. 1197-1206 mit Literatur; knapp MATHEUS, Bistumsstreit (wie Anm. 157), S. 179.

163 HEGEL, Verfassungsgeschichte (wie Anm. 150), S. 243.

164 ALTMANN, Windecke (wie Anm. 159), S. 457-459. In der sogenannten Gheverdis-Fassung (einer Sammelhandschrift aus dem frühen 16. Jahrhundert) ist die Rede von *„gar vil fryheitten“*, die den Mainzern von Kaiser Julius *„vnd von vil anderen, die nach Jm qwamen“* verliehen worden seien: zit. nach GOERLITZ, Facetten (wie Anm. 161), S. 81; in Anm. 19 wird eine kritische Edition durch die Verfasserin angekündigt.

165 Zit. nach HEGEL, Verfassungsgeschichte (wie Anm. 150), S. 160; ebd. S. 161 die Gegenrede des Erzbischofs, wonach Mainz nur in Bezug auf die Dinge eine freie Stadt sei, als die Erzbischöfe ihr bestimmte Rechte konzediert hätten, in anderen Dingen aber Rat und Bürger ihm zu Huldigung und Dienst verpflichtet und ihre Handelsfreiheit durch erzbischöfliche Konzessionsrechte eingeschränkt seien.

die Vertreter der Bürger am 31. Dezember 1443 nicht ein; ihnen kam es nur darauf an, dass ihre Stadt nicht dem Erzbischof gehöre.[166]

Der unbekannte Autor der bereits mehrfach zitierten volkssprachlichen Geschichte hätte ihnen ein geradezu *revolutionäres* Argument zur Begründung ihres Anspruchs liefern können. Daher verdient der Text mehr Aufmerksamkeit, als er bisher gefunden hat. Historiker des 19. Jahrhunderts sahen in ihm vor allem die *romanhaften, fabelhaften* Züge.[167] Heute interessiert sie nicht nur, weil sie in Deutsch geschrieben ist und im ‚Spannungsfeld von Latein und Volkssprache *von Mündlichkeit und Schriftlichkeit* steht,[168] sondern wegen ihres vielfältigen Inhalts an Fakten und Fiktionen, die historisch-antiquarisches Interesse mit aktueller, zielgerichteter politischer Aussage verbinden.[169]

Hier geht es nicht um die Stadtgründung, die schon von humanistischen Historikern kontrovers diskutiert wurde,[170] sondern um das ambivalente Bild Dagoberts bzw. die Begründung der städtischen Freiheit. Der unbekannte Autor untermauert die Freiheit seiner Stadt und die Beteiligung der Bürger und Handwerker an ihrem Regiment eben nicht nur mit Privilegien der Herrscher seit den Zeiten eines Drusus, Cäsar und Augustus, dessen goldene Bulle im Hunnensturm verschmolzen sei, oder mit den Rechten, die Erzbischof Siegfried ihnen gegeben und Kaiser Friedrich II. bestätigt habe. Nein, letztlich gründet die Freiheit der Bürger und ihre politische Mitsprache in einer befreienden und rechtsetzenden Tat der Bürger selbst – und das unterscheidet diese Variante der Mainzer Dagobert-Legende offensichtlich von allen anderen:[171] Auch hier ist Dagobert Wiederbegründer der Stadt, Erbauer einer Burg (zum Jakobsberg hin, also dort, wo man im 14. Jahrhundert Dagoberts *wyghus* lokalisierte), Aussteller eines Privilegs. Aber hier wird eine doppelte Begründung gegeben. Einmal hat sich die Stadt

---

166 Zitat bei HEGEL, Verfassungsgeschichte (wie Anm. 150), S. 161 mit negativem Kommentar.

167 HEGEL, Verfassungsgeschichte (wie Anm. 150), S. 239. Altmann sprach von einer *„Sage“* (Windecke [wie Anm. 159], S. 456, Anm. 2).

168 So der Untertitel von GOERLITZ, Facetten (wie Anm. 161).

169 Das hat Uta GOERLITZ für die Gründungsgeschichte von Mainz in der humanistischen, ins Lateinische *rückübersetzten* Fassung des „libellus quidam teutonicus“ gezeigt: Humanismus (wie Anm. 118), S. 187ff., zu den mittelalterlichen Quellen, insbesondere zu unserer „Chronik“, 258ff.; vgl. DIES., Facetten (wie Anm. 161), wo sie den „bürgerlich-antiespiskopalen Wahrnehmungshorizont“ in den Passagen über die Gründung der Stadt (durch *„xij meyster“*) und deren Entstehung im Kontext des Konflikts zwischen Erzbischöfen und städtischer Oberschicht herausstellt, aber auch *„die Möglichkeit einer gegen die Bürgerschaft gewandten Interpretation“* dieser Erzählung bedenkt. Auf die Dagobert-Passage geht sie in ihren bisher publizierten Arbeiten nicht ein, wohl aber in einem Vortrag in Utrecht 1999, den sie nicht zum Druck gab, sondern im größeren Zusammenhang ihrer Münchener Habilitationsschrift auszubauen gedenkt. Vgl. das Abstract: ‚Romanhafte Erzählung' vs. ‚deutschsprachige Chronik'? Fiktion und Historie in der volkssprachlichen „Historia Teutonica“ (Mainz, ca. 2. Hälfte d. 14. Jahrhunderts) am Beispiel der Passagen zu Etzel und Dagebrecht, in: Second conference ‚The Medieval chronicle – Die mittelalterliche Chronik – La chronique médiévale', Utrecht 16-21 July 1999, Abstracts, Typoskript, Utrecht 1999, 29f. – Ich danke Frau Goerlitz auch hier herzlich für ihre freundlich gewährten Auskünfte (mündlich, telefonisch, per E-Mail), für die Zusendung von Sonderdrucken und vor allem für die großzügige Überlassung des hier zitierten, im Druck befindlichen, Manuskripts: Facetten (wie Anm. 161).

170 Vgl. dazu auch GOERLITZ, Mainzer Antiquitas (wie Anm. 118), S. 157-180.

171 Vgl. WEHRLI, Überlieferungen (wie Anm. 3), S. 278.

diese Freiheit durch große Dienste auf einem Feldzug gegen den Böhmenherzog verdient.[172] Zuvor hatten seine Burgritter den König vergeblich gebeten, ihnen die Stadt *„zu geben"*. Daraufhin waren sie in die Stadt gezogen und hatten einen Rat gehalten. Nach dem Feldzug befahl Dagobert seinen *Burgrittern* nach einer Variante des Textes die Stadt an,[173] nach der anderen befahl er ihnen den Rat,[174] bevor er, darin stimmen beide Fassungen überein, ihnen das Freiheitsprivileg mit einer *„gulden bulle an einer siden snure"* gab. Beide Versionen stimmen auch darin überein, dass die *„burger und die hantwerklute in der stat"* danach feststellten, dass die *„Ritter sie verrieten"*. Die Folgen werden wieder leicht unterschiedlich geschildert: Deshalb wollten sie, dass *„die burger auch in den rat gingen von der stat wegen"*[175] bzw. setzten den Rat zunächst ab,[176] brachen Dagoberts *„wighus"*, damit die Ritter darin keinen Rückhalt fänden und befestigten ihre bis dahin unbefestigte Stadt, *„mürten die stat an den enden zu"*. D.h. sie schufen selbst den Mauerring, das wohl wichtigste Symbol städtischer Qualität, das in anderen durchaus selbstbewussten Städten, wie etwa Augsburg, einem Herrscher (Drusus) zugeschrieben wurde.[177] Der symbolischen Handlung folgt die Gesetzgebung. Die Bürger – nicht ein Stadtherr oder König – *„satztent und machten"*, dass der Rat hinfort paritätisch zusammengesetzt sein sollte: Neben den 22 *„rittern"* und *„rittergenossen"* sollten ihm 22 Vertreter der *„burger und hantwerklút"* auf Lebenszeit angehören.

Dieser Darstellung nach verdankt die Stadt ihre vom König verliehene und feierlich verbriefte Freiheit ihrer eigenen Tüchtigkeit. Zunächst einem Rat von *Rittern* unterstellt setzten sich die Bürger und Handwerker mit militärischer Gewalt gegen die Ritter und die königliche Burg durch, erbauten selbst die ebenso nützliche wie rechtlich bedeutsame und symbolträchtige Mauer, erzwangen eine Neuordnung des Rats, die sie aus eigenem Recht *„satztent und machten"* und bestätigten diese Ratsverfassung *„mit offen briefen"*.[178]

---

172 In deutlichem Gegensatz zur Nachricht Fredegars, der den *Mainzern* Treulosigkeit bei einem Feldzug gegen die Thüringer nachgesagt hatte; vgl. oben Anm. 27.

173 So die Fassung bei Windecke, ed. ALTMANN (wie Anm. 159), S. 461: *„do det ihm die stat Menz einen großen dinst, das er den rittern die stat bevalch und gap in freiheit wie sie wollten; und sie sollten fri sin vor bede vor geschücze vor herrn dinst und sollten keinen herren han über iren willen"*.

174 So die Variante bei HEGEL, Verfassungsgeschichte (wie Anm. 150), S. 242: *„daz er den rittern den rad beval, und gap yn friheit"*; vgl. oben Anm. 163.

175 ALTMANN, Windecke (wie Anm. 159), S. 461.

176 HEGEL, Verfassungsgeschichte (wie Anm. 150), S. 243.

177 Hector Mülich leitet seine von 1348-1487 reichende Chronik mit einer ganz kurzen Aussage zur *„Stadtwerdung"* (so betont Johanek, statt *Gründung*) ein: *„Item Drusus, ain Römer, was Kaiser Octavianus stifsun, der ließ use stat Augspurg umbmauern und gab ir das wappen, per oder pir"* (Chroniken der deutschen Städte vom 14. bis 16. Jahrhundert 22, Leipzig 1892, ND Göttingen 1965, 1). Zur berühmten Augsburger *stadtpir* und zur symbolischen Bedeutung der Mauer: Peter JOHANEK: Geschichtsschreibung und Geschichtsüberlieferung in Augsburg am Ausgang des Mittelalters. In: Johannes JANOTA/Werner WILLIAMS-KRAPP (Hrsg.): Literarisches Leben in Augsburg während des 15. Jahrhunderts, Tübingen 1995, S. 160-182, hier S. 164.

178 Hier stimmen ALTMANN, Windecke (wie Anm. 159), S. 461 und HEGEL, Verfassungsgeschichte (wie Anm. 150), S. 243 überein.

Hier ist nicht im einzelnen zu erörtern, welche realen Ereignisse des 14. und 15. Jahrhunderts sich in dieser phantastischen Projektion in eine sagenhafte Frühzeit spiegeln. In den Burgrittern Dagoberts erkennt man leicht die Geschlechter, gegen deren Herrschaft im Rat Bürger und Handwerker sich im Sommer 1332, in einer krisenhaften Situation, als die Stadt sich zu einer sehr hohen Entschädigung für die Zerstörungen geistlicher Einrichtungen in der Erzstiftsfehde verpflichten musste, aufgelehnt und zunächst einen Ausschuss von 22 Männern zur Kontrolle des bis dahin von den Geschlechtern (den Alten) beherrschten Rates erzwungen hatten. Als sich eine offenbar größere Gruppe nicht mit dieser Entmachtung abfinden wollte und zum bewaffneten Widerstand rüstete, wurde sie im November 1332 von der Gemeinde zur Kapitulation gezwungen: 129 zogen es vor, die Stadt zu verlassen, die übrigen akzeptierten den unter Vermittlung von Ratsvertretern der befreundeten Städte Worms, Speyer und Frankfurt ausgehandelten Kompromiss: Nunmehr sollte der *„ganze Rat"* der Stadt 58 Mitglieder umfassen, 29 von den Geschlechtern, die auf Lebenszeit amtieren, und 29 aus der Gemeinde, die jährlich neu gewählt werden sollten. Auch alle Ratsämter sollten hinfort paritätisch besetzt werden.[179] Mit diesem Kompromiss konnte man in Mainz offenbar bis ins frühe 15. Jahrhundert leben, als in Mainz (wie auch in anderen Städten) erneut Auseinandersetzungen um die Herrschaft des Rates, nunmehr auch innerhalb der Zünfte, und Konflikte mit dem Erzbischof aufbrachen.[180]

Auf Seiten der *„burger und hantwerklút"*, die seit 1428 eine tiefgreifende Verfassungsänderung erzwangen, fand sich Eberhard Windecke zeitweise in führender Funktion – und er hielt die Ereignisse seiner Zeit, wie er sie teils selbst erlebt, teils erfahren hatte, in einem umfänglichen Geschichtswerk detailliert fest. So finden sich in anscheinend bunter Mischung Ereignisse aus der zeitgenössischen Geschichte von Kaisern und Päpsten neben detaillierten Berichten über die Entwicklungen in Mainz, die zum Teil durch Abschriften wichtiger Akten untermauert und durch historische Exkurse ergänzt werden, darunter die Geschichte der Städte Trier und Mainz seit ihrer Gründung, mit der Erzählung von dem Aufstand der Bürger gegen die Ritter Dagoberts. Der Exkurs über die Geschichte der Stadt endet mit der Bestätigung der von Dagobert verliehenen *„stat friheit zu Menz"* durch Kaiser Friedrich *„und vil keiser und konige"*, mit der Folge dass *„ie kein bischof recht zü Menz hett"*.[181]

179 Ein Jahr später konnten die Exilanten zurückkehren. Die Ereignisse sind ausführlich in der von Hegel edierten Chronik geschildert (1, 9-12); vgl. dazu HEGEL, Verfassungsgeschichte (wie Anm. 150), S. 72-75; FISCHER, Frankfurt und die Bürgerunruhen (wie Anm. 157), S. 8-10; FALCK, Zunftwesen (wie Anm. 157), S. 274-277; DERS., Spätmittelalterliche Mainz (wie Anm. 157), S. 116-118; MATHEUS, Bistumsstreit (wie Anm. 157), S. 172-174 mit Hinweisen auf ähnliche Entwicklungen in Speyer und Straßburg (ebenfalls 1332).

180 HEGEL, Verfassungsgeschichte (wie Anm. 150), S. 75-90; FISCHER, Frankfurt und die Bürgerunruhen (wie Anm. 157), S. 10-12; FALCK, Spätmittelalterliche Mainz (wie Anm. 157), S. 121; MATHEUS, Bistumsstreit (wie Anm. 157), S. 178-181 mit Hinweis auf Forschungsbedarf!

181 Der Exkurs beginnt in der Edition ALTMANN, Windecke (wie Anm. 159), S. 456, die Dagobert-Passage findet sich 461; es folgen Ausführungen über die verbleibenden Rechte des Königs und des Bischofs in der Stadt (461f.), die bewegten Ereignisse um die Bischöfe Konrad von Wittelsbach (1161-65, 1183-1200) und Arnold von Selenhofen (1153-1160), teils mit Rückgriffen (462-465), eine zwiepältige Bischofswahl, nach der der von den Laien Gewählte dem Kandidaten der Geistlichen unterlag, weil der *„bobest sprach, der pfaffen bischof"* sollte bleiben (465). Schließlich

Gewiss ist der nur wenige Seiten umfassende Text geradezu romanhaft, legendarisch, sagenhaft, wunderlich, und welche Epitheta positivistische Historiker noch dazu gefunden haben.[182] Niemand käme auf die Idee, ihn als Quelle für Dagobert zu verwenden – sehr wohl aber für historisches Denken im 14. und im 15. Jahrhundert und die Bemühungen bürgerlicher Kreise, den Status ihrer Stadt, ihre – vergleichsweise jungen – Institutionen und den Anspruch auf Mitregierung historisch zu legitimieren – nicht nur durch die Verlagerung der Privilegierung in eine ferne Vorzeit, sondern vor allem durch die Betonung der Verdienste der Bürger und ihres eigenständigen politischen Handelns.

Daher ist der kurze volksprachliche Text alles andere als ein *„naiver Lügenbericht, der bisweilen an offenbare Schalkhaftigkeit streift“*,[183] wie Positivisten kritisierten. Heute hingegen betont man, wie Uta Goerlitz mit Blick auf die antike Geschichte, die *„Aktualisierung und Funktionalisierung der weit zurückliegenden, in Überresten wie den römischen Steindenkmälern noch unmittelbar präsenten*[184] *Vergangenheit von Mainz in der spätmittelalterlichen Gegenwart“*.[185]

Die Aussagen zu Dagobert und dem Aufstand der Bürger gegen seine Ritter weichen nicht nur in einem für die historisch fundierte Identität der Bürger entscheidenden Detail von allen bekannten Dagobertlegenden ab, sondern weisen Mainz auch im Kreis der deutschen spätmittelalterlichen Städtechroniken einen besonderen Rang zu. Schon die *„intensive Beschäftigung mit der Frühgeschichte ist nicht ganz gewöhnlich in der städtischen Chronistik des späteren Mittelalters, obwohl sie in der zweiten Hälfte des 15. Jahrhunderts häufiger wird“*.[186] Nicht erst im späten 15. Jahrhundert, als man sich in etlichen deutschen Städten auch gegen den Kaiser wandte, der zuvor noch legitimie-

---

gewährt Erzbischof Siegfried *„den burgern zü Menz ein sunderlich friheit“*, mit genaueren Angaben zu den Rechten der Gewandschneider und Zünfte. Mit der oben im Text zitierten Bestätigung der Freiheiten durch Könige und Kaiser und einer Bemerkung zum Grafen des Rheingaus, der als Burggraf in Mainz auf Dagoberts *„wickhus“* gesessen habe, endet der Abriß der Stadtgeschichte (465). Damit endet wohl die letzte noch von Windecke verantwortete Fassung (JOHANEK, Windeck [wie Anm. 162], 1201). Eine spätere Überarbeitung mit Streichungen und Erweiterung setzt die Geschichte Kaiser Friedrichs III. mit der Krönung in Aachen fort (466).

182 Vgl. oben Anm. 175; dazu die angekündigte Studie von Uta GOERLITZ, ‚Romanhafte Erzählung' (wie Anm. 169).

183 Arthur WYSS: Eberhard Windeck und sein Sigmundbuch. In: Centralblatt für das Bibliothekswesen 11 (1894), S. 433-483 (eine scharfe Kritik an Altmanns Ausgabe), Zitat 473.

184 Oder eben, wie bei Dagoberts *„wyghus“*, in lebendiger Erinnerung gebliebenen!

185 GOERLITZ, Facetten (wie Anm. 161), zu den Erzählungen um Drusus und den Eichelstein, mit Literaturhinweisen in Anm. 85.

186 DIES., Mainzer Antiquitas (wie Anm. 118), S. 172; vgl. ebd. S. 177. Aus der Fülle der Literatur zu dieser Thematik, die eine eigene Forschungsrichtung geworden ist, neben JOHANEK (Hrsg.), Städtische Geschichtschreibung (wie Anm. 118), aus jüngster Zeit Werner RÖSENER (Hrsg.): Adelige und bürgerliche Erinnerungskulturen des Spätmittelalters und der Frühen Neuzeit, Göttingen 2000, insbesondere der Aufsatz von Thomas ZOTZ: Der Stadtadel im spätmittelalterlichen Deutschland und seine Erinnerungskultur, S. 145-162; Gudrun GLEBA (Hrsg.): Instrumentalisierung von Historiographie im Mittelalter. In: Das Mittelalter 5 (2000), S. 3-138, insbesondere die Aufsätze von Sylvia WEIGELT: Die Rezeption der ‚thüringischen Landeschronik' des Johannes Rothe in differenten Bedarfskonstellationen des 15. und 16. Jh., S. 71-86 und Regula SCHMID: Die Chronik im Archiv. Amtliche Geschichtsschreibung und ihr Gebrauchspotential im Spätmittelalter und in der frühen Neuzeit, S. 115-138.

rende Instanz gegen den eigenen Stadtherrn gewesen war,[187] sondern offensichtlich schon im 14. Jahrhundert legte der unbekannte Mainzer Chronist Wert darauf, dass Mainz eine freie Stadt war, nicht etwa eine Reichsstadt. Das waren, wie er unmissverständlich betont, Oppenheim, Kastel und das Umland in der Nachbarschaft. Selbst die Privilegierung *schadet* dem Selbstbild nicht wirklich: Kaiser und Könige hatten den Bürgern nicht nur konkrete Privilegien verliehen, wie die Befreiung von *Bede*, *Geschoß* und *Herrendienst*, sondern Freiheit in dem Sinn, dass sie *„solten keinen herren han uber iren willen"*.[188] Dem König waren daher schon in grauer Vorzeit, wie dem Erzbischof im 14. Jahrhundert, nur ganz begrenzte Rechte in der Stadt geblieben – das Gericht, die Juden *„und etlich zinse uf erbe"*, d.h. auf Gut das zu Erbleihe besessen wurde, der Salhof, der Hof und der Marstall – und nur diese Rechte hatte er dem Bischof weitergeben können.[189] Die Freiheit der Stadt ist davon nicht berührt, sie ist älter – *„e danne ie kein bischof recht zü Menz hett"*.[190]

Hinzu kommt die Eigeninitiative der Bürger, die sich die Gestaltung ihres Gemeinwesens erkämpfen und durch eigene Gesetze regeln. Diese Herleitung der eigenen Freiheit aus einer Mischung aus uralter Privilegierung und eigener Leistung findet sich auch in anderen deutschen Städten – aber im Allgemeinen viel später: Basel z.B. wehrte sich 1473 gegen den Anspruch Kaiser Friedrichs III., er sei *„natürlicher Herr"* der Stadt. Der städtische Unterschreiber Johannes legte ihm im Auftrag des Rates eine historisch-juristische Abhandlung vor, aus der hervorging, dass Basel von einem freien römischen Bürger Basilius gegründet worden sei und von ihm die Freiheit der römischen Bürger, insbesondere die Steuerfreiheit gegenüber dem Kaiser, erhalten habe.[191]

Dem entspricht die – erheblich ältere – Erzählung unseres Autors, die Stadt Mainz gehe auf 12 Meister zurück, die aus der von einem Königssohn gegründeten Stadt Trier gekommen seien – *„un die leitent ein stat uf noch irer kunste"*.[192] D.h. nicht

---

187 Vgl. Rudolf HIESTAND: Civis Romanus sum: Zum Selbstverständnis bürgerlicher Führungsschichten in den spätmittelalterlichen Städten. In: Peter WUNDERLI (Hrsg.): Herkunft und Ursprung: Historische und mythische Formen der Legitimation. Akten des Gerda Henkel Kolloquiums veranstaltet vom Forschungsinstitut für Mittelalter und Renaissance der Heinrich-Heine-Universität Düsseldorf, 13. bis 15. Oktober 1991, Sigmaringen 1994, S. 91-109, hier S. 97f., 101f. mit den real- und geistesgeschichtlichen Hintergründen.

188 ALTMANN, Windecke (wie Anm. 159), S. 461; HEGEL, Verfassungsgeschichte (wie Anm. 150), S. 243. Vgl. die Koelhoffsche Chronik, wonach Kaiser Trajan die 15 nach Agrippina geschickten Familien für frei von des römischen Reichs Tributen erklärt, ihnen das Stadtregiment überträgt, *„so dat si gantz vri geheischen ind gehalden sulden werden"*, zit. nach HIESTAND, Civis Romanus (wie Anm. 187), S. 104, Anm. 60.

189 Der Text bei Hegel bricht ab mit den Worten: *„daz hatte der konig"* (Verfassungsgeschichte [wie Anm. 150], S. 163); bei Windecke heißt es weiter: „[...] *alles dem bischof geben al sir harnoch sullent vnden geschriben und hören"*. Nach einem Exkurs über die Zerstörung der Mauern von Kastel, die Mainzer bauten damit ihre eigenen Mauern, nachdem sie dem Bischof den *„Grinturm"* abgekauft und die dort gelegene Burg abgebrochen hatten, wiederholt der Text noch einmal, in Variation: *„und der sal und der hof und die Juden sint geben eim bischof von Menz von eim keiser; das vindet man in eim büch des stiftz"* (S. 462).

190 Schlußworte des Exkurses zur Stadtgeschichte; ALTMANN, Windecke (wie Anm. 159), S. 465.

191 HIESTAND, Civis Romanus (wie Anm. 187), S. 91.

192 ALTMANN, Windecke (wie Anm. 159), S. 457; vgl. GOERLITZ, Humanismus (wie Anm. 117), S. 187f; DIES., Facetten (wie Anm. 161).

mehr die Gründung durch einen Herrscher, und sei es Cäsar oder Augustus selbst, wie bei Worms, Speyer, Oppenheim, Ingelheim und vielen anderen Städten bis weit in den slawischen Osten hinein,[193] wird zur Legitimation herangezogen. Den vielerorts angeführten Freiheitsprivilegien, die ja eine *Verleihung* und damit eine Unterordnung dokumentierten, auch wenn sie bis auf Augustus und Drusus, wie in Mainz, auf Agrippa und Trajan, wie in Köln,[194] zurückgeführt wurden, wird die Tat freier Bürger als konstitutives Moment der städtischen Freiheit an die Seite gestellt, ja kann sie im 15. Jahrhundert bei passender politischer Gelegenheit sogar verdrängen.

Damit löste der unbekannte Mainzer Autor schon im 14. Jahrhundert, früher also als anderwärts, zugleich das Problem, die auf offener oder schleichender Rebellion gegen den Stadtherrn beruhende Stellung der *freien* Stadt und ihrer Institutionen zu legitimieren[195] – und vermied die Möglichkeit eines Widerrufs oder einer Ableitung stadtherrlicher Ansprüche aus einer alten Rechtsposition.[196] Deutlicher noch als die in italienischen Kommunen seit dem 12. Jahrhundert aufkommende Parallelisierung der eigenen Institutionen mit denen der römischen Republik[197] entsteht so ein *demokratisches* oder besser vielleicht *republikanisches* Geschichtsbild: Die neue Machtverteilung in der Stadt beruht auf einem legitimen Aufstand der *Bürger* gegen die *Ritter*; die Neugestaltung der Ratsverfassung erfolgt aus eigenem Recht.

Freilich ist diese legitimatorische Geschichtserzählung ihm noch nicht ganz durchgängig gelungen, sein Text vereint widersprüchliche Bestandteile: Neben der Gründung der Stadt durch freie Meister und die verfassungsgebende Rebellion erwähnt er mehrfach Privilegien der Könige, Kaiser (seit Drusus, der die Stadt *„frey gemacht"* habe), ja des Erzbischofs – Reste, wenn man so will, der *faktischen Entwicklung*, die durch die *Fiktionen* nicht völlig verdrängt werden.[198]

Aber der unbekannte Mainzer schrieb, das sei noch einmal unterstrichen, mehr als ein Jahrhundert vor dem Baseler Unterschreiber Johannes, lange vor der Kölner „Koelhoffschen Chronik", die verächtlich auf Mainz herabblickte, nachdem und weil es seine Freiheit verloren hatte,[199] lange vor Leonardo Bruni und Salutati, die für Florenz an die Stelle Cäsars den Republikaner Sulla als Stadtgründer setzten – und so einen re-

---

193 Beispiele mit Belegen bei HIESTAND, Civis Romanus (wie Anm. 187), S. 97.

194 HIESTAND, Civis Romanus (wie Anm. 187), S. 102.

195 Vgl. ebd. S. 95.

196 *„Um die angestrebte Selbständigkeit, die nicht abgeleiteten Charakter haben sollte, nicht verliehen und damit widerrufbar sein sollte, rechtlich und historisch zu untermauern, mußte die eigene Geschichte möglichst so einsetzen, daß diese Rechte, die sich im Begriff ‚Freiheit' bündelten, von Anfang an bestanden hatten, höchstens bestätigt worden waren"* (HIESTAND, Civis Romanus [wie Anm. 187]), S. 96; vgl. ebd. S. 95 und 104ff.).

197 Beispiele gibt HIESTAND, Civis Romanus (wie Anm. 187), S. 94; 98.

198 *„‚Fakten' und ‚Fiktionen' schmolzen [...] in dem spätmittelalterlichen Erzählkomplex über das alte Mainz im Sinne einer von den vorausliegenden sinnstiftenden Prinzipien her zu fassenden ‚Verstehensidentität' aus wechselnden Perspektiven und Kontexten zusammen"* (GOERLITZ, Facetten [wie Anm. 161], vor Anm. 85).

199 Zit. bei HIESTAND, Civis Romanus (wie Anm. 187), S. 103. Vgl. jetzt Georg MÖLICH/Uwe NEDDERMEYER/Wolfgang SCHMITZ (Hrsg.): Spätmittelalterliche städtische Geschichtsschreibung in Köln und im Reich. Die ‚Koelhoffsche' Chronik und ihr historisches Umfeld, Köln 2001.

publikanischen Ursprung ihrer Stadt postulierten, bevor die Pest der Caesaren die Republik ruiniert hatte.[200]

Vielleicht schrieb der Mainzer Chronist sogar, wenn die Datierung auf *„nach ca. 1335“*[201] stimmt, seine Legitimation bürgerlicher Rechte durch eigene befreiende Tat noch vor dem berühmten Matteo Villani aus Florenz, der zum Romzug Kaiser Karls IV. 1355 mit Blick auf seine Vaterstadt und andere Städte mit ähnlichem Anspruch notierte: Die Freiheit des römischen Volkes sei kein Geschenk des Kaisers, sondern ein Vermächtnis des Volkes, das die Kaiser gewählt habe, an seine Nachfahren.[202] Freiheit bedeutet hier, wie in Mainz und später in Basel und Köln, vor allem Steuerfreiheit und Selbstverwaltung der Bürger.[203]

Wir wissen nicht, in welchem Maße die den eigenen Anspruch, ja konkretes politisches Handeln legitimierenden historischen Erzählungen in Mainz allgemein präsent waren, bewusst propagiert, offensiv in politischen Kämpfen eingesetzt wurden. Immerhin sehen wir, dass sie in den Konflikten der 1440er Jahre in amtliche Denkschriften eingeflossen sind, dass auch die Gegner der bürgerlichen Ansprüche, die Vertreter des Erzbischofs, die *„wunderlichen Erzählungen“* ernst genommen – und mit ähnlichen Argumenten gekontert haben,[204] dass schließlich ein auf Seiten der Stadt führender Politiker[205] die *sagenhafte* Stadtgeschichte seit den mythischen Gründungstagen in sein historisches Werk aufgenommen hat, angeblich, weil der Kaiser etwas über die Ursprünge Triers wissen wollte.

So wird man für alle Komponenten (Erinnerungen und diverse Dokumente aus dem politischen Geschehen von der Reichsebene bis zu den innerstädtischen Ausei-

---

200 *„nondum Caesares, Antonii, Tiberii, Nerones pestes et exitia rei public“ ; „Leonardo Bruni, Historiae Florentini populi“* und : *„oratio de laudibus Florentinae civitatis“*, zit. bei HIESTAND, Civis Romanus (wie Anm. 187), S. 98f., Anm. 37. Auch bei Eberhard Windecke wird Drusus in Abweichung von seiner Vorlage *vordatiert* in die römische Frühzeit; vgl. GOERLITZ, Facetten (wie Anm. 161).

201 So GOERLITZ, Facetten (wie Anm. 161); vgl. DIES., ‚Romanhafte Erzählung' (wie Anm. 169): 2. Hälfte 14. Jahrhundert.

202 HIESTAND, Civis Romanus (wie Anm. 187), S. 103 mit Zitat in Anm. 53.

203 Beispiele ebd. S. 103f.

204 Schon die Klageschrift des Erzbischofs vom 5. November 1443 beruft sich auf Dagobert, der die Stadt nach der Zerstörung durch die Hunnen um seiner Seligkeit willen dem Erzstift übergeben habe - mit der Folge, dass die Bürger seit jeher dem Erzbischof dienstpflichtig seien, d.h. insbesondere: Heerfolge- und Steuerpflicht, Unterwerfung unter das Gericht des Erzbischofs, keine Befugnis einen Rat einzusetzen. Er räumt ein, dass Mainz eine freie Stadt sei, in dem Sinne, dass ihr bestimmte Rechte gegeben worden seien, andere aber seien ihm verblieben (*„dann es mocht wol sin, das eß eine frihe und begnadigte stat hieße in den dingen des sie gefriet weren, aber in andern dingen des sie nit gefriet sin“*) und will daher für Recht erkannt wissen, *„das sie sich daran dheiner frihunge angenemen noch vermeßen noch auch furgenemen mogen das eß eine frie stat gesin oder geheißen moge von rechts wegen“* (HEGEL, Verfassungsgeschichte [wie Anm. 150], S. 159-161 mit Zitaten aus den Denkschriften. Vgl. oben Anm. 133).

205 Johann Gustav DROYSEN: Eberhard Windeck. In: Abhandlungen der Königlich Sächsichen Gesellschaft der Wissenschaften II,2, Leipzig 1853, S. 148-229, hier S. 184-218, mit deutlicher Sympathie für Windecke und die Gemeinde und entsprechend kritischer Sicht der Geschlechter und des Erzbischofs Dietrich (bes. S. 217); vgl. dagegen den *Abriß* der Aktivitäten bei ALTMANN, Windecke (wie Anm. 159), XXV-XXIX, bes. XXXIVff., mit deutlich negativer Tendenz.

nandersetzungen, aber auch literarische und historische Texte[206]) mehr als antiquarisches Interesse unterstellen dürfen. Windecke selbst betont mehrfach, nicht zuletzt bei der Schilderung der innerstädtischen Auseinandersetzungen, seine pragmatischen Absichten: Von dem Vielen, was über die üblen Zustände in Mainz zu berichten wäre, möchte er wenigstens einen Teil einfügen, *„uf das, das die jungen lúte, die harnoch koment, doch es erfarn mögent, was geschach durch haß und nide und eigennutz"*.[207]

Mit dieser pragmatischen Absicht wie mit dem so vielgestaltigen Inhalt seines Werkes steht Windecke bei allen seit jeher betonten Schwächen seines Werkes *„am Beginn neuer Gebrauchsformen geschichtlichen Wissens in einer zunehmend von pragmatischer Schriftlichkeit geprägten Zeit"*.[208] Stärker als andere städtische Chronisten der Zeit verbindet er mit den Ereignissen der Gegenwart den Rückblick in eine ferne Vergangenheit, den er schon einem deutschsprachigen Text des 14. Jahrhunderts entnehmen konnte.

Wie die Vergangenheit in Schrift und Bild präsent gemacht werden konnte, zeigt das bekannte Beispiel des Augsburger Patriziers und Bürgermeisters Peter Egen (Peter von Argun, um 1412-1452).[209] Nach seiner Erhebung in den Adelsstand 1442 ließ er nicht nur überall in der Stadt die Wappen seiner Familie aktualisieren, sondern auch sein Haus mit Szenen aus der Gründungsgeschichte seiner Stadt bemalen und diese überdies in deutsche Reime fassen. Er trug damit in doppelter Weise zur Vulgarisierung eines Geschichtsbildes bei, das bis dahin in lateinischen Quellen nur wenigen zugänglich war, nun aber allgemein verbreitet wurde.[210] Mit Recht hat Rudolf Hiestand betont, dass *„dies alles andere als zweckfreies künstlerisches Mäzenatentum, sondern Geschichtsschreibung als politisches Programm, Bewußtmachen von Geschichte, Legitimation in anderer Form"*[211] gewesen sei, nicht zuletzt zum Ruhm des Hauseigentümers, der sich damit in Bezug zu den glorreichen Anfängen Augsburgs setzte und seinen eigenen *„Splendor und seine Geltung zu erhöhen [suchte]"*[212] – und von seinen Gegnern so verstanden wurde.

---

206 Zu dem von der älteren Forschung kritisierten Aufbau vgl. JOHANEK, Windeck (wie Anm. 162), S. 1202f.

207 ALTMANN, Windecke (wie Anm. 159), S. 341, c. 372.

208 JOHANEK, Windeck (wie Anm. 162), S. 1205. Vgl. auch DERS., Geschichtsschreibung (wie Anm. 177), bes. S. 173f.; Volker HENN, „Dye hystorie is ouch als eyn spiegell zo underwijsen dye mynschen ...". Zum Welt- und Geschichtsbild des unbekannten Verfassers der Koehlhoffschen Chronik. In: Rheinische Vierteljahrsblätter 51 (1987), S. 224-249.

209 Zu dieser dominierenden Figur in der Augsburger Politik in der ersten Hälfte des Jahrhunderts: Hartmut BOOCKMANN: Spätmittelalterliche deutsche Stadt-Tyrannen. In: Blätter für deutsche Landesgeschichte 119 (1983), S. 75-87, bes. S. 79ff.; zum politischen Kontext und zur Bewertung politischen Handelns in den zeitgenössischen Chroniken: Jörg ROGGE: Für den Gemeinen Nutzen. Politisches Handeln und Politikverständnis von Rat und Bürgerschaft in Augsburg im Spätmittelalter, Tübingen 1996.

210 Die kurze Verschronik des Priester Küchlin (zu ihm Clarissa ALTSCHÄFFEL: Küchlin. In: Verfasserlexikon 5, Sp. 407-409) über das Herkommen der Stadt Augsburg war schon in den achtziger Jahren nach dem Zeugnis des Chronisten Sigismund Meisterlin *ubique vulgata*; vgl. JOHANEK, Geschichtsschreibung (wie Anm. 177), S. 167f.

211 HIESTAND, Civis Romanus (wie Anm. 187), S. 99f.

212 JOHANEK, Geschichtsschreibung (wie Anm. 177), S. 168.

Eberhard Windecke spielte in Mainz keine auch nur annähernd vergleichbare Rolle, und wir wissen auch nicht, in welcher Weise sein Werk in die Mainzer Öffentlichkeit wirkte,[213] nachdem ihm anscheinend 1440 der Tod die Feder aus der Hand genommen hatte. Soviel aber können wir sagen: Selbst so *wunderliche* Geschichten wie die von sagenhaften Stadtgründern oder auch Dagoberts Rittern und den Mainzer Bürgern, mögen sie uns auch weithin als *„Konstruktion und Fabeleien erscheinen, (waren) für den mittelalterlichen Menschen nicht nur Realität, sondern machten oft Geschichte“*.[214]

Ob es in Mainz dazu hätte kommen können, wie es 1443/44 schien, bleibt ungewiss, hat doch die Eroberung der Stadt durch die Truppen des Erzbischofs am 28. Oktober 1462 die Freiheit der Stadt beseitigt und damit der weiteren Ausgestaltung eines so selbstbewussten Geschichtsbildes jede reale Grundlage entzogen. Ein Aufstand gegen die Herrschaft des Erzbischofs bzw. des Domkapitels, dem der neue Erzbischof 1475 die Stadt überlassen hatte, als Preis für seine Wahl, wurde 1476 blutig niedergeschlagen.[215]

So wurden die Erzählungen um Dagobert ihrer pragmatischen Dimension entkleidet, weil sie nicht mehr unmittelbar in die Politik hineinwirken konnten, und wurden (wieder) *„ein Erzeugnis der Gelehrtenwelt, (das sich) von einer zur anderen Klosterstube und Kanzlei durch die Jahrhunderte hindurch fortgeerbt und so auch schließlich im Volke verbreitet (hat)“*.[216] In der Tat tradiert zumindest die Mainzer Geschichtswissenschaft der frühen Neuzeit das Bild Dagoberts als *restaurator urbis Moguntiae* weiter, so dass es bei passender Gelegenheit auch wieder intensiviert und politisch instrumentalisiert werden konnte.

Ein Beispiel liefert ein großformatiger Stadtplan aus den Jahren 1807/09, der sog. Brühl'sche Plan, genauer die Stadtansicht im unteren rechten Eck im Format von etwa 36 x 23 cm:[217] Im Hintergrund sieht man links die Silhouette der Stadt mit dem Rhein,

---

213 Nach JOHANEK zeigt *„die Rezeptionsgeschichte des Werks, daß sich offenbar besonders jene politische und gesellschaftliche Gruppe angesprochen fühlte, der E.W. selbst angehörte“*. Er zählt es wegen seiner Verbreitung, u.a. in einer illustrierten Fassung, *„zu den bedeutenden historiographischen Werken des 15. Jahrhunderts“*; Windeck (wie Anm. 162), Sp. 1205.

214 HIESTAND, Civis Romanus (wie Anm. 187), S. 109 als Fazit seiner Untersuchung.

215 Eine ausführliche Darstellung der Eroberung der Stadt und des vorausgehenden Konflikts zwischen Adolf von Nassau und Diether von Isenburg bei SCHROHE, Mainz in seinen Beziehungen (wie Anm. 4), S. 184-208 unter der Kapitelüberschrift: „Der Untergang der Stadtfreiheit im Jahre 1462“; vgl. jetzt: Kai SPRENGER: Die Mainzer Stiftsfehde 1459-1463. In: Mainz. Die Geschichte der Stadt (wie Anm. 14), S. 205-225 und Wolfgang DOBRAS: Die kurfürstliche Stadt bis zum Ende des Dreißigjährigen Krieges (1462-1648), ebd., S. 227-263.

216 DIEPENBACH, Dagobertlegende (wie Anm. 3), S. 24; ähnlich mehrfach.

217 Handgezeichneter Plan der Stadt und Festung Mainz mit Stadtansicht und Umgebung aus der Feder des damaligen Lehrers an der Artillerieschule Heinrich Brühl im Stadtarchiv Mainz (BPS 392 D); auch hier sei Herrn Direktor Dr. Wolfgang Dobras für seine stets bewiesene Hilfsbereitschaft, mit der er mir Abbildungen und Dias zur Verfügung stellte, herzlich gedankt. Zu Brühls bewegter Karriere, seit 1794 im Dienste der Franzosen, das Nachwort von Friedrich SCHÜTZ zum Neudruck von: Heinrich BRÜHL: Mainz geschichtlich, topographisch und malerisch, Mainz 1829, ND Neustadt, 1997. *„Eine vorzügliche Herzensangelegenheit war es mir* [so Brühls Vorrede, VIII] *das Andenken an diejenigen aufzufrischen, die sich als Freunde des Mainzer Bürgerwesens in den verflossenen Dezennien gezeigt haben. Nur wenn eine Stadt ihre Wohlthäter ehrt, wenn ihr Gedächt-*

im Vordergrund rechts Vater Rhein, mit Füllhorn und Anker im Arm, auf einen Felsen im Rhein gelehnt. Links steht ein dem Titusbogen ähnelndes Bauwerk mit einem Reiter auf schreitendem Pferd und zwei flankierenden Fußsoldaten. Im Feld über dem von der Sonne durchfluteten Rundbogen kann man lesen: *„In memoriam Drusi Germanici Fundatoris castri Magontiaci"*. Daneben und über der Stadt im Hintergrund schweben, von Engeln/ Genien gehalten, drei mit Girlanden verbundene Medaillons: Das untere ist zwei berühmten Bürgern gewidmet: Johannes Gutenberg, *„Civi Moguntino artis typographicae Inventori"* und dem – weniger bekannten – Walpod, *„Civi Moguntino Unionis Rhenannacae auctori"*. Darüber schwebt die Huldigung für Dagobert: *„Dagoberto I. Regi Francorum Restauratori civitatis Moguntinae"*, und schließlich, ausgezeichnet durch einen darüber schwebenden Kranz und dem Triumphbogen am nächsten, das Medaillon für den aktuellen Herrscher: *„Napoleoni Magno fundatori commercii verae prosperitatis Moguntiaci"*.

Hier ist, wie bei dem Anonymus des 14. Jahrhunderts, die politische Aussage der Darstellung offensichtlich, der historische Kontext aber viel leichter zu eruieren. Der undatierte Plan kann aufgrund verschiedener topographischer Angaben etwa ins Jahr 1808 gesetzt werden. Napoleon hat sich häufiger als die frühmittelalterlichen Könige in Mainz, seiner deutschen Lieblingsstadt, aufgehalten, allein zwei Mal im Jahre 1808.[218] Wenn er hier in exakter Parallele zu dem römischen Gründer und dem fränkischen Restaurator der Stadt als neuer Gründer gefeiert wird, so ist der realpolitische Bezug besser zu belegen als die Wohltaten Dagoberts für Stadt und Stift: Napoleon hat sich in der Tat um Mainz verdient gemacht, nicht nur durch eine große Schenkung von Beutekunst, die zum Grundstock für das Museum geworden ist und daher im Jahre 2003 mit einer Sonderausstellung gefeiert wird.[219] Die Initiatoren der Ehrung von 1808 dachten, wie der explizite Bezug auf den Handel in der Inschrift und der Anker im Arm von Vater Rhein zeigen, an die wirtschaftspolitischen Maßnahmen, an das Privileg, das Mainz das Stapelrecht wieder gewährte, trotz Gewerbefreiheit und freier Rheinschiffahrt, an den Freihafen an der Stelle der alten Martinsburg und das Zollager im Schloss der Erzbischöfe.[220] Wenn die Huldigungen Napoleon als Stifter des wirtschaftlichen Wohlstandes feiern, verweisen sie auf die Quelle des Wohlstandes der Stadt – und, wie der Augsburger Bürgermeister mit seiner Darstellung der Antike an seinem Haus, zugleich auf die mutmaßlichen Initiatoren, das wirtschaftlich und politisch dominierende Bürgertum, die *„citoyens notables"*, die teilweise sogar zu *„ba-*

---

niß von Geschlecht zu Geschlecht fortgepflanzt, dauernder lebt, als wären ihre Namen in Platten von Erz und Stein eingegraben, nur dann kann sie auch wieder auf ähnliche Freunde und Wohltäter rechnen, deren sie doch immer bedarf". Es folgt ein Lob des regierenden Großherzogs. Im historischen Teil hebt die Dankbarkeit aus dem Dunkel, das die Geschichte von Mainz deckt, den König Dagobert I. heraus, der von 622 bis 638 regierte, und als der eigentliche Hersteller der jetzigen Stadt genannt wird. Vgl. das Porträt des Präfekten Jeanbon St. André und die positiven Wirkungen seiner Regierung (Erweiterung der Festungsbauten, Freihafen etc. S. 146-149; vgl. auch S. 164ff.).

218 Franz DUMONT: Mayence. Das französische Mainz (1792/98 – 1814). In: Mainz. Die Geschichte der Stadt (wie Anm. 14), S. 319-374; Liste der Aufenthalte 369, Wirtschaftsförderung, 367 – mit der kritischen Anmerkung: *„Doch aus dem Wirtschaftaufschwung wurde nichts"*.

219 Beutekunst unter Napoleon. Die französische Schenkung an Mainz 1803, Ausstellung des Landesmuseums Mainz 15. Okt. 2003 - 14. März 2004.

220 DUMONT, Mayence (wie Anm. 218), S. 367f.

rons d'Empire" ernannt wurden – und später, nach dem Sturz des großen Korsen und dem Übergang unter die Herrschaft des Großherzogs von Hessen zu Geheimen oder einfachen Kommerzienräten[221].

Aber auch die anderen Widmungen, für Drusus, der als Gründer des Castrum gefeiert wird, ja selbst die Repräsentanten der stolzen Bürger, Gutenberg und Walpod, können auf den Kaiser der Franzosen bezogen werden: Drusus und das castrum verweisen auf die Erneuerung und Erweiterung der Festung Mainz,[222] Walpods rheinische Union, der berühmte Rheinische Städtebund von 1254, erinnert an den Rheinbund Napoleons. Bei Gutenberg dachte jeder politische bewusste Zeitgenosse – und gewiss Napoleon selbst – auch an die von ihm 1804 per Dekret befohlene Ehrung durch einen an prominenter Stelle in die kleinteilige Altstadt geschlagenen großen Gutenberg-Platz.[223]

Der Stadtplan selbst stellt den unmittelbaren Bezug her: Der Platz erweitert eine in dieser Dimension in Mainz bis dahin unbekannte Prachtstraße, die ebenfalls in die alte Substanz gebrochen und nach Napoleon selbst benannt werden sollte. Nach der Angliederung an Hessen wurde sie fertiggestellt und erhielt den Namen des Großherzogs: Ludwigsstraße, bis heute die repräsentative und identitätsstiftende Straße der Mainzer.

Kurzum: In politisch bewegter Zeit waren sich Kaiser, Administration und führende Bürger einig im Streben nach politischer Repräsentation und Demonstration ihrer

---

221 Zu denken wäre etwa an den ersten geschäftsführenden Vizepräsidenten der Mainzer Handelskammer (1798-1819) Heinrich von Mappes, der selbst wegen des Freihafens interveniert hatte, 1808 in die Ehrenlegion aufgenommen und 1812 zum ‚baron de l'Empire' ernannt wurde; zu ihm Friedrich SCHÜTZ: Heinrich von Mappes (1757-1845), der erste geschäftsführende Vizepräsident der Mainzer Handelskammer 1798-1819. In: DERS. (Hrsg.): Von Blau-Weiß-Rot zu Schwarz-Rot-Gold. Mainz vom Beginn der Napoleonischen Herrschaft 1798 bis zur Revolution von 1848, Mainz 1998, S. 63-72, oder auch an den Bürgermeister Franz Konrad Macké – just 1808 Trauzeuge bei der Hochzeit Brühls (Fr. SCHÜTZ, Nachwort zu H. BRÜHL, Mainz [wie Anm. 217], S. 3); allgemein DUMONT, Mayence (wie Anm. 218), S. 366-368. – Vgl. im übrigen schon die ironisch-kritische Interpretation der Vignette bei DIEPENBACH, Dagobertlegende (wie Anm. 3), S. 19f.

222 Brühl erinnert noch 1829 dankbar an die positiven wirtschaftlichen Auswirkungen und die glänzenden Perspektiven der Stadt - vor dem Rußlandfeldzug (H. BRÜHL, Mainz (wie Anm. 217), S. 148f).

223 Schon 1804 hatte der Präfekt Jeanbon Saint-André, *„der in seiner Mainzer Zeit keine Gelegenheit versäumt*[e], *um als ehemaliger Republikaner das Lob Napoleons zum Ausdruck zu bringen"* (Helmut MATHY: Revolutionär und populär. Der napoleonische Präfekt Jeanbon St. André [1802-1813]. In: SCHÜTZ, Blau-Weiß-Rot [wie Anm. 221], S. 39-50, hier S. 40f.), schon ein großes Denkmal für Gutenberg gefordert; zum Gutenbergplatz im Zusammenhang mit der napoleonischen Stadtplanung unter dem Chefarchitekten Eustache Saint-Far, ebd. S. 214f; Joachim GLATZ: Stadtplanung, Architektur und Kunst im 19. und 20. Jahrhundert. In: Mainz. Die Geschichte der Stadt (wie Anm. 14), S. 1137-1172, hier S. 1137-1139, mit Abbildung eines Ausschnitts. Gut zu erkennen ist die riesige Anlage auch auf der Gesamtdarstellung des Plans bei DUMONT, Mayence (wie Anm. 218), S. 371 und auf der CD-Rom: 2000 Jahre Mainz. Geschichte der Stadt digital, hg. vom Institut für Geschichtliche Landeskunde. Ausführlicher, ebenfalls mit Abb.: Luzie BRATNER (Hrsg.): Das Mainzer Gutenbergdenkmal: von St. Far bis Thorvaldsen ; zu Entstehung und Geschichte des Gutenbergplatzes und des Gutenbergdenkmals. Begleitheft zur Ausstellung des Landesamtes für Denkmalpflege Rheinland-Pfalz in Mainz im Auftrag des Ministeriums für Kultur, Jugend, Familie und Frauen. Landesamt für Denkmalpflege Rheinland-Pfalz vom 4. August bis 30. September 2000, Alzey 2000, S. 7-14.

Gesinnung, die mühelos den Bogen schlug von den römischen und merowingischen Anfängen bis zu den jüngsten Umwälzungen.

Epilog in drei Bemerkungen

1. In den 1830er Jahren wurde das seit 1816 offiziell gebrauchte Wappen der Stadt Mainz, das wieder das alte Mainzer Doppelrad aufgenommen hatte, durch ein prächtigeres ersetzt, das fast exakt dem entspricht, das Napoleon seiner *bonne ville de l'Empire* 1811 verliehen hatte und das 1814 nach Abzug der Franzosen verboten worden war.[224] Nur der bekrönende Adler und die merowingischen Bienen im Schildhaupt, um deren Bedeutung für Napoleon man weiß, sind verschwunden.[225]

Ging es hier nur um Repräsentation, größere Prächtigkeit in der Selbstdarstellung, auf Kosten heraldischen Sachverstandes und am Rande der Legalität wie der Heraldiker Erich Strecker am Vorabend des 1. Weltkrieges auf der Suche nach einer unverdächtigen Erklärung vermuten wollte?[226] Oder konnte oder wollte der ebenso national wie gesetzestreu denkende Mann nicht daran erinnern, dass just in der Zeit, als das neu-alte Wappen wieder auftauchte, auch in Mainz das Andenken Napoleons wieder sehr in Ehren gehalten wurde: Die Veteranen seiner Armeen gründeten 1833 einen Verein, der den unter Napoleons Fahnen gefallenen Kameraden ein bis heute auf dem Hauptfriedhof erhaltenes großes Denkmal setzte[227] und auf der ersten Seite seines Mitgliedsbuchs in französischer Sprache den großen Helden und seine Soldaten feierte.[228] – Einer der Gründer, Stephan Metz, war freiwillig zum Heer Napoleons gegangen; 1833 wurde er zum Bürgermeister gewählt und wurde auch Präsident des Veteranenvereins.[229] So liegt es nahe, in dem Rückgriff auf das kaum abgewandelte napoleonische Wappen just in seiner Zeit mehr zu sehen als Strecker 1912 vermutete: *„möglicherweise ehrende Erinnerung"*.[230] 1915 – mitten im Weltkrieg war es wiederum Zeit für einen Wappenwechsel. Man kehrte zum alten, bis heute gültigen Wappen zurück.

---

224 SCHÜTZ, Blau-Weiß-Rot (wie Anm. 221), S. 225f.; Abb. auch in: Mainz. Die Geschichte der Stadt (wie Anm. 14), S. 367.

225 SCHÜTZ, Blau-Weiß-Rot (wie Anm. 221), S. 256f.

226 Kurt STRECKER: Geschichte des Mainzer Wappens. In: Mainzer Zeitschrift 7-10 (1912/15), S. 115-123, hier S. 120 mit Abb.

227 Abb. 168 in: Mainz. Die Geschichte der Stadt (wie Anm. 14), S. 373.

228 *„Grand Livre établi à la réception des noms et des états de service de tous les bourgeois de Mayence alors encore existants qui ont servi SANS REPROCHE ET AVEC HONNEUR sous les drapeaux de NAPOLÉON* [im Strahlenkranz] [...] *dédié à la mémoire du grand héros* [...] *La période de l'an 1792 à 1814 occupera* [...]*"* (Stadtarchiv Mainz, Nachlaß Veteranenverein, Nr. 5).

229 Er amtierte von 1834-1836 (Rücktritt aus Protest gegen die beabsichtigte Übertragung der kommunalen Polizeihoheit auf staatliche Stellen) und wieder 1839-1841 (Rücktritt wegen Krankheit); SCHÜTZ, Blau-Weiß-Rot (wie Anm. 221), S. 264.

230 SCHÜTZ, Blau-Weiß-Rot (wie Anm. 221), S. 256f.; Vgl. auch ebd. 16 zur *„Erinnerung an die französische Revolution und an die napeoleonische Herrschaft* [...], *wie immer, wenn man sich schlecht behandelt fühlte"* mit dem Hinweis auf Treitschkes Bemerkung: *„Man dachte nur noch an die Verdienste des trefflichen Präfekten Jeanbon St. André, an die mannigfache Gunst, welche der Imperator seiner deutschen Lieblingsstadt erwiesen und betrachtete den code Napoléon als das Bollwerk rheinhessischer Freiheit"*.

2. Dagoberts Ansehen war ohnehin *unbelastet*, sehen wir von Eiferern wie Wilhelm Diepenbach ab, der gegen die Legenden ankämpfte. Es überstand auch das Erscheinen der ersten kritischen Edition der Merowingerurkunden und anderer Quellen in den Monumenta Germaniae Historica, wo schon deutlich wurde, wie wenig echte Urkunden überliefert waren und wie selten Mainz in den frühmittelalterlichen Quellen erwähnt wurde. Mainzer Historiker ließen sich davon nicht stören und suchten weiterhin die in der als Fälschung erkannten Urkunde von 628 genannte Pfalz in Mainz.[231] Als 1884 beim Bau der Eisenbahn, am heutigen Südbahnhof, große Ruinen an den Tag kamen, war bald klar, dass es sich nicht nur um die Reste des römischen Theaters handelte, von dem schon Gozwin in Kontamination mit dem Amphitheater gesprochen hatte, sondern auch um die Dagobertsburg. *„Man hat der Legende geglaubt* [...]*"* und 1890 mit der Benennung der darauf zulaufenden Straße als Dagobertstraße ihr *„geradezu den amtlichen Stempel der Echtheit und Wahrheit als historische Tatsache verliehen"*, klagte später Diepenbach,[232] sicher nicht nur, weil er über *palatium* promoviert hatte und daher die unzureichende Quellengrundlage in Mainz kannte.

3. Die Legende, oder sagen wir: die bewusst gestalte Erinnerung oder Rekonstruktion der Geschichte war stärker – und sie ist es noch immer: Mit dem Satz *„Dagobert Ier, roi des Francs, réside à Mayence"* beginnt in der neuesten offiziellen Stadtgeschichte eine sogar ins Französische übersetzte Zusammenstellung von Fakten zu *„Mayence et la France"*.[233] Als man 2002 ein drei Zentimeter langes Bronzeplättchen bei St. Ignaz, im Stadtteil Selenhofen fand, kam sofort wieder Dagobert I. ins Spiel. Selbst der fachlich zuständige Archäologe soll, nach dem Zeitungsbericht, gejubelt haben, der unscheinbare Fund, das Ende eines Schuhriemens einer Frau, stelle *„einen ersten Beleg für die bislang stets nur vermuteten frühen Anfänge dieses Viertels"* dar: *„Sie dürften zumindest also in die Regierungszeit von König Dagobert I. zurückreichen"*.[234]

Am Beispiel der Spuren, Erinnerungen, Fiktionen zu Dagobert in Mainz sollte hier angedeutet werden, was wir von einer Geschichtsbetrachtung jenseits positivistischer Feststellung des *Richtigen* und *Falschen*, der *Fakten* und *Fiktionen* haben. Für einen

---

231 Vgl. schon die kritische Zusammenstellung bei DIEPENBACH, Dagobertlegende (wie Anm. 3), S. 29-31. Spätere bei BRÜHL, Palatium (wie Anm. 6), S. 108-110 mit Bezug auf die Königspfalz.

232 DIEPENBACH, Dagobertlegende (wie Anm. 3), S. 20.

233 Mainz. Die Geschichte der Stadt (wie Anm. 14), S. 265; die deutsche Version von Franz Dumont spricht von Dagoberts Mainzer Pfalz (S. 264).

234 Er verwies auch auf den Namen Selenhofen, der sich von *Saalhof* ableiten lasse *„und damit sei ein königlicher Hof, eine fränkische Königspfalz gemeint. Und daß Dagobert, der letzte große Merowinger-König (nach ihm wurde die Dagobertstraße benannt) tatsächlich in Mainz war und sich sogar um den Dom verdient gemacht hat, das belegen alte Aufzeichnungen"* (Mainzer Allgemeine Zeitung vom 9. Nov. 2002, S. 17). Zu dem südlich der Stadtmauer gelegenen Selenhofen, in dessen Nähe ein fränkischer Friedhof aufgedeckt wurde: WEIDEMANN, Topographie (wie Anm. 14), S. 186; mit Heinrich Büttner kann man hier allenfalls einen Herrenhof, vielleicht des Königs oder des Bischofs vermuten; Heinrich BÜTTNER: Das fränkische Mainz. Ein Beitrag zum Kontinuitätsproblem und zur fränkischen und mittelalterlichen Geschichte. In: Aus Verfassungs- und Landesgeschichte. Festschrift zum 70. Geburtstag von Theodor Mayer, 2, Lindau/Konstanz 1955, S. 231-243, hier S. 239; wieder in Alois GERLICH (Hrsg.): Zur frühmittelalterlichen Reichsgeschichte an Rhein, Main und Neckar, Lindau/Konstanz 1975, S. 145-157.

Historiker, der die Quellen nur als Steinbruch für ‚Fakten' auswertet, müssen alle Erinnerungen an Dagobert in Mainz – wie fast überall - als Quelle ausscheiden. Aber im Blick auf die (spätere) Wirklichkeit, in der die *Fälschungen* oder *Legenden* entstehen, geht es eben nicht darum, sie kritisch zu *„zerpflücken"*,[235] sie allenfalls als *„Zeugnis einer vagen historischen Erinnerung"*[236] zu verwerten. Als Bild, das ihre Urheber und Anhänger von der eigenen Vergangenheit entwerfen, auch in Konkurrenz zu anderen Geschichtsbildern, zur Selbstvergewisserung, zur Stärkung oder Neudefinition der eigenen Identität – auch zur Erreichung (politischer) Ziele sind sie für sich interessant, weitgehend unabhängig von der vergangenen *Realität*, die sie zu schildern vorgeben.

Natürlich fragen wir Historiker auch weiterhin nach dieser historischen Wirklichkeit, analysieren wir, wo der Erzähler die Realität nicht respektiert, wie Robert Folz formulierte.[237] Aber der Befund, dass ein mittelalterlicher Autor Episoden verfälscht oder fabriziert hat, tritt zurück hinter der Interpretation dessen, was er *gemacht* hat und seinen evidenten oder mutmaßlichen Motiven.[238] Nicht die Destillation von Fakten aus einer fernen Frühzeit, für die wir meist bessere Quellen haben, sondern die *„Verortung (der Autoren) in der Lebenswelt ihrer eigenen Zeit, ihre Zuwendung zur Gegenwart"*, das von ihnen entworfene Geschichtsbild und *„die häufig feststellbare Einbindung dieser Geschichtsschreibung"* in politische Entscheidungsprozesse,[239] offensiv gestaltend oder defensiv hinhaltend, fasziniert uns an Leuten wie dem Domscholaster Gozwin im 11. Jahrhundert oder dem anonymen Mainzer Chronisten des 14. und seiner *Wiederverwendung* im 15. Jahrhundert.[240]

---

235 DIEPENBACH beginnt seine Abhandlung, die er unter das Motto der MGH gestellt hat (*Sanctus amor patriae dat animum*) mit den Worten: *„Die geschichtlichen Tatsachen sind meist viel nüchterner als die sagenbildende Phantasie des Volkes im Laufe der Zeiten sie werden läßt. Der Forscher muß leider oft den romantischen Kranz von Legenden, die sich um geringfügige Ereignisse gerankt hat, zerpflücken, will er in kritischer Würdigung der Quellen die geschichtliche Wahrheit erkennen und feststellen"* (Dagobertlegende [wie Anm. 3], S. 18). Vgl. oben Anm. 146.

236 BRÜHL, Palatium (wie Anm. 6), S. 109 Anm. 228. Seit längerem interessieren wir Historiker uns freilich gerade für diese *historischen Erinnerungen*, die Wahrnehmung der Vergangenheit wie der Gegenwart und den Gebrauch der Vergangenheit – oder der Vorstellungen davon! – für aktuelle Zwecke. Gerade in den letzten Jahren sind dazu eine ganze Reihe von Arbeiten erschienen, jüngst etwa der in Anm. 83 zit. Sammelband von LAUDAGE, in dem sich (S. 225-257) Hans-Werner GOETZ auch in theoretischer Reflexion mit der Problematik auseinandersetzt: „Konstruktion der Vergangenheit". Geschichtsbewusstsein und „Fiktionalität" in der hochmittelalterlichen Chronistik, dargestellt am Beispiel der Annales Palidenses.

237 FOLZ, Tradition (wie Anm. 2), hier S. 24 zur Vita Dagoberts III. Zu den ebenfalls unter Fälschungsverdacht stehenden Gesta Dagoberti auch Max BUCHNER: Zur Entstehung und zur Tendenz der „Gesta Dagoberti". Zugleich ein Beitrag zum Eigenkirchenwesen in Frankreich. In: Historisches Jahrbuch 47 (1927), S. 252-274.

238 Auch dafür sei wiederum Robert Folz zitiert, um nicht den Eindruck zu erwecken, er sollte hier auf eine positivistische Kritik reduziert werden: *„Une ou diverse, créée ou réelle, vigoureuse ou fragile, l'image du saint roi s'inscrit dans les multiples besoins de la société et de la mentalité médiévales"*; Les saints rois du moyen âge en Occident (wie Anm. 2), S. 223.

239 JOHANEK, Geschichtsschreibung (wie Anm. 177), S. 173.

240 Zu diesem doppelten Interesse des modernen Historikers s. auch die Schlußbemerkung von Gilbert DAGRON: Empereur et prêtre, Paris, 1996, p. 328: *„Sur ce sujet comme sur tous les autres – est-il besoin de le dire?-, l'histoire ne donne raison à personne. Elle permet tout au plus de comprendre les justifications passées, et, pour le présent, de mesurer la part de fausseté de chacun, la dérive,*

Zusammenfassung

Die hohe Bedeutung von Mainz, insbesondere seines Erzbischofs, für das Königtum im Mittelalter sind bekannt. Freilich liegen aus der Zeit vor dem 9. Jahrhundert kaum Nachrichten über Beziehungen der Könige zur Stadt vor; Mainz tritt deutlich gegenüber Worms oder auch Ingelheim zurück. Eine Königspfalz ist nicht belegt, auch wenn sie seit dem späten Mittelalter am Jakobsberg lokalisiert wird. Die tatsächliche Bedeutung von Mainz in kirchlicher wie politischer Hinsicht wurde schon früh überboten durch die imaginierte, nicht zuletzt im Bemühen, den bedrohten oder verlorenen Rang zu sichern oder wiederzugewinnen. So wurden seit dem 11. Jahrundert auch die Verdienste Dagoberts als Erneuerer der Stadt mit nachhaltigem Erfolg gefeiert und im späten Mittelalter politisch instrumentalisiert. Führte der Erzbischof (nicht nachweisbare und nicht vorgelegte) Urkunden des großen Merowingers zur Festigung seiner Herrschaft über die Stadt an, so konterten die Bürger mit ebenso unbekannten Privilegien, während eine volkssprachliche Geschichte der Stadt aus dem 14. Jahrhundert die Freiheit der Bürger in einem Akt der Rebellion gegen „*Dagoberts Ritter*“ wurzeln ließ. In der gelehrten Historiographie der Frühen Neuzeit lebte Dagobert als „*restaurator urbis Moguntinae*“ fort, so dass er in napoleonischer Zeit politisch wieder genutzt werden konnte. Die wissenschaftliche, positivistisch gesinnte Historiographie des 19. Jahrhunderts verwarf solche Geschichten als naive Lügenberichte, während in unserer Zeit gerade die Schaffung und Funktionalisierung (pseudo)historischer Traditionen zur Selbstvergewisserung, zur Stärkung oder Neudefinition der eigenen Identität interessiert.

Résumé

L'importance insigne de Mayence, en particulier de son archevêque, pour la royauté au Moyen Age, est un fait bien connu. Pour autant, on ne possède quasiment aucun témoignage sur les relations entre Mayence et les rois avant le IXe siècle, et Mayence s'efface sans ambiguïté derrière Worms ou Ingelheim. On ne garde pas plus la trace d'un palais royal, quand bien même celui-ci est localisé sur la colline Saint-Jacques depuis la fin du Moyen Age. La place effective de Mayence tant sur le plan ecclésiastique que politique a été précocement recouverte et surévaluée par sa dimension imaginaire, en premier lieu par l'effort déployé pour assurer ou retrouver son rang menacé ou perdu. C'est ainsi que furent célébrés avec un succès durable depuis le XIe siècle les mérites de Dagobert élevé en figure de rénovateur de la ville, avant d'être politiquement instrumentalisés à la fin du Moyen Age. L'archevêque s'appuyait-il sur des diplômes (non fondés et non produits) émanant du grand Mérovingien pour renforcer son pouvoir sur la cité, que les bourgeois répliquaient aussitôt par des privilèges tout aussi inconnus, tandis que l'histoire de la ville rédigée au XIVe siècle en langue vernaculaire enracinait la liberté des citadins dans un acte de rébellion contre «*les chevaliers*

---

puis le ‚mensonge' – pour reprendre l'expression des Frères Karamazov *citée en commençant – qu'engendrent toute histoire devenue tradition, puis toute tradition devenue idéologie“.*

de Dagobert». Dans l'historiographie érudite des Temps Modernes, Dagobert poursuivait sa carrière de «*restaurator urbis Moguntinae*», au point de pouvoir continuer à servir politiquement à l'époque napoléonienne. Au cours du XIXe siècle, la science historique positive répudia ces histoires comme autant de naïves sornettes alors que de nos jours, au contraire, la production et l'instrumentalisation de telles traditions (pseudo)-historiques se révèlent des indicateurs du plus grand intérêt pour l'étude des processus de consolidation, de renforcement et de redéfinition de sa propre identité.

Knut Görich

Erinnerung und ihre Aktualisierung: Otto III., Aachen und die Karlstradition

Über das, was zu Pfingsten des Jahres 1000 in Aachen geschah, wusste der Chronist Thietmar von Merseburg eineinhalb Jahrzehnte später nur wenig zu berichten: „*Weil er (Otto III.) darüber im Zweifel war, wo die Gebeine des Kaisers Karl ruhten, befahl er, nachdem heimlich der Bodenbelag dort aufgebrochen worden war, wo er sie vermutete, zu graben, bis sie in solio regio gefunden wurden. Das goldene Kreuz, das um seinen (Karls) Hals hing, nahm er zusammen mit einigen noch unvermoderten Teilen des Gewandes an sich und das übrige legte er mit großer Verehrung wieder zurück*“.[1] Drei weitere Quellen berichten unterschiedlich ausführlich, aber auch teilweise übereinstimmend von dem Ereignis. Ich habe schon an anderer Stelle diese Zeugnisse zu deuten versucht und fasse mein Ergebnis hier nur kurz zusammen:[2] die Graböffnung könnte meines Erachtens gleichsam das erste Glied einer ganzen Kette aufeinanderfolgender Handlungen gewesen sein, an deren Ende die Begründung eines Heiligenkultes um den Karolinger hätte stehen sollen. Das Wissen um die genaue Lage des Grabs und um das Vorhandensein der Gebeine war unverzichtbare Voraussetzung eines jeden Heiligenkults. Ob sie, wie Thietmar sagt: „*wo (Otto) sie vermutete*“, aber auch tatsächlich bestattet waren, konnte nur eine Überprüfung ergeben. Sie geschah in der gebotenen Heimlichkeit, den schließlich gefundenen Leichnam verehrte Otto wie den eines Heiligen. Der Auffindung eines Heiligen folgte üblicherweise die Erhebung der Gebeine und ihre Verehrung. Eine solche Anerkennung Karls als eines Heiligen und damit auch die Integration seines Kults in das liturgische Geschehen unterblieb in Aachen jedoch – vielleicht deshalb, weil nach damaligen Vorstellungen ein der Verehrung würdiger Märtyrer nur sein konnte, wer um des Glaubens willen einen gewaltsamen Tod erlitten oder sich einem asketischen Leben verschrieben hatte; beides traf auf

---

1 Robert HOLTZMANN (ed.): Thietmar von Merseburg, Chronicon IV 47 (Monumenta Germaniae Historica, Scriptores rerum Germanicarum Nova Series 9), Berlin 1935, S. 184 Z. 33–S. 186 Z. 4. Zur problematischen Übersetzung von *in solio regni* zuletzt Heike DRECHSLER: Überlegungen zur Grablege Karls des Großen und Ottos III. im Aachener Münster. In: Römische Historische Mitteilungen 41 (1999), S. 129-156, S. 147.

2 Knut GÖRICH: Otto III. öffnet das Karlsgrab in Aachen. Überlegungen zu Heiligenverehrung, Heiligsprechung und Traditionsbildung. In: Gerd ALTHOFF/Ernst SCHUBERT (Hrsg.): Herrschaftsrepräsentation im ottonischen Sachsen (Vorträge und Forschungen 46), Sigmaringen 1998, S. 381-430. Dazu Gerd ALTHOFF: Otto III., Darmstadt 1996, S. 149-151; Ludwig FALKENSTEIN: Otto III. und Aachen (Monumenta Germaniae Historica, Studien und Texte 22), Hannover 1998, S. 160-164; Johannes FRIED: Der hl. Adalbert und Gnesen. In: Archiv für Mittelrheinische Kirchengeschichte 50 (1998), S. 41-70, S. 53 Anm. 44 und S. 69; Id.: Römische Erinnerung. Zu den Anfängen und frühen Wirkungen des christlichen Rommythos. In: Matthias THUMSER, Annegret Wenz-Haubfleisch und Peter WIEGAND (Hrsg.): Studien zur Geschichte des Mittelalters. Jürgen Petersohn zum 65. Geburtstag, Stuttgart 2000, S. 1-41, S. 41 mit Anm. 136; Sylvain GOUGUENHEIM: Les fausses terreurs de l'an mil, Paris 1999, S. 141f.

den Karolinger nicht zu.[3] Vielleicht sollte auch eine päpstliche Zustimmung eingeholt werden, etwa um dem Kult Gültigkeit in der Gesamtkirche und damit größeres Ansehen zu vermitteln, wie es bei Ulrich von Augsburg der Fall war. Ottos früher Tod knappe zwei Jahre nach den Aachener Pfingsttagen ließ mögliche Pläne nicht reifen.[4] Viele Fragen bleiben offen, sicher ist nur, dass die Graböffnung der Höhepunkt von Ottos Karlsverehrung war – und dass eine kultische Verehrung Karls des Großen auch das Ansehen der Marienkirche erhöht hätte.

Beachtung verdienen die Rahmenbedingungen des Geschehens. Die Graböffnung selbst ist gewiss ein eindrucksvolles Beispiel dafür, dass zum historischen Umgang mit Karl dem Großen vor allem auch, wie Bernd Schneidmüller unlängst formulierte, *„die Sehnsüchte seiner Nachgeborenen (gehören), die den Kaiser für ihre jeweilige Gegenwart benötigten“*.[5] Die erste meiner zwei Fragen ist daher, inwieweit die Aktualisierung der Karlstradition mit dem politischen Handeln Ottos III. zusammenhing.

I. Karlstradition und aktueller politischer Hintergrund um 1000

Die schriftliche Überlieferung berichtet nirgends explizit von der Vorstellung, die in Ottos Umgebung von Karl dem Großen lebendig und Bezugspunkt der Graböffnung war. Zur Rekonstruktion möglicher Motive bleibt zunächst nur die Einordnung des Geschehens in seinen ereignisgeschichtlichen Kontext. Bekanntlich bildete die Pfingstfeier in Aachen den Abschluss von Ottos Pilgerfahrt nach Gnesen; mit dem Besuch am Grab Adalberts von Prag, den sein Martyrium 997 zum Heiligen gemacht hatte, war die Errichtung eines Erzbistums und damit die Begründung einer eigenen polnischen Kirchenorganisation verbunden.

Der Zeitpunkt der Gnesenreise ist auffällig: Aufbruch aus Rom im Dezember 999, Alpenübergang in den ersten Januartagen des Jahres 1000, Anfang März Ankunft in Gnesen. Zu einem anderen Zeitpunkt wäre eine Alpenüberquerung vielleicht weniger beschwerlich gewesen.[6] Aber wäre der Kaiser später aufgebrochen, dann hätte er zwar

---

3 Eine Tatsache übrigens, die noch in der Barbarossa-Urkunde von 1166 besondere Erklärungen erforderlich machte, vgl. Heinrich APPELT (ed.): Die Urkunden Friedrichs I. 1158-1167 (Monumenta Germaniae Historica, Diplomata 10.2), Hannover 1979, DF. I. 502, S. 432 Z. 38-40: *„Licet etiam ipsius animam gladius non pertransierit, diversarum tamen passionum tribulatio et periculosa certamina et voluntas moriendi cotidiana pro convertendis incredulis eum martyrem fecit.“* Zur Sache auch GÖRICH, Otto III. (wie Anm. 2), S. 410f.

4 Einen ähnlichen Fall beobachtet Wolfgang SCHMID: Poppo von Babenberg. Erzbischof von Trier – Förderer des hl. Simeon – Schutzpatron der Babenberger, Trier 1998, S. 118f. mit Anm. 319: 1517 wurden in Trier die Überreste Poppos erhoben, mögliche Pläne einer Kanonisation scheiterten wohl am baldigen Tod Kaiser Maximilians 1519, der den Wunsch nach Öffnung des Grabes geäußert hatte.

5 Bernd SCHNEIDMÜLLER: Sehnsucht nach Karl dem Großen. Vom Nutzen eines toten Kaisers für die Nachgeborenen. In: Geschichte in Wissenschaft und Unterricht 51 (2000), S. 284-301, S. 288.

6 Allerdings war eine Winterreise auch keine wirkliche Ausnahme: Otto II. scheint im November 980 einen der Bündner Pässe überquert zu haben, vgl. Johann Friedrich BÖHMER/Hanns Leo MIKOLETZKY: Regesta Imperii 2/2: Die Regesten des Kaiserreiches unter Otto II., Nr. 831a. Otto III. begann seinen ersten Romzug im März 996, seinen zweiten im Dezember 997, vgl. Johann Fried-

vielleicht Ostern in Quedlinburg und Pfingsten in Aachen feiern können, wie er es dann ja auch getan hat; beide kirchlichen Hochfeste hätte er dann aber nicht nach, sondern vor seiner Gnesenfahrt feiern müssen. Will man die Winterreise nicht für bloßen Zufall halten, dann gibt es eigentlich nur einen Grund für ihren Termin – dass nämlich eine bestimmte zeitliche Abfolge eingehalten werden sollte: erst die Reise zum Heiligengrab nach Gnesen, dann Oster- und Pfingstfeier. Pfingsten ist das Fest der Ausgießung des Heiligen Geistes über die Apostel, und das in der Apostelgeschichte überlieferte Sprachwunder steht für die Universalität der christlichen Verkündigungsaufgabe. Der Zeitpunkt – das Pfingstfest – macht auf einen zentralen Aspekt in Ottos Auffassung von seinem Kaisertum aufmerksam: die Aufgabe der Glaubensverbreitung.[7]

Es ist nicht ausgeschlossen, dass sowohl Gnesenfahrt wie Graböffnung im Jahr 1000 wegen der Bedeutung dieses Jahres stattfanden. Dass das Jahr 1000 nicht eines wie jedes andere auch gewesen ist, belegt schon eine so scheinbar beiläufige Notiz wie die des Odilo von Cluny, dass mit dem Tod der Kaiserin Adelheid das Jahr 1000 herannahte.[8] Deutlicher heißt es in den Hildesheimer Annalen: *„Während der Regierung des dritten Otto überstieg das tausendste Jahr die Zahl der festgesetzten Berechnung, so, wie geschrieben steht: das tausendste Jahr überwindet und übersteigt alles.“*[9] Zweifellos hatte es mit dem Jahr 1000 im Bewusstsein mancher Zeitgenossen etwas Besonderes auf sich. In seinen wohl in den zwanziger Jahren des 11. Jahrhunderts begonnenen „Historiarum Libri Quinque“ gibt der cluniazensische Geschichtsschreiber Rodulfus Glaber den Grund solcher Aufmerksamkeit zu erkennen, indem er viele positive wie negative Beobachtungen zur Lage der Christen seiner Zeit mit dem Hinweis auf den Ablauf von tausend Jahren verbindet; dabei nahm er mal die Geburt, mal den Kreuzestod Christi als chronologischen Bezugspunkt.[10] Nicht unbedingt die Furcht vor dem Ablauf der apokalyptischen Tausend-Jahr-Frist macht ihn also sensibel für diese

---

rich BÖHMER/Mathilde UHLIRZ: Regesta Imperii 2/3: Die Regesten des Kaiserreiches unter Otto I-II., Graz-Köln 1956, Nr. 1164b und d, Nr. 1246g.

7 Auf die Bedeutung des Pfingstfestes macht auch FRIED, Adalbert (wie Anm. 2), S. 67 aufmerksam.

8 Herbert PAULHART (ed.): Die Lebensbeschreibung der Kaiserin Adelheid von Abt Odilo von Cluny (Odilonis Cluniacensis abbatis epitaphium domine Adelheide auguste) (MIÖG-Ergänzungsband 20.2), Graz-Köln 1962, Kap. 21, S. 44 Z. 7-9: *„Anno igitur instante ab incarnatione Domini millesimo desiderans videre diem unum nescientem occasum in atriis Domini super milia, dicebat sepe cum apostolo: Cupio dissolvi et esse cum Christo.“*

9 Georg WAITZ (ed.): Annales Hildesheimenses ad a. 1000 (Monumenta Germaniae Historica, Scriptores rerum Germanicarum 8), Hannover 1878, S. 27f.: *„Tertio Ottone imperante. Millesimus annus supercrescens statute computationis numerum, secundum illud quod legitur scriptum: Millesimus exsuperat et transcendit omnia annus.“* Die Vorlage, auf die der Annalist hinweist, ist bislang nicht nachgewiesen.

10 Mit Bezug auf Christi Geburt III 40, mit Bezug auf Christi Kreuzestod IV 9–10 und IV 24. Außerdem II 23 (Ketzereien in Italien mit Bezug auf die 1000-Jahr-Frist der Offenbarung des Johannes; Rodulfus bezeichnet mit *„ipso quoque tempore“* freilich Ereignisse, die noch vor 971 stattgefunden haben müssen, sofern sie, wie er behauptet, tatsächlich unter Erzbischof Pietro VI. von Mailand geschahen, vgl. S. 321 Anm. 114), IV 21 (Ereignisse aus den Jahren um 1033, ohne Erwähnung der 1000-Jahr-Frist, aber mit Bezug auf biblische Prophezeiungen des Anbruchs der Endzeit); sowie II 22 und III 13 nur mit Erwähnung des Jahres 1000. Zu Grunde liegt die Edition von Guglielmo CAVALLO/Giovanni ORLANDI (edd.): Rodolfo il Glabro. Cronache dell'anno mille (storie), Milano 1989.

Jahreszahlen, sondern eher die Erinnerung an die Menschwerdung Christi, gewissermaßen also der *Jubiläumscharakter* des Jahres 1000 bzw. 1033 als tausendste Wiederkehr der Geburt bzw. der Passion Christi.[11] Auch an Ottos Hof war bekannt, in welchem Jahr man lebte: jede der Datierungen gemäß dem Inkarnationsjahr in den 32 Urkunden aus dem Jahr 999 oder in den 37 Urkunden aus dem Jahr 1000[12] rückt mit ihrer Formulierung *anno incarnationis Domini* die Zahl eintausend ins Bewusstsein – eine Zahl, die bedeutsam geworden war durch ihre Erwähnung in der Offenbarung des Johannes und durch Augustins Kommentierung als einer nicht konkreten, sondern symbolischen Frist bis zum Anbruch der Endzeit. Gegenüber der Annahme einer verbreiteten Endzeitangst im Jahr 1000 bin ich skeptisch,[13] aber es scheint mir denkbar, dass die Aufmerksamkeit für das Jahr 1000 in der Erinnerung an Christi Geburt vor diesem symbolträchtigen Zeitraum begründet lag. Man wird sicher nicht an ein regelrechtes Jubiläum denken dürfen, für das es in der damaligen Zeit auch keinen ausdrücklichen Anhaltspunkt gibt.[14] Aber vielleicht war es Ottos Absicht, Erfüllung und verpflichtenden Charakter der kaiserlichen Aufgabe der Glaubensverbreitung gerade zum Pfingstfest des Jahres 1000 auf spektakuläre Weise zum eigenen Ruhm, aber auch zum Ruhm Gottes zu demonstrieren.[15] Der schon erwähnte Hildesheimer Annalist verzeichnet nur zwei Ereignisse zu diesem Jahr: Ottos Gnesenfahrt und die Öffnung des Karlsgrabes.[16] Es passt zur Bedeutung der Graböffnung, dass aus diesem Anlass überhaupt erstmals die Feier eines Pfingstfestes durch einen Herrscher in ottonischer Zeit ausdrücklich bezeugt ist.[17]

---

11 In der Forschung wird sonst allerdings die apokalyptische Deutung bevorzugt, vgl. insbesondere Richard LANDES: Rodulfus Glaber and the dawn of the new millenium: eschatology, historiography, and the year 1000. In: Revue Mabillon 68 (1996), S. 57–77; ferner id.: The Fear of an Apocalyptic Year 1000: Augustinian Historiography, Medieval and Modern. In: Speculum 75 (2000), S. 97–145, S. 131–138. Entschieden ablehnend Dominique BARTHELMY: La paix de Dieu dans son contexte (989–1041). In: Cahiers de civilisation médiévale 40 (1997), S. 3–35, S. 27-35; Gouguenheim, Fausses terreurs (wie Anm. 2), S. 56-63 und S. 166-177.

12 Zu 999 vgl. Theodor Sickel (Hrsg.): Die Urkunden Otto des III. (Monumenta Germaniae Historica, Diplomata 2.2), Hannover 1893, DDO. III. 306-341, ohne Datierung bzw. ohne Inkarnationsjahr DDO. III. 319, 332 und 339. Zu 1000 vgl. DDO. III. 343-386, ohne Datierung DDO. III. 345, 353, 356 und 364.

13 Dazu Knut GÖRICH: Das Jahr 999 und die Angst vor der Jahrtausendwende. In: Ernst Halter/Martin Müller (Hrsg.): Der Weltuntergang. Mit einem Lesebuch, Zürich 1999, S. 31-40; zu einzelnen Aspekten kritisch Hans-Henning KORTÜM: Milleniumsängste – Mythos oder Realität? In: Ulrich Gleinsle/Jochen Mecke (Hrsg.): Zeit – Zeitenwechsel – Endzeit. Zeit im Wandel der Zeiten, Kulturen, Techniken und Disziplinen, Regensburg 2000, S. 171-188; ferner der Überblick bei Bernd SCHNEIDMÜLLER: Jahrtausendwende. Ein Magdeburger Vortrag über Vorstellungen und Wirklichkeiten im Mittelalter (Magdeburger Museumshefte 12), Magdeburg 2000. Eine umfassende Auseinandersetzung mit der gegenwärtigen Forschung bei GOUGUENHEIM, Fausses terrreurs (wie Anm. 2).

14 Dazu Arndt BRENDECKE: Die Jahrhundertwenden. Eine Geschichte ihrer Wahrnehmung und Wirkung, Frankfurt–New York, 1999.

15 Zu den Titeln Ottos III. während und nach der Gnesenfahrt (*servus Jesu Christi, servus apostolorum*), zuletzt Fried, Adalbert (wie Anm. 2), S. 56-61.

16 Vgl. Waitz (ed.), Annales Hildesheimenses ad. a. 1000 (wie Anm. 9), S. 27f.

17 Thomas ZOTZ: Die Gegenwart des Königs. Zur Herrschaftspraxis Ottos III. und Heinrichs II. In: Bernd Schneidmüller/Stefan Weinfurter: Otto III. – Heinrich II. Eine Wende? (Mittelalter–

Die Glaubensverbreitung als Herrscherpflicht verband Otto mit der Erinnerung an Karl den Großen als Missionar und Bekehrer. Das war nur eine von mehreren Facetten der Karlstradition. Sie war lebendig an all den Orten, wo Einhards „Vita Karoli Magni“ überliefert und vor allem neu abgeschrieben wurde.[18] Auch in den Bistümern, deren Gründung mit seiner Person tatsächlich verbunden war oder verbunden geglaubt wurde, ist die Erinnerung an ihn nicht abgerissen: das lässt sich an historiographischen Quellen etwa aus den Bistümern Münster, Bremen, Paderborn und Osnabrück natürlich für das 9. Jahrhundert deutlich zeigen,[19] aber auch noch kurz nach der Jahrtausendwende lobte Thietmar von Merseburg den Karolinger als bedeutenden Bistumsgründer.[20] Die Erinnerung an Karl als einen Herrscher, der sich um die Ausstattung der Bistümer sorgte, war in den letzten Jahrzehnten des 10. Jahrhunderts ein Grund dafür, dass die gefälschten Karlsurkunden beispielsweise der Bischöfe von Trier, Worms und Würzburg glaubwürdig sein konnten.[21] Vor allem in Sachsen aber war die Erinnerung an Karl als Glaubensboten und Missionar besonders lebendig, letztlich eine Folge kompensatorischer Verarbeitung der Gestalt des Sachsenbesiegers.[22] In hagiographischen und historiographischen Quellen aus Paderborn und dem Kloster Corvey sowie aus den Damenstiften Nordhausen und Quedlinburg,[23] die den Ottonen besonders eng verbunden waren, wurde das Bild von Karl als dem Missionar der Sachsen ausgemalt. Der *Poeta Saxo* lässt Karl zusammen mit den anderen Aposteln am Jüngsten Tag an der Spitze der von ihnen bekehrten Völkern auftreten, der Autor der „Translatio sancti Liborii“ hofft, der Karolinger möge im Himmel der Gemeinschaft der Apostel teilhaftig werden, weil er auf Erden deren Auftrag ausgeführt habe. In Quedlinburg und Halberstadt wurde der Karolinger *„apostolus Saxonum“*, Apostel der Sachsen, genannt – eine Vorstellung, die auch zur Barbarossazeit noch gültig war, nennt die berühmte Ur-

---

Forschungen 1), Sigmaringen 1997, S. 349-386, S. 376 mit Anm. 188; vgl. auch FALKENSTEIN, Otto III. (wie Anm. 2), S. 30 mit Anm. 139.

18 Dazu Matthias M. TISCHLER: Einharts Vita Karoli. Studien zur Entstehung, Überlieferung und Rezeption (Monumenta Germaniae Historica, Schriften 48, Hannover 2001).

19 Dazu Robert FOLZ: Le souvenir et la légende de Charlemagne dans l'empire germanique médiéval (erstmals 1950), Genève 1973, S. 33–36.

20 HOLTZMANN (ed.), Thietmar von Merseburg Chronicon II, Prolog (wie Anm. 1), S. 36 Z. 24-29. Dazu auch Bernd SCHÜTTE, Karl der Große in der Historiographie der Ottonen- und Salierzeit. In: Franz-Reiner Erkens (Hrsg.): Karl der Große und das Erbe der Kulturen, Berlin 2001, S. 246-256. Bernd Schütte danke ich herzlich für die frühere Überlassung seines Manuskripts.

21 FOLZ, Le souvenir (wie Anm. 19), S. 71f.

22 Helmut BEUMANN: Die Historiographie ‚bewältigt' Unterwerfung und Christianisierung der Sachsen durch Karl den Großen (erstmals 1982), wieder abgedruckt in: Ders.: Ausgewählte Aufsätze aus den Jahren 1966-1986, Sigmaringen 1987, S. 289-323.

23 *Poeta Saxo* wohl im Kloster Corvey oder in Paderborn, vgl. Helmut BEUMANN: Poeta Saxo, Verfasserlexikon 7, Berlin–New York 1989, Sp. 766-769; Translatio S. Liborii in Paderborn, vielleicht auch Le Mans, vgl. K. H. KRÜGER: Liborius. In: Lexikon des Mittelalters, 5, München–Zürich, 1991, Sp. 1953; Vita Mathildis prior in Nordhausen oder Quedlinburg, zuletzt Schütte, Karl der Große (wie Anm. 20), S. 249f. Zu den sächsischen Quellen auch BEUMANN, Die Historiographie (wie Anm. 20), S. 299-305; Görich, Otto III. (wie Anm. 2), S. 406 Anm. 86.

kunde des Staufers über die Karlskanonisation den Karolinger doch *„verus apostolus"*.[24]

Wie wirkte diese lebendige Tradition auf Otto III.? Gegenüber älteren Forschungsmeinungen sollte zunächst festgehalten werden, dass die sächsische Herkunft für Otto III. keineswegs der Makel war, den er rhetorisch überspitzt in dem berühmten Brief an Gerbert von Aurillac als *„sächsische Rohheit"* der *„griechischen Feinheit"* gegenüberstellte.[25] Für das Selbstverständnis des Kaisers ist sicher aufschlußreicher, dass er in einer seiner Urkunden *„Saxonicus"* genannt wurde.[26] Auch aufgrund so betonter Verbundenheit mit den Sachsen darf eine besondere Affinität des sächsischen Kaisers zum *apostolus Saxonum* gewiss vermutet werden.

Es können denn auch mehrere Indizien genannt werden, die eine Inanspruchnahme der Karlstradition für Bistumsgründung und Christianisierung in Polen erkennen lassen. Erstens: Die Namensgebung des Sohnes, der der in Gnesen verabredeten Ehe zwischen einer Nichte Ottos III. und dem Sohn des polnischen Herrschers Boleslaw Chrobry entstammte: er hieß Kasimir-Karl. Zweitens: Die sakrale Anlage Aachens scheint unter Boleslaw in Krakau bewusst imitiert worden zu sein. Drittens: Otto soll Boleslaw einen Thronsitz aus dem Karlsgrab geschenkt haben. Der mögliche historische Hintergrund dieser Nachricht ist vielleicht eine Gegengabe Ottos für die Adalbertsreliquien, die er in Gnesen erhalten hatte: für Reliquien des Märtyrers gab er – ja: Karlsreliquien.[27] Viertens: der Sachse Brun von Querfurt feiert den Karolinger als *exemplar religionis*, nach dessen Vorbild ein Herrscher nicht Krieg gegen Christen, sondern gegen Heiden führen und sich um ihre Bekehrung bemühen müsse.[28] In diesem Zusammenhang deutet Bruns Lob für Boleslaws Heidenbekehrung auch darauf hin, dass sich der polnische Herrscher selbst auf Karl den Großen als Vorbild seiner Christianisierungsbestrebungen bezog. Bruns konkret auf missionspolitische Ziele ausgerichtete Inanspruchnahme des Karlsbildes geht in ihrem verpflichtenden Charakter über die zuvor greifbare Tradition hinaus. Dieser Zug in seinem Karlsbild dürfte eine

---

24 Vgl. Georg Heinrich PERTZ (ed.): Annales Quedlinburgenses ad a. 814 (Monumenta Germaniae Historica, Scriptores 3), Hannover 1839, S. 41 Z. 46f. Ludwig WEILAND (ed.): Gesta episcoporum Halberstadensium, Hannover 1874 (Monumenta Germaniae Historica, Scriptores 23), S. 78 Z. 24 und S. 79 Z. 14; zu dieser Quelle zuletzt Gerd ALTHOFF: Magdeburg – Halberstadt – Merseburg. Bischöfliche Repräsentation und Interessenvertretung im ottonischen Sachsen. In: G. Althoff/E. Schubert (Hrsg.), Herrschaftsrepräsentation (wie Anm. 2), S. 267-93, S. 270-274. – DF.I. 502 (wie Anm. 3), S. 432 Z. 35-38: *„In fide quoque Christi dilatanda et in conversione gentis barbaricae fortis athleta fuit et verus apostolus, sicut Saxonia et Fresonia atque Westphalia, Hispani quoque testantur et Wandali, quod ad fidem catholicam verbo convertit et gladio."*

25 Vgl. SICKEL (Hg.), Die Urkunden Otto des III. (wie Anm. 12), DO.III. 241, S. 659 Z. 18-20.

26 DO. III. 390 (wie Anm. 12), S. 821 Z. 8-9: *„Otto tercius Romanus Saxonicus et Italicus, apostolorum servus..."* Dazu Knut GÖRICH, Otto III. Romanus Saxonicus et Italicus (Historische Forschungen 18), Sigmaringen 1993, S. 105-109.

27 Zu diesen drei Punkten schon GÖRICH, Otto III. (wie Anm. 2), S. 417f. und S. 424.

28 Jadwiga KARWASIŃSKA (ed.): Brun von Querfurt, Epistola ad Henricum regem (Monumenta Poloniae Historica, Series Nova 4.3), Warszawa 1969, S. 104 Z. 7-9: *„Eheu nostra infelicia tempora! Post sanctum imperatorem magnum Constantinum, post exemplar religionis optimum Karolum, est nunc qui persequatur christianum, nemo prope qui convertat paganum."*

Konsequenz der Inanspruchnahme des Karolingers durch Otto III. zu sein, jedenfalls schrieb Brun erst nach der Gnesenfahrt und der Öffnung des Karlsgrabs.[29]

Die Graböffnung zu Pfingsten fügt sich bruchlos in dieses Bild: Otto stellte sich in die legitimierende Tradition eines Amtsvorgängers, der seiner Vorstellung nach – und in der Erinnerung seiner Zeit – die kaiserliche Aufgabe der Glaubensverbreitung vorbildlich erfüllt hatte. Er behandelte den Karolinger wie einen Heiligen, und zusammen mit Adalbert scheint Karl geradezu der Schutzheilige der mit dem polnischen Herrscher in Gnesen geschlossenen Freundschaft und der als gemeinsame Aufgabe begriffenen Glaubensverbreitung unter den heidnischen Slawen fungiert zu haben. Damit wäre gleichzeitig eine Erklärung dafür gefunden, weshalb Heinrich II. an die Karlsverehrung seines Vorgängers nicht anknüpfte: sein Bündnis mit den heidnischen Liutizen und seine jahrzehntelangen kriegerischen Auseinandersetzungen mit Boleslaw Chrobry[30] machten das Konzept eines heiligen Bekehrerkaisers Karl als legitimierenden Anknüpfungspunkt gegenstandslos. Sollte die reiche liturgische Ausstattung Heinrichs II. für die Marienkirche nicht nur für die rückgängig gemachten Schenkungen Ottos III. entschädigen,[31] sondern auch mit der entgangenen Aufwertung versöhnen, die Karls Heiligsprechung bedeutet hätte? Auch diese Frage bleibt: offen.

II. Die Vermittlung der Karlstradition an Otto III.

Auf eine weitere Frage, soviel sei schon vorweggenommen, lässt sich ebenfalls keine definitive Antwort geben. Aber sie soll dennoch einmal gestellt werden: auf welchem Weg könnte Otto die Karlstradition vermittelt worden sein? Das ist gleichzeitig die Frage danach, inwieweit Otto agierend im Zentrum des Geschehens stand oder reagierend mit Blick auf Erwartungen handelte, deren Adressat er als Herrscher eben auch war. Es ist mit anderen Worten die ebenso alte wie schwierige Frage nach dem persönlichen Anteil des Herrschers am Geschehen. Die Versuchung, Ottos Anteil besonders stark zu gewichten, hat vor allem zwei Gründe. Erstens: in der Perspektive der Quellen, sowohl der erzählenden wie der urkundlichen, ist Otto stets initiativ – in seinem Namen sind Urkunden ausgestellt, die auf Karl den Großen Bezug nehmen, er war es, so sagen die Quellen, der das Karlsgrab suchen und öffnen ließ. Es liegt nahe, dieser Perspektive folgend die Karlstradition vor allem als Teil seines persönlichen herrscherlichen Selbstverständnisses aufzufassen. Das ist insoweit auch sicher richtig, als seit der Krönung Ottos I. in Aachen und seit seiner Wiederbegründung des Kaisertums die

---

29 Dazu auch Friedrich LOTTER: Das Bild des hl. Adalbert in der römischen und der sächsischen Vita. In: Hans Hermann Henrix (Hrsg.): Adalbert von Prag. Brückenbauer zwischen dem Osten und Westen Europas (Schriften der Adalbert-Stiftung 4), Baden-Baden 1997, S. 77-107, S. 79 und S. 88. – FOLZ, Le souvenir (wie Anm. 19), vermutet S. 74, dass der Slawenaufstand von 983 für Brun ursächlich gewesen sei, seiner Gegenwart Karl als vorbildlichen Heidenbekehrer mahnend vor Augen zu führen.

30 Dazu Knut GÖRICH, Eine Wende im Osten: Heinrich II. und Boleslaw Chrobry. In: B. Schneidmüller/S. Weinfurter, Otto III.– Heinrich II. Eine Wende? (wie Anm. 17), S. 95-167.

31 Dazu FALKENSTEIN, Otto III. (wie Anm. 2), S. 185-192.

Karlstradition allgemein[32] und bei den Herrschern selbst an Aktualität gewonnen hatte. Otto III. war als Dreijähriger in Aachen zum König gekrönt worden; man braucht nicht über frühkindliches Erinnerungsvermögen zu spekulieren – das Wissen um seinen Krönungsort war für Otto sicher auch Wissen um Aachen als Zentrum der Karlstradition: dort stand Karls Thron, auf den Otto selbst gesetzt worden war, dort lag der Karolinger begraben. Das Wissen um die besondere Bedeutung des Ortes für das Königtum – und besonderer Stolz darauf – war natürlich auch in Aachen selbst lebendig. Allerdings lässt die Aachener Überlieferung gerade für die frühe Zeit die am Ort lebendige Karlstradition kaum erkennen; es ist nicht einmal belegt, dass die Stiftsgemeinschaft die Erinnerung an ihren Gründer durch liturgisches Gedenken an seinem Grab wach hielt. Diese spärliche Überlieferung ist der zweite Grund für die Versuchung, Otto als entscheidenden Impulsgeber darzustellen. Doch lohnt die Frage, ob nicht auch Aachener Einflüsse und Erwartungen auf ihn gewirkt haben könnten.

Erich Meuthen hat diese Frage für eine spätere Zeit, nämlich für das Verhältnis zwischen Friedrich Barbarossa und Aachen zu beantworten versucht; das Wort des Herrschers in den Urkunden für Aachen, so Meuthen, sei immer auch *„zugleich, ganz oder teilweise, Stimme dieses Ortes"*.[33] Diese Einsicht ist schon deshalb richtig und wichtig, weil es engste Verbindungen zwischen der Stiftsgeistlichkeit und der Hofkapelle[34] gab. Otto I. hatte bestimmt, dass der Stiftspropst stets aus der Hofkapelle ausgewählt werden sollte. Das hatte für die Stiftsgemeinschaft den Vorteil, gewissermaßen *in Tuchfühlung* zum Herrscher einen Sachwalter der eigenen Interessen zu haben[35] – ein wichtiger Vorteil schon deshalb, weil nicht jeder Zugang zum Herrscher hatte und ihm Anliegen vortragen konnte.[36] Der Prozess, den Ludwig Falkenstein die *„kirchliche Verstädterung"* Aachens nennt,[37] setzte 997 ein: die drei Kirchengründungen – St. Adalbert, Kloster Burtscheid und das Frauenkloster auf dem Salvatorberg kennzeichnen diesen Einschnitt in der Entwicklung Aachens. An den beiden Urkunden Ottos III., die er dem Marienstift im Herbst 997 ausstellte, ist zweierlei bemerkenswert: erstens die Bezugnahme auf die Karlstradition, zweitens die detaillierten, auf den Ort selbst bezogenen Angaben.

---

32 Dazu SCHÜTTE, Karl der Große (wie Anm. 20). – Brun von Querfurt führt den Romzug Ottos III. zur Kaiserkrönung ganz selbstverständlich auf eine von Karl dem Großen begründete Tradition zurück, vgl. Jadwiga KARWASIŃSKA (ed.): Vita Adalberti, redactio longior 18 (Monumenta Poloniae Historica, Series Nova), Warszawa 1969, S. 23 Z. 1-2: *„Interea purpura natus Otto rex tertius causa scandendi culmen imperii, ut mos est a magno Karolo regum Francorum, multo comitatu Romam intravit."*

33 Erich MEUTHEN: Barbarossa und Aachen. In: Rheinische Vierteljahresblätter 39 (1975), S. 28-59, S. 29.

34 Erich MEUTHEN: Die Aachener Pröpste bis zum Ende der Stauferzeit. In: Zeitschrift des Aachener Geschichtsvereins 78 (1967), S. 5-95; Rudolf SCHIEFFER: Hofkapelle und Aachener Marienstift bis in staufische Zeit. In: Rheinische Vierteljahresblätter 51 (1987), S. 1-21.

35 SCHIEFFER, Hofkapelle (wie Anm. 34), S. 14.

36 Diese Rahmenbedingung untersucht Gerd Althoff in einer ganzen Reihe von Beiträgen, vgl. etwa Gerd ALTHOFF: Verwandtschaft, Freundschaft, Klientel. In: id.: Spielregeln der Politik im Mittelalter. Kommunikation in Frieden und Fehde, Darmstadt 1997, S. 185-198.

37 FALKENSTEIN, Otto III. (wie Anm. 2), S. 157.

Blicken wir zunächst auf die Karlstradition: bereits vor 997 wurde in Ottos Urkunden auf Karl den Großen Bezug genommen, und zwar neunmal; das geschah aber stets, zum Teil unter ausdrücklicher Bezugnahme auf Karlsurkunden, ganz formelhaft bei Bestätigungen bereits älterer Privilegien.[38] Auffällig dagegen Ottos Verfügung am 12. Oktober 997: dem Marienstift schenkte er damals den Ort Dortmund ausdrücklich zum *„Seelenheil des großen Kaisers Karl verehrungswürdigen Angedenkens, der die Kirche neu gründete, die wir zu erneuern und zu fördern uns bemühen"*.[39] Über die Schenkung des Königshofes Tiel wurde am selben Tag eine Urkunde ausgestellt, wiederum zu Ottos und seiner Verwandten Seelenheil und *„zum Seelenheil Karls göttlichen Angedenkens, des großen Kaisers"*.[40] Deutlich ist die Karlsverehrung als Motiv von Ottos Maßnahmen benannt. Dass in dem Karlsbild auch die Vorstellung vom Missionar oder Heidenbekehrer mitschwang, lässt sich nicht beweisen, ist aber insoweit wahrscheinlich, als die Heidenbekehrung eben ein zentrales Motiv der Erinnerung an Karl den Großen war. Der zeitliche Kontext von Ottos Urkunden für Aachen könnte einer besonderen Aktualisierung dieser Erinnerung förderlich gewesen sein, denn während seines Herbstaufenthalts in Aachen dürfte der Kaiser Einzelheiten über das Martyrium Adalberts von Prag erfahren haben.[41] Es ist bekannt, welchen tiefen Eindruck diese Nachrichten auf den Kaiser machten: er soll Gott dafür gedankt haben, dass er zu seinen Regierungszeiten einen Geistlichen wie Adalbert mit der Siegespalme des Martyriums zu sich genommen habe.[42] Auch weiß man, dass der Kaiser eine Vita zu

---

38 Vgl. dazu SICKEL (Hrsg.), Die Urkunden Otto des III. (wie Anm. 12), DDO. III. 15, 17, 51, 61, 62, 121, 140 und 151; alle während der Minderjährigkeit Ottos III. Auch in DO. III. 215 vom 26. Juni 996 für den Patriarchen von Aquileja wird S. 626 Z. 34 nur eine Verfügung Karls des Großen *„pie recordationis"* erwähnt.

39 SICKEL (Hrsg.), Die Urkunden Otto des III. (wie Anm. 12), DO.III. 257, S. 675 Z. 4-6: *„...qualiter nos pro dei amore nostreque anime ac parentum nostrorum nec non pro illius venerande memorie Karoli magni imperatoris qui eam quam redintegrare vel augere studemus, noviter fundavit ecclesiam..."* Dazu FALKENSTEIN, Otto III. (wie Anm. 2), S. 132-134.

40 SICKEL (Hrsg.), Die Urkunden Otto des III. (wie Anm. 12), DO.III. 258 (wie Anm. 12), S. 676 Z. 10: *„...pro salute dive mentionis anime Karoli magni imperatoris..."* – Belegt das Wort *divus* antikisierende Tendenzen in Aachen oder am Hof? In der Trierer Evangelienhandschrift, die heute in Manchester aufbewahrt wird, zeigt ein Münzmedaillon die Umschrift *„DIVE MEM(orie) OTTO IMPER(ator) AUG(ustus)"*. Das Wort *divus* hält FRIED, Römische Erinnerung (wie Anm. 2), S. 40 mit Anm. 133 für ein *„antikisierendes Experiment"*, das die Lebendigkeit des Rommythos belegt. Die Medaillons gehören jedenfalls zu den Eigenarten des ausführenden Gregor-Meisters, der damit eine karolingische Tradition aus Tours fortsetzt, vgl. Rainer KAHSNITZ: Ein Bildnis der Theophanu? Zur Tradition der Münz- und Medaillon-Bildnisse in der karolingischen und ottonischen Buchmalerei. In: Anton von Euw/Peter Schreiner (Hrsg.): Kaiserin Theophanu. Begegnung des Ostens und Westens um die Wende des ersten Jahrtausends, Köln 1991, Bd. 2, S. 101-134. Eine Einflußnahme von Ottos Hof auf die Formulierung der Medaillon-Umschriften ist unwahrscheinlich. Zu den Medaillons jetzt Ludger KÖRNTGEN: Königsherrschaft und Gottes Gnade. Zu Kontext und Funktion sakraler Vorstellungen in Historiographie und Bildzeugnissen der ottonisch-frühsalischen Zeit (Orbis mediaevalis. Vorstellungswelten des Mittelalters 2), Berlin 2001, S. 260.

41 Dazu Mathilde UHLIRZ: Jahrbücher des Deutschen Reiches unter Otto III., Berlin 1954, S. 242-244.

42 Vgl. HOLTZMANN (ed.), Thietmar von Merseburg, Chronicon IV 28 (wie Anm. 1), S. 165 Z. 30–S. 167 Z. 2.

schreiben befahl.[43] Diese älteste Adalbertsvita entstand wohl nicht in Rom, wie bislang angenommen wurde, sondern in Lüttich, vielleicht sogar in Aachen selbst. Johannes Fried begründet diese neue These mit Textvarianten eines lange Zeit unbeachtet gebliebenen, im Aachener Domarchiv verwahrten Manuskripts der Vita Adalberti.[44] Ein solcher Ursprung könnte auch die besondere Hervorhebung Notgers von Lüttich in der frühen Adalbertsvita[45] – und nur in dieser – gut erklären. Ludwig Falkenstein hält für möglich, dass es unter dem Eindruck der Nachricht von Adalberts Martyrium auch zu *„einem Wechsel des Patroziniums bei der bereits in Entstehung begriffenen Neugründung eines zweiten Kanonikerstifts"* in Aachen kam.[46]

Dass das Aachener Kollegiatstift die erste Kirche gewesen sein dürfte, die noch im Todesjahr Adalberts nach dem neuen Heiligen benannt wurde, erklärt sich vielleicht auch aus der Bedeutung Aachens für die Beziehung zwischen Otto III. und Adalbert. Darauf deutet eine meist übersehene Notiz bei Cosmas von Prag. Adalbert sei dem jungen Kaiser so vertraut gewesen, dass dieser ihm bei einem Osterfest in Aachen eine besondere Ehre habe zuteil werden lassen: er ließ sich von ihm die Krone aufs Haupt setzen und erlaubte ihm, die Messe zu zelebrieren.[47] Nach Ausweis von Ottos und Adalberts Itinerar kann diese Begegnung nur Ostern 992 stattgefunden haben. Ist die freilich erst um 1110 niedergeschriebene Nachricht bei Cosmas zutreffend, so begegnete Adalbert in Aachen 992 auch dem damals am Hof anwesenden Bischof Notger von Lüttich.[48] Sollte die gegenseitige Wertschätzung dieser Männer also schon so weit vor das Jahr 996 zurückreichen,[49] das bislang als Zeitpunkt ihrer ersten Begegnung

---

43 Vgl. den Auszug aus der Georg Heinrich PERTZ: Translatio ss. Abundii et Abundantii (Monumenta Germaniae Historica, Scriptores 4), Hannover 1841, S. 576 Anm. 21: *„...necnon ortum eius, actus et passionem mira arte composuit et in libello scribi fecit (Otto III.)"*.

44 Über diese Handschrift Jürgen HOFFMANN: Der junge Kaiser und der Heilige – Otto III. und die Anfänge des Adalbertskultes in Aachen. In: Mario Kamp (Hrsg.): Krönungen. Könige in Aachen – Geschichte und Mythos, Katalog der Ausstellung, Bd. 1, Mainz 2000, S. 295-301. Johannes Fried danke ich herzlich für die Mitteilung seiner Ergebnisse, die im Tagungsband des Berliner Kolloquiums „Polen und Deutschland vor tausend Jahren" vom 28.-29.1.2000 veröffentlicht werden.

45 Jadwiga KARWASIŃSKA (ed.): Vita Adalberti prior 22 (Monumenta Poloniae Historica Series Nova 4.1), Warszawa 1962, S. 34 Z. 13-14: *„Ergo multis lacrimis fratrum dulce monasterium linquens, cum summae discrecionis viro Notherio episcopo ultra Alpes proficiscitur."*

46 FALKENSTEIN, Otto III. (wie Anm. 2), S. 122.

47 Bertold BRETHOLZ (ed.): Cosmas von Prag, Chronica Boemorum I 28 (Monumenta Germaniae Historica, Scriptores rerum Germanicarum, Nova Series 2), Berlin 1923, S. 50 Z. 11-Z. 17: *„Obiit Rome cesar Otto secundus. Huic imperatori Adalbertus presul Pragensis adeo fuit familiaris et carus obsequiis, ut in pascha Domini, quod celebravit rex Aquisgrani in palacio coram omnibus episcopis, hac eum officii celsitudine sublimaret, quo sibi coronam inponeret et maiorem missam celebrat, quod solum fas erat, ut archiepiscopus faceret."* Ebenda, S. 50 Anm. 4 zur Verwechslung Ottos II. und Ottos III. Außerdem Pius Engelbert: Adalbert von Prag zwischen Bischofsideal, Politik und Mönchtum. In: Römische Quartalsschrift 92 (1997), S. 18-44, S. 32. – Zur Entstehungszeit S. XXV der Einleitung von Bretholz.

48 Notgers Anwesenheit in Aachen belegt SICKEL (Hrsg.), Die Urkunden Otto des III. (wie Anm. 12), DO. III. 91, S. 501 Z. 18; vgl. auch DO.III. 92, S. 503 Z. 1 und Z. 9.

49 Erinnert sei daran, dass es Ende 989 in Rom zu einer Begegnung der Kaiserin Theophanu mit Adalbert von Prag kam, bei der wohl auch Notger von Lüttich und der in seiner Begleitung befindliche Heriger, seit 990 Abt von Lobbes, dem späteren Heiligen begegneten, vgl. J. F. Böhmer – Uhlirz, Regesta Imperii 2/3 (wie Anm. 6), Nr. 1017h und 1017l.

gilt, dann ist auch die herausragende Rolle Ottos und Notgers bei der Begründung der Adalbertsverehrung im Reich besser verständlich. Darf man annehmen, dass die Nachricht von Adalberts Martyrium beim soeben vom Slawenfeldzug zurückgekehrten Kaiser auch die Erinnerung an das große Vorbild des missionierenden Karolingers belebte? Wurzelt die enge Verbindung zwischen Ottos Pilgerfahrt an das Adalbertsgrab nach Gnesen und die Öffnung des Karlsgrabes in einem Plan, der bis zu den Aachener Tagen im Herbst 997 zurückreicht?

Die Annahme ist gewiß verführerisch. Aber lassen wir uns nicht täuschen: dass die überaus spärliche Überlieferung zur Vorgeschichte der Gnesenfahrt viele Unsicherheiten hinterlässt, wird von der Scheinsicherheit leicht überdeckt, die die immer erneut wiederholten Thesen moderner Historiker erzeugt. Johannes Fried akzentuierte diese Ungewissheiten und fand durch neue Kombination der wenigen sicheren Fakten zu einer völlig neuen Erklärung der Gnesenfahrt, indem er zeigte, dass *„für die Sachsen zweifellos (das lehrt Thietmar), für den Polenherzog höchst wahrscheinlich und vielleicht sogar für Otto III. selbst die tatsächliche Gründung in Gnesen unvermutet"* kam; Paul Fridolin Kehrs Eindruck, dass die Gründung des Erzbistums Gnesen wie eine Improvisation Ottos erscheine, gewinnt damit wieder an Gewicht.[50] In manchen Quellen erscheint Ottos Pilgerfahrt nach Gnesen auch nur als Einlösung eines in schwerer Krankheit dem heiligen Adalbert gegebenen Versprechens.[51] Auch darf an das Missionsprojekt nicht die Erwartung generalstabsmäßiger Planung gestellt werden: weder das römische Kloster SS. Bonifacio e Alessio noch die Eremitengruppe um Romuald von Camaldoli war Träger eines weitreichenden kaiserlichen Missionskonzepts.[52] Zwar ist unter dem aktuellen Eindruck der politischen Osterweiterung Europas und der polnischen 1000-Jahr-Feier des Gnesener Aktes die Versuchung groß, Ottos Gnesenfahrt den Weitblick einer – wie man heute gerne sagt: politischen *Vision* zu unterstellen. Aber Absicht und Wirkung von Ottos Unternehmung sind auseinanderzu-

---

50 Johannes FRIED: Otto III. und Boleslaw Chrobry. Das Widmungsbild des Aachener Evangeliars, der ‚Akt von Gnesen' und das frühe polnische und ungarische Königtum (Frankfurter Historische Abhandlungen 30), Stuttgart 1989, S. 90.

51 Georg Heinrich PERTZ (ed.): Miracula s. Adalberti 9, Hannover 1841 (Monumenta Germaniae Historica, Scriptores 4), S. 615 Z. 12-32: *„Denique Otto imperator, qui beatum Adalbertum in vita sua preceptorem, in iustificationibus Dei familiarem atque amantissimum habuerat, in gravem egritudinem Rome existens decidit, et spe salutis medicorum iam omnino fuerat destitutus. In extremis igitur positus, apostolos aliosque sanctos patronos Urbis pro vita conservanda suppliciter invocabat. Sed cum nullo modo sibi adesse sentiret auxilium, ad sui pii patris beati Adalberti se convertit patrocinium flagitandum, cuius plurima preclara miracula cognoverat, votum vovens, quod si eum liberaret, ipsius vellet limina in persona propria visitare. ... Vix verba finierat, et ecce subito penitus sanus factus est cunctis stupentibus, surgensque in momento papam adiit, miraculum quoque ac votum ipsi ex ordine patefecit. ... Cum igitur dictus imperator Otto tercius pro expleto voto in Poloniam advenisset..."* Wilhelm SCHUM (ed): Gesta archiepiscoporum Magdeburgensium, Hannover 1883 (Monumenta Germaniae Historica, Scriptores 14), S. 390 Z. 48-49: *„De magno eius similiter patrocinio confidens, Otto III in infirmitate eius votum fecit eius limina devote personaliter transire cum imperialibus donis."* Die Handschriften B4 und B4a, die diese Variante der Gesta enthalten, entstammen aber erst dem 15. Jh., ebenda, S. 373f.

52 Überzeugend Jean-Marie SANSTERRE: Le monastère des Saints-Boniface-et-Alexis sur l'Aventin et l'expansion du christianisme dans le cadre de la ‚renovatio imperii Romanorum' d'Otton III. Une révision. In: Revue Bénédictine 100 (1990), S. 493-506.

halten. Und gerade da, wo Otto uns heute am erfolgreichsten und die bleibendste Spur hinterlassen zu haben scheint, ist vorausschauendes und planendes Wollen so wenig zu erkennen wie etwa im Falle der *Außenpolitik* Karls des Großen,[53] deren Akzentuierung als *europäisch* auch immer wieder von der politischen Konjunktur abhing.[54]

Pläne zur Erhöhung Aachens gab es dagegen sicher schon 996 – denn mindestens bis in dieses Jahr reicht die Vorgeschichte der Urkunde Papst Gregors V. für Aachen zurück, die Otto III. am 8. Februar 997 erwirken ließ.[55] Wenn die darin eingeräumten liturgischen Vorrechte des Marienstifts tatsächlich an Gewohnheiten aus der Zeit Karls des Großen anknüpfen sollten,[56] dann ging solches Wissen um frühere Traditionen in Aachen natürlich nicht auf Otto III. zurück, sondern auf Aachener Einflüsse. Die Urkunde Gregors V. setzte außerdem die beispiellos hohe Summe von einem Pfund Gold als Jahreszins fest, den das Marienstift an den Papst entrichten sollte. Diese Verfügung kann eigentlich nur im Vorwissen um die 997 dann auch erfolgten, beispiellos reichen Schenkungen Ottos an Aachen getroffen worden sein.[57] 996 war das Jahr von Ottos Zug nach Rom zur Kaiserkrönung. Offenbar begünstigte die – wie Brun von Querfurt sagt: seit Karl dem Großen übliche Sitte des Krönungszugs[58] eine Intensivierung der Karlsverehrung; sie war das klare Motiv von Ottos Zuwendungen an Aachen, den Ort, der Karlsthron und Karlsgrab barg und dadurch wie kein zweiter mit dem Andenken an den Karolinger verbunden war. Damit ist aber noch nicht geklärt, inwieweit dieses Motiv in Ottos persönlicher Einstellung gründete oder inwieweit es ihm vermittelt wurde. Es ist damit zu rechnen, dass die politischen Ereignisse sich auf die Indienstnahme und Aktualisierung der Karlstradition sowohl seitens der Aachener Stiftsgeistlichen wie auch seitens des Kaisers auswirkten.

Rufen wir uns also zweitens in Erinnerung, dass in Ottos Urkunden für Aachen die Verfügungen aufgrund sehr detaillierten Wissens um die lokalen Verhältnisse getroffen werden. Ihre Kenntnis wird man nicht bei Otto selbst suchen müssen, sie ist vielmehr das deutlichste Echo der sonst stummen *Stimme des Ortes*.[59] Der Aachener Diözesanbischof Notger von Lüttich oder aber der Aachener Stiftspropst, der gleichzeitig der Hofkapelle angehörte,[60] dürfte ihr – wenn die Formulierung erlaubt ist: seinen Mund geliehen haben. Wie Ludwig Falkenstein plausibel macht, war dem Stiftspropst eine führende Rolle in der eingeleiteten städtischen Entwicklung Aachens zugedacht.[61] Zu bedenken bleibt, dass Vergünstigungen für Aachen natürlich nicht nur auf den jeweiligen Herrscher als Motor des Geschehens zurückzuführen sein müssen, sondern

53 Vgl. dazu Rudolf SCHIEFFER: Karl der Große: Intentionen und Wirkungen. In: F.-R. Erkens, Karl der Große (wie Anm. 20), S. 3-14, S. 6.

54 Dazu Matthias PAPE: Der Karlskult an Wendepunkten der neueren deutschen Geschichte. In: Historisches Jahrbuch 120 (2000), S. 138-181.

55 Die Urkunde ist ediert bei Harald ZIMMERMANN: Papsturkunden 896-1046, Bd. 2: 996-1046 (Österr. Akademie d. Wissenschaften, phil.-hist. Kl., Denkschriften 177), 2. Aufl. Wien 1989, Nr. 340.

56 So FALKENSTEIN, Otto III. (wie Anm. 2), S. 90f.

57 Dazu FALKENSTEIN, Otto III. (wie Anm. 2), S. 105-110.

58 Das Zitat schon oben in Anm. 32.

59 Dazu schon oben, bei Anm. 33.

60 Dazu SCHIEFFER, Hofkapelle (wie Anm. 34), S. 8-10.

61 FALKENSTEIN, Otto III. (wie Anm. 2), S. 150.

auch auf Aachener Interessen, die an den Hof herangetragen wurden und auf die der Herrscher reagierte. Zur Veranschaulichung dieser Überlegung ein paar knappe Details aus späterer, aus staufischer Zeit: Auffällig ist, dass alle Urkunden, die Friedrich Barbarossa für Aachen ausgestellt hat, in die Amtszeit des Stiftspropstes Otto von Andechs fallen – und Otto war ein Vetter des Kaisers.[62] Damit möchte ich nicht sagen, dass es dem Staufer durch Einflussnahme auf seinen Vetter besonders leicht gefallen wäre, seine Interessen in Aachen durchzusetzen. Ich möchte vielmehr auf die Möglichkeit des genauen Gegenteils aufmerksam machen: die Aachener Stiftsgeistlichen konnten die Interessen ihrer Gemeinschaft umso leichter durchsetzen, je einflussreicher ihre Fürsprecher bei Hof waren; und der Stiftspropst Otto von Andechs war ein Vertrauter Barbarossas – ein wichtiger Vorteil in einer Zeit, in der der Zugang zum Herrscher natürlich nicht jedem offen stand.[63] Zwar wird die Initiative zur Karlskanonisation gemeinhin Barbarossa selbst oder aber Erzbischof Rainald von Dassel zugeschrieben – aber wieso sollen Aachener Interessen ausgeblendet bleiben?[64] Auch für Otto III. dürfen wir annehmen, dass nicht nur er Aachen zu einem Gegenstand seiner Planungen machte, sondern dass er auch Adressat von Erwartungen war, die die Aachener Stiftsgeistlichen an ihn herantrugen. Jedenfalls können diesbezügliche Impulse ohne weiteres von dort ausgegangen sein. Mit Ottos Unterstützung konnte die Aachener Stiftsgemeinschaft schon deshalb rechnen, weil die Bedeutung Aachens als Krönungsort von Ottos Vater und Großvater und von ihm selbst auf der Hand lag. Aachener Erwartungen konnte Otto schon deshalb gerecht werden, weil sie auf einer gemeinsamen Grundüberzeugung ruhten – eben der Wertschätzung des Ortes und der in ihm wie nirgendwo sonst sinnfälligen Karlstradition. Bis zu einem gewissen Grad musste Otto vielleicht sogar Aachener Erwartungen nachkommen, denn als Kaiser konnte er sich wohl nur begrenzt der Intensivierung einer Tradition widersetzen, auf der auch sein Selbstverständnis nicht unwesentlich beruhte. Aachener Interessen könnten also nicht nur Ottos Verfügungen zugunsten des Marienstifts beeinflusst, sondern auch den Herrscher im Zugriff auf die Karlstradition bestärkt haben.

Leider lässt sich diese Spur an entscheidender Stelle nicht weiterverfolgen: denn im Gegensatz zu den Verhältnissen in staufischer Zeit kennen wir in dieser frühen Phase weder Namen noch Herkunft der Aachener Pröpste. Das Wissen um mögliche Aachener Einflüsse auf Otto bleibt deshalb an einem zentralen Punkt lückenhaft. Ausnahmsweise bekannt ist nur der Name des Propstes, in dessen erstes Amtsjahr die Öff-

---

62 Dazu Caroline GÖLDEL: Otto von Andechs, Stiftspropst von Aachen, Bischof von Bamberg und das Tafelgüterverzeichnis. In: Die Andechs-Meranier in Franken. Europäisches Fürstentum im Hochmittelalter, Ausstellungskatalog Bamberg 1998, S. 75-79, S. 75 und S. 77.

63 Dazu Gerd ALTHOFF: Verwandtschaft, Freundschaft, Klientel. Der schwierige Weg zum Ohr des Herrschers. In: id., Spielregeln der Politik (wie Anm. 36), S. 185-198.

64 GÖLDEL, Otto von Andechs (wie Anm. 62), macht S. 76 auf eine besondere Karlstradition der Andechs-Meranier aufmerksam, nämlich auf die sog. Siegeslanze Karls des Großen im Andechser Heiltumsschatz und auf die Ansippung an die Karolinger durch Karls dritte Ehefrau Hildegard, einer angeblichen Gräfin von Andechs. Diese Zuweisungen sind aber durchweg späteren Datums und können nicht für das Herkunftsbewußtsein der Familie im 12. Jahrhundert in Anspruch genommen werden.

nung des Karlsgrabes fiel: es war Thietmar, seit 1003 Bischof von Osnabrück.[65] Wir wissen jedoch nicht, was er von Karl dem Großen wusste oder über ihn dachte. Fragt man nach weiteren Personen im Aachener Umfeld mit Beziehung zum Kaiser, stößt man auf einen Aachener Kardinalpriester zur Zeit Ottos III., den Hofkapellan Meinwerk,[66] seit 1009 Bischof von Paderborn. In seiner Vita heißt es, im Jahre 814 sei der ruhmreiche Kaiser Karl gestorben, *„Vater des Vaterlands, Apostel des sächsischen Volkes, ..., wegen seines unermüdlichen Eifers vielfältiger Anstrengungen, durch die er das Christentum förderte und ausdehnte, dem Ruhm des ewigen Lebens und der ewigen Erinnerung kommender Zeiten bestimmt"*.[67] Inhaltlich spricht nichts dagegen, in diesen Worten Vorstellungen formuliert zu finden, wie sie auch zur Zeit Ottos III. in Aachen geherrscht haben könnten. Jedoch stammt die Vita Meinwerci erst aus dem 12. Jahrhundert und kann daher nicht als Zeugnis der Karlstradition um 1000 herangezogen werden. Der Aachener Diözesanbischof Notger von Lüttich war zuvor Propst des Klosters St. Gallen.[68] Dort lag die Handschrift Notker des Stammlers „Gesta Karoli Magni", in der der Kaiser *„sanctissimus"* genannt und als Kämpfer gegen die Heiden geschildert wird;[69] denkbar ist, dass Notkers Wissen über Karl durch diese Geschichtsdichtung beeinflusst wurde – das wäre aber pure Spekulation, und genauso wenig kann gezeigt werden, welchen Einfluss Notkers Karlsbild auf Otto vielleicht

---

65 Zu Thietmar vgl. Odilo ENGELS/Stefan WEINFURTER (Hrsg.): Series episcoporum ecclesiae catholicae occidentalis, Series V Germania, Tomus I Archiepiscopatus Coloniensis, Stuttgart 1982, S. 148f. Der Osnabrücker Bürgermeister Ertwin Ertman konnte für seine wohl zwischen 1481 und 1491 entstandene Cronica sive catalogus episcoporum Osnabrugensium noch eine Vita Bischof Thietmars einsehen, die heute verloren zu sein scheint, vgl. F. PHILIPPI/H. FORST (Hrsg.): Osnabrücker Geschichtsquellen 1: Die Chroniken des Mittelalters, Osnabrück, 1891, S. 45 mit Anm. 3. Die Passagen in Ertmans Chronik über Thietmar (ebenda, S. 45-47) enthalten keinen Hinweis auf eine besondere Karlsverehrung Thietmars, S. 46 heißt es lediglich, Erzbischof Willigis von Mainz (!) habe *„continuo Aquisgrani prepositurам ei regendam tradidit"*.

66 Dazu SICKEL (Hrsg.), Die Urkunden Otto des III. (wie Anm. 12), DO. III. 407, S. 841 Z. 13: *„...interventu Maginuuardi sanctae Aquisgranensis ecclesiae cardinalis nostrique capellani..."*; dazu Josef FLECKENSTEIN, Die Hofkapelle der deutschen Könige, 2. Teil: Die Hofkapelle im Rahmen der ottonisch-salischen Reichskirche (Monumenta Germaniae Historica, Schriften 16.2), Stuttgart 1966, S. 98.

67 Franz TENCKHOFF (ed.): Vita Meinwerci episcopi Patherbrunensis 1 (Monumenta Germaniae Historica, Scriptores rerum Germanicarum 59), Hannover 1921, S. 4 Z. 21-28: *„...gloriosus imperator Karolus, pater patriae, apostolus gentis Saxonicae, ..., eternae vitae gloriam et perpetuam futurorum habiturus memoriam pro multimodis indefessi laboris studiis, quibus fines christianae religionis promovit et dilatavit."* Dazu FOLZ, Le souvenir (wie Anm. 19), S. 183.

68 WAITZ (ed.), Annales Hildesheimenses ad a. 1000 (wie Anm. 9), S. 30: *„Nothgerus, prepositus monasterii beati Galli, Leodicensis presul, ad Christum migravit."* Dazu Jean-Louis KUPPER: Liège et l'église impériale XIe-XIIe siècles, Paris 1981, S. 116 mit Anm. 31; id.: Notker von Lüttich. In: Lexikon des Mittelalters, 6, München-Zürich 1993, Sp. 1288f.; id.: Notger de Liège. Un évêque lotharingien aux alentours de l'an Mil. In: Walter Herrmann/Reinhard Schneider: Lotharingia. Eine europäische Kernlandschaft um das Jahr 1000 (Veröffentlichungen der Kommission für Saarländische Landesgeschichte und Volksforschung 26), Saarbrücken 1995, S. 143-153.

69 Vgl. FOLZ, Le souvenir (wie Anm. 19), S. 13f. Der Bezug von *„sanctissimus avus"* ist freilich nicht eindeutig, vgl. Hans F. HAEFELE (ed.): Notker der Stammler, Gesta Karoli Magni imperatoris II 12 (Monumenta Germaniae Historica, Scriptores rerum Germanicarum, Nova Series 12), Berlin 1959, S. 70 mit Anm. 8.

gehabt hat. Ähnliches gilt für den Einfluss des Abtes Heribert von Brogne, eines Repräsentanten des im Westen des Reichs verwurzelten Reformmönchtums; er war Nachfolger des heiligen Gerhard an der Spitze des neben Gorze bedeutendsten lothringischen Reformklosters und, was immer wieder übersehen wird,[70] einer der Lehrer Ottos III.[71] In der Vita des heiligen Gerhard wird Karl als der gewaltige Herrscher gefeiert, *„der fast den ganzen Erdkreis bezwungen hatte"*.[72] Vermittelte Heribert dem jungen Kaiser nicht nur mönchische Ideale, sondern auch die in seiner lothringischen Heimat besonders lebendige Karlstradition?

Dass in diesen Fällen – und nicht nur in diesen – selbst für bloße Hypothesenbildung der gesicherte Boden fehlt, beweist nur, dass die Überlieferung lückenhaft ist,

---

70 So fehlt Heribert von Brogne etwa bei Gerd ALTHOFF: Vormundschaft, Erzieher, Lehrer – Einflüsse auf Otto III. In: A. von Euw/P. Schreiner (Hrsg.): Kaiserin Theophanu, op. cit., S. 277-289; Hubertus Seibert: Herrscher und Mönchtum im spätottonischen Reich. Vorstellung – Funktion – Interaktion. In: B. Schneidmüller/S. Weinfurter, Otto III. – Heinrich II. (wie Anm. 17), S. 205- 266.

71 Über Heriberts Einfluß wissen wir praktisch nichts. Allerdings belegt Heriberts ehrende Bezeichnung als *„iam multo tempore doctor meus et capellanus mihi carissimus extiterat"* (SICKEL [Hrsg.], Die Urkunden Otto des III. [wie Anm. 12], DO.III. 92, S. 503 Z. 10-11) – erinnert sei an die Anrede Bernwards von Hildesheim in DO.III. 390 – die Intensität der Bindung. UHLIRZ, Jahrbücher (wie Anm. 41), legt S. 464-467 überzeugend dar, dass diese Bezeichnung entgegen älterer Ansicht nicht als Verfälschung gelten kann; vgl. auch Fleckenstein, Hofkapelle (wie Anm. 66), S. 80. Gegen die irrige Vermutung einer Identität des Abtes Heribert mit Ottos späterem Kanzler Heribert vgl. Heribert MÜLLER: Heribert, Kanzler Ottos III. und Erzbischof von Köln (Veröffentlichungen des Kölnischen Geschichtsvereins 33), Köln 1977, S. 86f. Ottos enge Bindung an Brogne belegt außerdem seine gänzlich singuläre Verfügung bezüglich der Feier seiner Memoria in der Abtei, vgl. SICKEL (Hrsg.), Die Urkunden Otto des III. (wie Anm. 12), DO.III. 30, S. 430 Z. 34-36: *„Post obitum quoque nostrum in diebus anniversariorum nostrorum vigiliis cum missarum solempniis generaliter celebratis, mensa fratrum a ministris praedicte ecclesie copiosa refectione subministretur."* Zweifellos spielte bei dieser Verbindung mit Brogne auch Notger von Lüttich eine besondere Rolle; er war bekanntlich schon während der Minderjährigkeit Ottos III. einer der wichtigsten Berater am Hof, eine Stellung, die sich auch später nicht verlor, dazu ausführlich Godefroid Kurth: Notger de Liège et la civilisation au Xe siècle, Paris 1905, S. 83-105. Diese noch nicht ausgeleuchteten Einflüsse auf Otto III. sollten vor zweierlei warnen: erstens vor einer einseitigen Gewichtung der Einflüsse des griechisch-eremitischen Mönchtums italienischer Prägung auf Otto III., zweitens vor einer Überschätzung der Begegnung mit Adalbert 996 und ihrer Konsequenzen für Ottos Empfänglichkeit für mönchische Ideale. Zurecht meint Jean-Marie SANSTERRE: Otton III et les saints ascètes de son temps. In: Rivista di storia della chiesa in Italia 43 (1989), S. 377-412, S. 382, dass Adalbert nach seinem Martyrium für Otto bedeutender gewesen sei als zu Lebzeiten. Aufmerksamkeit verdient auch Sansterres Hinweis, dass sich das wenige, was man über Adalberts Ratschläge an Otto III. weiß, bruchlos in die in ottonischer Zeit auch sonst belegten Forderungen nach Demut des Herrschers fügt, ebenda, S. 382-384.

72 Lothar von HEINEMANN, Vita Gerardi abbatis Broniensis 14 (Monumenta Germaniae Historica, Scriptores 15.2), Hannover 1888, S. 664 Z. 30-33: *„Verum ut de multis quae prudenter fortiterque gessit (Heinricus I.) sileamus, magnum quiddam, praeclarum quiddam, unde beavit totam quam regebat Austriae monarchiam, ad inedium proferamus, quale profecto decessorum suorum fecisse describitur nullus, nec ipse quidem, qui totum pene subegerat orbem, Karolus Magnus."* Dazu Heinrich HOFFMANN: Karl der Große im Bilde der Geschichtsschreibung des frühen Mittelalters (800-1250) (Historische Studien 137), Berlin 1919, S. 32. Die Vita entstand aber erst um 1074/75, vgl. D. MISONNE: Gérard de Brogne. In: Dictionnaire d'histoire et de géographie ecclésiastique 20 Paris 1984, Sp. 724-740, Sp. 737, und liefert daher auch keinen Beleg der Karlstradition zu Lebzeiten Heriberts von Brogne.

nicht aber, dass Ottos Karlsverehrung sich ohne Aachener Einflüsse formte. Auch bleibt gegen die Berichtsperspektive der Quellen – dass nämlich Otto das Karlsgrab gefunden habe – festzuhalten, dass er sicher auf das Wissen anderer angewiesen war. Denn wenn, wie angenommen wird, das Karlsgrab nicht mehr als solches kenntlich war,[73] dann wusste der Kaiser selbst sicher am wenigsten, wo man es suchen musste; ohne das Wissen der Aachener Stiftsgeistlichen wäre die Suche kaum erfolgreich gewesen. Zwar gibt es keine schriftliche Nachricht über die Memoria am Stiftergrab in Aachen, jedoch wird man daraus nicht folgern müssen, dass das Wissen um die Lage des Grabes in der Erinnerungsgemeinschaft der Geistlichen abgerissen sei.[74] Wahrscheinlicher ist, dass auch schon am 12. Oktober 997 die wenigstens ungefähre Lage des Stiftergrabes bekannt war, als in Ottos Schenkungsurkunde ausdrücklich an das Seelenheil des Kirchengründers, des *„großen Kaisers Karl verehrungswürdigen Angedenkens"* erinnert wurde. Thietmar schreibt ja auch, der Kaiser habe graben lassen, *„wo er sie (die Gebeine) vermutete"*.

Der Ort des Grabes war auch 1165 noch bekannt. Die Nachricht Ademars von Chabannes, dass das übliche Jahrgedächtnis zum Todestag Karls begangen wurde, weist auf die Feier der Memoria des Stifters an dessen Grab.[75] Um es zu finden, bedurfte Barbarossa keiner „göttlichen Offenbarung", wie es in seiner berühmten Urkun-

---

73 Dazu Helmut BEUMANN: Grab und Thron Karls des Großen zu Aachen (erstmals 1967), wiederabgedruckt in: Ders.: Wissenschaft vom Mittelalter. Ausgewählte Aufsätze, Köln/Wien 1972, S. 347-376, S. 347f.

74 So aber jüngst Michael BORGOLTE: Die Dauer von Grab und Grabmal als Problem der Geschichte. In: Wilhelm Maier, Wolfgang Schmid und Michael Viktor Schwarz (Hrsg.): Grabmäler. Tendenzen der Forschung an Beispielen aus Mittelalter und früher Neuzeit, Berlin 2000, S. 129-146, der S. 137-141 und S. 144 annimmt, das Wissen sei sowohl vor 1000 wie auch vor 1165 jeweils verlorengegangen. – Zur bei Einhard überlieferten Grabinschrift vgl. BEUMANN, GRAB und Thron (wie Anm. 73), S. 350f. mit Anm. 33 und S. 374 mit Bezug auf die Zeichnung Ademars, die ein Grab Karls in Aachen mit der Aufschrift *„HIC REQUIESC(it) KAROL(us) IMP(erato)R"* zeigt; Abbildung zuletzt bei Knut GÖRICH: Kaiser Otto III. und Aachen. In: Kamp (Hrsg.), Krönungen (wie Anm. 44), S. 275-282, S. 277.

75 Pascale BOURGAIN (ed.): Ademar von Chabannes, Chronicon III 31 (Corpus Christianorum Continuatio Mediaevalis 129), Turnhout 1999, S. 153 Z. 96-97: *„Non tamen sollempnitas de ipso agitur, nisi communi more anniversarium defunctorum."* Ähnlich Oswald HOLDER-EGGER (ed.): Ex Gaufredi de Bruil prioris Vosiensis Chronica, Hannover 1882 (Monumenta Germaniae Historica, Scriptores 26), S. 199-203, S. 202 Z. 22-25: *„Preterea Fredericus corpus Karoli Magni elevans a terra, in capsa aurea infiniti pretii lapidibus decorata collocavit. Extunc auctoritate metropolitani Coloniensis Aquisgrani solempnitas de eodem cesare augusto orthodoxo sicut de sancto agitur, quae prius fiebat de fideli defuncto."* Dazu FOLZ, Le souvenir (wie Anm. 19), S. 177 mit Anm. 97. Zur Entstehungszeit der Chronik 1183 vgl. R. AUBERT: Geoffroy de Breuil. In: Dictionnaire d'histoire et de géographie ecclésiastique, 20, Paris, 1984, Sp. 536f. Da Gottfried zunächst Mönch in St. Martial in Limoges war, ist denkbar, dass sein Wissen von Adalbert abhängt; ebenso gut möglich ist aber, dass er die Nachricht um die früheren Verhältnisse zusammen mit der Nachricht von der Erhebung der Karlsgebeine erhalten hat. Zur Abhängigkeit zwischen beiden Texten vgl. BEUMANN, Grab und Thron (wie Anm. 73), S. 360-362, dessen Ausführungen allerdings im Lichte der von Beumann angezweifelten, mittlerweile aber unbestrittenen Frühdatierung von Ademars Redaktion C in die Jahre 1027/28 zu sehen sind. Zur Datierung unten, Anm. 79.

de heißt;[76] eine solche Eingebung war zwar der Legitimität der beabsichtigten Kultetablierung geschuldet und deshalb ein gängiger Topos in Berichten über die Auffindung von Heiligengräbern. Aber ohne Hinweis aus dem Diesseits – also ohne die Stiftsgeistlichen selbst – wäre der Staufer kaum fündig geworden. Schwer kann die Suche aber auch nicht gewesen sein, falls es damals tatsächlich etwas ähnliches wie die *cripta aurea* gab, die laut Ademar von Chabannes über dem neuen Bestattungsort der Karlsgebeine errichtet worden sein soll.[77] Die Möglichkeit einer Umbettung erwog und verwarf auch schon die ältere Forschung, zuletzt Helmut Beumann, der die Nachricht Ademars in die Zeit nach der Graböffnung durch Barbarossa datierte.[78] Allerdings hat sich die Einschätzung der Quelle geändert: mittlerweile ist unstrittig, dass noch Ademar selbst um 1028/29 die Nachricht über das Karlsgrab niederschrieb.[79] Es gibt also gute Gründe, erneut über ein *zweites* Karlsgrab nachzudenken. Joseph Lambertz aus Aachen hat diese Diskussion kürzlich wieder aufgenommen. In seiner Argumentation ist nicht nur die Ademar-Notiz wichtig, sondern auch eine Auffälligkeit, die erst die jüngst erfolgte Restaurierung des Barbarossaleuchters wieder bewusst gemacht hat: der mit einem unter den übrigen fünfzehn ganz singulären Turm markierte Beginn seiner Inschrift (*„Celica Iherusalem“*) weist auf die Südostwand des Oktogons; wie der Achener Dombaumeister Joseph Buchkremer schon aufgrund von Zeugnissen des 14.-18. Jahrhunderts nachgewiesen hatte, befand sich dort eine Karls*memoria*, wohl in Form eines Arkosolgrabs: über dem Proserpinasarkophag war unter einem Bogen eine Karlsfigur aufgestellt.[80] War das der Ort eines *zweiten* Karlsgrabes,[81] in dem die Gebeine nach der Graböffnung 1000 ruhten?

---

76 Dazu ausführlicher GÖRICH, Otto III. (wie Anm. 2), S. 419; Drechsler, Überlegungen (wie Anm. 1), S. 139f.

77 BOURGAIN (ed.), Ademar von Chabannes, Chronicon III 31 (wie Anm. 75), S. 153 Z. 93-96: *„Corpus vero Caroli condictum in dextro membro basilicae ipsius, retro altare sancti Johannis Baptiste, et cripta aurea super illud mirifica est fabricata, multisque signis et miraculis clarescere coepit.“*

78 BEUMANN, Grab und Thron (wie Anm. 73), S. 355-361.

79 Richard LANDES: Relics, Apocalypse, and the Deceits of History. Ademar of Chabannes 989-1034 (Harvard Historical Studies 117), Cambridge Mass./London 1995, S. 149 Anm. 85 und S. 366. FALKENSTEIN, Otto III. (wie Anm. 2), S. 162 mit Anm. 622. BOURGAIN (ed.), Ademar von Chabannes, Chronicon III 31 (wie Anm. 75), Anm. zu III 31, 78 suiv. auf S. 284; außerdem S. XLIX-LVIII, mit allerdings ebenso bizarren wie unbegreiflichen Fehlern: S. LVI ist von den *„Annales de Grundlinsberg“* die Rede – was keine Verschreibung für die Annalen von Quedlinburg sein kann, weil diese nicht über die Karlsgraböffnung berichten; gemeint sein müssen die Annalen von Hildesheim. Ebenda und nochmals S. LVIII wird die Öffnung des Karlsgrabes durch Friedrich Barbarossa auf 1154 (!) datiert.

80 Joseph BUCHKREMER: Das Grab Karls des Großen. In: Zeitschrift des Aachener Geschichtsvereins 29 (1907), S. 68-211; vgl. BEUMANN, Grab und Thron (wie Anm. 73), S. 351f. und S. 354f.

81 Eine Kurzfassung der Überlegungen von Joseph LAMBERTZ ist erschienen in: Kirchenzeitung für das Bistum Aachen 21 (2000), S. 36-38. Ausführlichere Begründung in der Publikation „Das Grab Karls des Grossen im Dom zu Aachen“, erschienen Aachen 2001 im Eigenverlag von Lambertz. – Der jüngste Beitrag zur Frage der Grablegung stammt ansonsten von DRECHSLER, Überlegungen (wie Anm. 1), die S. 152 und S. 154 für ein hinter dem Marienaltar befindliches Grab als ursprünglichen Ort des Karlsgrabes plädiert. Ebenda, Abb. 6 vor S. 145 eine nützliche Skizze der einzelnen Grablokalisierungen im Dom.

Wie dem auch sei: sicher ist jedenfalls, dass die Stiftsgeistlichen die Graböffnung durch Otto keineswegs vergessen haben.[82] Das ist zwar mit schriftlichen Quellen nicht zu beweisen, weil diesbezügliche Nachrichten nicht erhalten sind; aber eine bildliche Quelle belegt den Sachverhalt umso deutlicher: das silberne Flachrelief auf der rechten Schmalseite des Armreliquiars, das der Staufer 1165 stiftete, zeigt ein Bildnis Ottos III. mit der Umschrift *„mirabilia mundi"*.[83] Zwar ist dieser Beiname in der Chronik Ottos von Freising überliefert;[84] und da bekannt ist, dass dieses Geschichtswerk an Barbarossas Hof gelesen und benutzt wurde,[85] könnte man an Einflussnahme des Hofs denken. Das kann, was den Beinamen angeht, auch nicht ausgeschlossen werden. Jedoch war über die Graböffnung durch Otto III. aus der Chronik des Freisinger Bischofs nichts zu erfahren – sie erwähnt diesen Vorgang nämlich gar nicht. Der staufische Hof war auch sicher nicht die Erinnerungsgemeinschaft, die Interesse daran hatte, dieses Wissen lebendig zu halten. Für die Darstellung Ottos III. auf dem Armreliquiar muss es also einen anderen Grund gegeben haben: es war die in Aachen nie abgerissene Erinnerung an den Amtsvorgänger Barbarossas, der seinerseits die Karlsverehrung gefördert, ja der Heiligsprechung von 1165 mit der Graböffnung im Jahre 1000 geradezu den Weg gewiesen hatte.

Eine knappe Zusammenfassung genügt: Die Karlsverehrung Ottos III. entwickelte sich in einem politischen Kontext, der die Erinnerung an den Karolinger, insbesondere an seine Rolle als Bekehrer und Heidenbekämpfer, zweifellos intensivierte. Ottos wiederholte Kriegszüge gegen die heidnischen Elbslawen gehören dazu, aber auch seine Pilgerfahrt nach Gnesen und die Glaubensverbreitung im Osten, die er durch die Grün-

---

82 So aber noch die Vermutung von BEUMANN, Grab und Thron (wie Anm. 73), S.370-372.

83 Abbildung bei Percy Ernst SCHRAMM: Die deutschen Kaiser und Könige in Bildern ihrer Zeit 751-1190, hrsg. von Florentine MÜTHERICH, München 1983, S. 268f. Gudrun PAMME-VOGELSANG: Consors regni – „...und machte sie zur Genossin seiner Herrschaft". In: M. Kamp (Hrsg.), Krönungen (wie Anm. 44), S. 69-76, hält S. 72-74 das Armreliquiar neuerdings nicht für eine Stiftung Barbarossas, sondern seines Neffen, des Herzogs Friedrich von Rothenburg, und sieht auch das Bildprogramm dessen Auftrag verpflichtet; ebenda, S. 74, bleibt unerörtert, wie Friedrich von Rothenburg gerade auf die Darstellung Ottos III. verfallen sein soll.

84 Adolf HOFMEISTER (ed.): Otto von Freising, Chronica VI 26 (Monumenta Germaniae Historica, Scriptores rerum Germanicarum 45), Hannover 1912, S. 290 Z. 5: *„Mirabilia mundi diceretur."* Wahrscheinlich entnahm Otto den Beinamen aus einem älteren Herrscherkatalog. Er findet sich in dem aus Freising stammenden Manuskript des Rudolf Köpke (ed.): Catalogus regum et imperatorum (11. Jhd.) (Monumenta Germaniae Historica, Scriptores 10), Hannover 1852, S. 136 Z. 10: *„Otto Ottonem III, mirabilia mundi"*; dazu auch HOFMEISTERS Edition, S. 290 Anm. 2. Außerdem: Georg Heinrich PERTZ (ed.): Ex Petri Diaconi chronologica Romanorum regum, consulum et imperatorum serie (Handschrift des 12. Jahrhunderts aus Monte Cassino) (Monumenta Germaniae Historica, Scriptores 3), Hannover 1839, S. 219 Z. 9: *„Otto mirabilia mundi ann. 6."* Karl GLÖCKNER (ed.): Chronicon Laureshamensis 81. In: Codex Laureshamensis, Bd. 1: Einleitung, Regesten, Chronik, Darmstadt 1929, S. 363 Z. 5-6: *„...quousque puer ipse litteris divinis et humanis adprime instructus, et tantae virtutis insigne emicuit, ut mirabilia mundi appellaretur"*; auch hier dürften ältere Genealogien und Herrscherkataloge die Quelle geliefert haben, vgl. ebenda, S. 28; zur Entstehungszeit der Chronik zwischen 1170 bis 1175 ebenda, S. 18.

85 In APPELT (ed.), Die Urkunden Friedrichs I. (wie Anm. 3), DF.I. 534 für das Bartholomäuskloster auf der Tiberinsel in Rom sind ganze Passagen aus der Chronik Ottos von Freising übernommen.

dung einer selbständigen polnischen Kirchenorganisation unterstützte. Adalberts Martyrium wies der Mission ihren Weg – und es ist vielleicht kein Zufall, dass Ottos Urkunden mit Bezug auf die Karlstradition in die Monate fallen, in denen ihm wahrscheinlich von Adalberts Tod berichtet wurde. Unter dem Eindruck der Ereignisse scheint Karl der Große, der Apostel der Sachsen, für den sächsischen Kaiser geradezu ein Rollenmodell geworden zu sein. Noch die Gründung des Bistums in Gnesen und die Übertragung von Adalbertsreliquien nach Aachen mochten an den vorbildlichen Karolinger erinnern, denn als Bistumsgründer und Reliquiensammler schilderten ihn viele Autoren – nicht immer gemäß historischer Wahrheit, aber stets im Bemühen, die eigene Gegenwart durch Anbindung an eine vorbildhafte Tradition aufzuwerten. Nicht zuletzt durch die Wahl Aachens zu seiner Begräbnisstätte hat sich Otto III. die Karlstradition in einem besonderen Maße zu eigen gemacht;[86] man kann wohl zu Recht persönliches Engagement unterstellen. Eine bloß intentionale Rekonstruktion des Handlungsprozesses, die jedes frühe Anzeichen von Ottos Karlsverehrung als zielgerichteten Schritt auf die Graböffnung hin gelenkt sieht, verkennt wohl die Dynamik der Ereignisse und auch die intervenierenden Kräfte. Die Erinnerung an Karl den Großen wurde ausschließlich in Urkunden für Aachen thematisiert, und das Karlsgrab lag nun einmal ebenfalls in Aachen. Schon deshalb darf man auch Aachener Einflüsse auf Ottos Karlsverehrung vermuten, und seine Urkunden enthalten das Echo der *„Stimme des Ortes“* (Erich Meuthen), die in den Quellen der damaligen Zeit sonst stumm bleibt. Die Überlieferungssituation verhindert es, diese Zusammenhänge einigermaßen zufriedenstellend nach persönlichen Aktionen und Reaktionen aufzulösen. Aber in der Erinnerung an Karl den Großen berührten sich Aachener Interessen und kaiserliches Selbstverständnis. Die wechselseitige Beeinflussung in dieser Erinnerungsgemeinschaft verdient Aufmerksamkeit. Mit Karl konnte man sich selbst bedeutend und wichtig machen – eine Chance, um die beileibe nicht nur die Aachener wissen, und wohl auch nicht nur die Aachener von heute; wahrscheinlich ist vielmehr, dass diese Chance im Marienstift auch schon um das Jahr 1000 erkannt und genutzt worden ist.

Zusammenfassung

Ausgangspunkt ist eine kurze Diskussion der Nachrichten, die über die Öffnung des Aachener Karlsgrabes durch Otto III. zu Pfingsten des Jahres 1000 berichten. Otto III. verehrte die gefundenen Gebeine wie die eines Heiligen; höchstwahrscheinlich sollte die Graböffnung eine Heiligsprechung Karls des Großen vorbereiten – lange vor der erst unter Friedrich Barbarossa 1165 erfolgten Kanonisation. Zwei Fragen gelten sodann den Bedingungen dieser Aktualisierung der Karlstradition um das Jahr 1000.

86 Eine frühzeitige Entscheidung Ottos III. vermutet wohl zu Recht Ernst-Dieter HEHL: Herrscher, Kirche und Kirchenrecht im spätottonischen Reich. In: Schneidmüller/Weinfurter (Hrsg.), Otto III. – Heinrich II. (wie Anm. 17), S. 169-203. Dagegen plädiert Joachim EHLERS: Magdeburg – Rom – Aachen – Bamberg. Grablege des Königs und Herrschaftsverständnis in ottonischer Zeit. In: Schneidmüller/Weinfurter (Hrsg.), Otto III. – Heinrich II. (wie Anm. 17), S. 47-76, S. 58-64 für eine Initiative des Erzbischofs Heribert von Köln. Zur Lage von Ottos Grab schon oben, Anm. 81.

1. Was war der unmittelbare politische Hintergrund? Für Otto III. war Glaubensverbreitung eine zentrale Herrscherpflicht. Die gemeinsam mit dem polnischen Herrscher Boleslaw Chrobry geplante Mission im Osten erlaubte eine Anknüpfung an die legitimierende Tradition Karls des Großen als eines Bekehrerkaisers.

2. Welchen Anteil hatte die Aachener Stiftsgemeinschaft an Ottos Inanspruchnahme der Karlstradition? In der Bedeutung Aachens als Ort der Karlsmemoria berührten sich Aachener Eigeninteressen und kaiserliches Selbstverständnis; daher ist auch die Wechselseitigkeit in dieser Erinnerungsgemeinschaft zu betonen und nicht nur allein die herrscherliche Initiative.

Résumé

Le point de départ de notre réflexion est constitué par l'analyse des relations consacrées à l'ouverture du tombeau de Charlemagne à Aix-la-Chapelle par Otton III à la Pentecôte de l'an mil. Otton III vénéra les ossements du tombeau comme ceux d'un saint et, selon toute vraisemblance, l'ouverture du tombeau était destinée à préparer la canonisation de Charlemagne, bien avant celle qui interviendra effectivement en 1165 sous le règne de Frédéric Barberousse. Deux questions s'attachent aux conditions de cette actualisation de la tradition caroline autour de l'an mil:

1. Quel contexte politique direct présidait à l'événement? Pour Otton III, la propagation de la foi constituait un devoir souverain essentiel. L'entreprise missionnaire à l'Est conçue en concertation avec le roi polonais Boleslav Ier le Vaillant permettait de renouer avec la tradition d'un Charlemagne empereur de la conversion.

2. Quelle part prit le chapitre collégial d'Aix-la-Chapelle dans ce processus de revendication de la tradition caroline par Otton? En effet, des intérêts propres à cette cité d'une part et les éléments d'une autoreprésentation impériale d'autre part se conjuguaient pour conférer à Aix-la-Chapelle toute son importance comme lieu de la *memoria* de Charles. Autrement dit, il convient aussi de souligner la réciprocité à l'œuvre au sein de cette communauté du souvenir et pas seulement l'initiative du souverain.

Pierre Monnet

Charlemagne à Francfort: VIIIe-XVe siècles. Mémoire et espace urbain

La seule illustration placée en tête de l'ouvrage classique de Robert Folz sur le culte liturgique de Charlemagne dans les églises de l'Empire[1] est extraite d'un manuscrit, censier aujourd'hui encore conservé à Francfort-sur-le-Main,[2] qui représente l'empereur Charlemagne remettant à l'apôtre Barthélemy le modèle de l'église francfortoise portant le vocable du saint. Le choix de la miniature ne relève pas du hasard. Il s'agit là tout d'abord d'une preuve iconographique puissante du culte liturgique qui s'était répandu dans plusieurs villes de l'Empire depuis la *canonisation* de *saint* Charlemagne en 1165.[3] Mais il y a aussi, et c'est le point intéressant pour notre propos, que la ville de Francfort y est étroitement associée au souvenir carolingien, mémoire consacrée par le choix de la ville et de l'église Saint-Barthélemy comme lieux officiels de l'élection du roi des Romains par la Bulle d'Or de 1356. Ce sont la naissance, la déformation et les supports de ce souvenir, à la fois carolingien et impérial,[4] au service d'un espace citadin et d'une communauté urbaine qui retiendront ici l'attention. Il sera donc question d'un empereur et d'un mythe tout ensemble, ancrés l'un et l'autre dans un lieu central de l'Empire, tant il est vrai que c'est sans doute une des spécificités de l'idée impériale[5] que de se déployer dans des lieux différents et de changer d'espace au gré des dynasties et des inflexions institutionnelles du royaume des Romains, assurément parce que le premier réceptacle incorporé de cette idée, l'empereur à la barbe fleurie, offrait tant de facettes.

Charlemagne, c'est une évidence, avait toutes les raisons d'occuper une place centrale dans l'œuvre de Robert Folz et sa figure accompagne tous les grands livres de l'historien: c'est l'empereur du couronnement du 25 décembre 800,[6] c'est le *saint roi* canonisé en 1165 pour lequel Frédéric Barberousse fait composer la «Vita Caroli Magni» et en l'honneur duquel Frédéric II cette fois fit fabriquer le célèbre reliquaire d'Aix-la-Chapelle en 1215, c'est l'ancêtre dont le souvenir est capturé par les grandes

---

1 Robert FOLZ: Études sur le culte liturgique de Charlemagne dans les églises de l'Empire, Paris 1951.

2 Stadtarchiv Frankfurt am Main, BB III, 14, fol. 12: *Liber censuum* du chapitre Saint-Barthélemy de 1462. Gabriel HEFELE (dir.): Ad bibliothecam ecclesiae Sancti Bartholomei. Mittelalterliche Handschriften aus der ehemaligen Stiftsbibliothek des Frankfurter Doms, Frankfurt am Main 1994. Voir aussi Dietrich KÖTZSCHE: Darstellungen Karls des Großen in der lokalen Verehrung des Mittelalters. Dans: Wolfgang BRAUNFELS (dir.): Karl der Große. Lebenswerk und Nachleben, 5 vols., Düsseldorf 1965-1967, ici vol. 4, p. 161.

3 Robert FOLZ: Les saints rois du Moyen Age en Occident (VIe-XIIIe siècles), Bruxelles 1984, p. 146-148.

4 Robert FOLZ: Le souvenir et la légende de Charlemagne dans l'Empire germanique médiéval, Paris 1950.

5 Robert FOLZ: L'idée d'Empire en Occident du Ve au XIVe siècle, Paris 1953.

6 Robert FOLZ: Le couronnement impérial de Charlemagne, Paris 1964.

dynasties princières de l'Empire (Welfs, landgraves de Thuringe, ducs de Brabant, Wittelsbach de Bavière et même les Habsbourg), c'est aussi le porteur et l'incarnation de l'idée d'Empire en Occident. Bref, c'est le Charlemagne d'un médiéviste qui fut marqué, comme beaucoup, par la lecture des «Rois Thaumaturges» de son maître Marc Bloch d'un côté[7] et par celle du «Frédéric II» de Kantorowicz de l'autre[8] (ces deux ouvrages paraissant, on le sait, respectivement en 1924 et 1927, et inspectant chacun à leur manière les fondements sacrés, mystiques et théologiques du pouvoir royal, c'est-à-dire de la souveraineté, en Occident).[9]

En liant Francfort à la figure de Charlemagne, le propos de cette brève présentation sera d'approfondir l'hypothèse émise par Robert Folz lorsqu'il passait en revue les différentes cités de l'Empire dans lesquelles s'était établi un culte impérial depuis le XIIIe siècle: à savoir qu'à côté des rois et des princes, les villes découvrirent tout le parti qu'elles pouvaient tirer d'un souverain saint, porteur d'une idée universelle et réceptacle de légitimité et d'identité. Si tel était le cas, nous serions alors en présence d'une forme de *patriotisme* urbain[10] reposant sur une mémoire de large ampleur mais adaptée à un espace spécifique. Il convient d'ajouter que cette mémoire «historique» si l'on veut s'articule d'autant mieux à l'espace évoqué qu'elle s'accompagne d'une dimension sociale et politique en ce qu'elle paraît mobiliser le groupe dirigeant au service d'une conception du gouvernement et des intérêts citadins. Plusieurs villes de l'Empire semblent attester depuis le XIIIe siècle de la mise en place d'un tel phénomène, particulièrement à travers une légitimation par l'histoire.[11] En raison de son passé carolingien,[12] de sa situation géographique au milieu des pays germaniques de l'Empire, de son rôle comme lieu habituel de l'élection du roi des Romains, Francfort-

7 Marc BLOCH: Les rois thaumaturges, Paris 1924.

8 Ernst KANTOROWICZ: L'Empereur Frédéric II, Paris 1980 (pour la trad. fr.).

9 Alain BOUREAU: Histoires d'un historien. Kantorowicz, Paris 1990.

10 Pierre MONNET: Particularismes urbains et patriotisme local dans une ville allemande de la fin du Moyen Age: Francfort et ses chroniques. Dans: Rainer BABEL/Jean-Marie MOEGLIN (dir.): Identité régionale et conscience nationale en France et en Allemagne du Moyen Age à l'époque moderne, Sigmaringen 1997, p. 389-400.

11 Heinrich SCHMIDT: Die deutschen Städtechroniken als Spiegel des bürgerlichen Selbstverständnisses im Spätmittelalter, Göttingen 1958. Johannes Bernhard MENKE: Geschichtsschreibung und Politik in deutschen Städten des Spätmittelalters. Die Entstehung deutscher Geschichtsprosa in Köln, Braunschweig, Lübeck, Mainz und Magdeburg. Dans: Jahrbuch des Kölnischen Geschichtsvereins 33 (1958), p. 1-84 et 34/35, 1959-1960, p. 85-194. Dieter WEBER: Geschichtsschreibung in Augsburg (Hektor Mülich und die reichsstädtische Chronistik des Spätmittelalters), Augsburg 1984. Klaus WRIEDT: Geschichtsschreibung in den wendischen Hansestädten. Dans: Hans PATZE (dir.): Geschichtsschreibung und Geschichtsbewusstsein im späten Mittelalter, Sigmaringen 1987, p. 175-205. Joachim SCHNEIDER: Heinrich Deichsler und die Nürnberger Chronistik des 15. Jahrhunderts, Wiesbaden 1991. Rudolf HIESTAND: ‚Civis Romanus sum'. Zum Selbstverständnis bürgerlicher Führungsschichten in den spätmittelalterlichen Städten. Dans: Peter WUNDERLI (dir.): Herkunft und Ursprung. Historische und mythische Formen der Legitimation, Sigmaringen 1994, p. 91-110. Jean-Marie MOEGLIN: Les élites urbaines et l'histoire de leur ville en Allemagne (XIVe-XVe siècles). Dans: Les élites urbaines au Moyen Age (XXVIIe Congrès de la SHMES, Rome 1996), Paris 1997, p. 351-383.

12 Sur le palais carolingien: Marianne SCHALLES-FISCHER: Pfalz und Fiskus Frankfurt. Eine Untersuchung zur Verfassungsgeschichte des fränkisch-deutschen Königstums, Göttingen 1969. Elsbeth ORTH: Frankfurt. Dans: Die deutschen Königspfalzen, vol. 1, Göttingen 1985.

sur-le-Main[13] constitue un observatoire privilégié d'une telle rencontre entre un mythe et une ville.

Revenons pour cela sur l'illustration évoquée en ouverture. Elle montre, à gauche, Barthélemy portant le couteau, la tête et la peau de son martyr (il fut écorché en Arménie),[14] et à droite Charlemagne à la fois identifié comme empereur par la couronne, le sceptre et le manteau bleu fourré, mais aussi représenté en saint de l'église catholique à égalité avec Barthélemy et représenté enfin en fondateur d'église. Tous deux sont érigés à part égale en saints patrons de la collégiale de Francfort, qui avait d'abord été dédiée au Saint-Sauveur puis restaurée en faveur de Barthélemy, seule église paroissiale de la ville et cœur politique de la cité en raison de l'élection royale. L'égalité entre les deux personnages, l'un et l'autre – on le notera – nimbés, est soulignée par la parfaite symétrie des deux niches abritant chaque saint, mais également par la taille semblable de ces derniers, et enfin par l'effet de miroir qui fait se correspondre la position et le mouvement des bras et des mains, correspondance accentuée encore par le jeu des couleurs. En même temps, représentés en 1462 dans le censier du chapitre collégial commandé par le doyen Johannes Königstein, les deux saints sont aussi les patrons de la ville même, leur présence côte à côte traçant le cadre de ce que l'on pourrait appeler un véritable cycle de la mémoire urbaine.

En effet, ce n'est vraisemblablement qu'en 1167, sous le règne de Frédéric Barberousse, que le chapitre collégial de Francfort, fondation royale remontant à Louis le Germanique et consacrée par Raban Maur le 1er septembre 852,[15] accueille les reliques de saint Barthélemy, reliques elles mêmes transférées par Otton II de Bénévent à Rome et redécouvertes en 1156 à la suite d'une crue sur une île du Tibre, si l'on en croit le «Carmen de translatione sancti Bartolomaei». Au-delà de la légende, il convient donc de garder à l'esprit que le transfert des reliques établissait une continuité avec la dynastie ottonienne et avec Rome d'une part et s'appuyait d'autre part sur la faveur de Barberousse, et ce en 1167 soit deux ans seulement après la canonisation de Charlemagne obtenue à l'arraché en 1165 par l'empereur Staufen des mains de l'anti-pape Pascal III. En 1215 en tout cas, c'est Barthélemy qui figure sur le sceau du *custos* de la collégiale.

C'est seulement une fois cette liaison indirecte faite entre Barthélemy et Charlemagne par Barberousse interposé que purent se dessiner quelques décennies plus tard deux évolutions. La première fut la reconsécration de l'église du chapitre sous le vocable concurrent de saint Barthélemy en 1239 après rénovation du bâtiment.[16] À cette date, le saint a définitivement chassé l'ancien patronage du Saint-Sauveur. La seconde

---

13 Konrad BUND: Frankfurt am Main im Spätmittelalter 1311-1519. Dans: Frankfurt am Main. Die Geschichte der Stadt in neun Beiträgen, Sigmaringen 1991, p. 53-152. Lothar GALL (dir.): FFM 1200. Traditionen und Perspektiven einer Stadt, Sigmaringen 1994.

14 Gabriel HEFELE (dir.): Der heilige Bartholomäus. Geschichte, Kunst, Verehrung. Katalog des Dommuseums Frankfurt 1989, Frankfurt am Main 1989.

15 Wolf Erich KELLNER: Das Reichsstift Sankt Bartholomäus zu Frankfurt am Main im Spätmittelalter, Frankfurt am Main 1962; Günther RAUCH: Pröpste, Propstei und Stift von Sankt Bartholomäus in Frankfurt, Frankfurt am Main 1975.

16 Karl Heinrich REXROTH: 750 Jahre Frankfurter Kaiserdom Sankt Bartholomäus 1239-1989, Frankfurt am Main 1989.

évolution fut, alors même que le patronage de Barthélemy venait à peine de s'imposer, la propagation de la version selon laquelle c'est Charlemagne lui-même qui aurait fondé le chapitre alors qu'il est avéré qu'il fut fondé sur le modèle de Ratisbonne et d'Aix-la-Chapelle par Louis le Germanique qui a achevé à Francfort les travaux du palais entamés par Louis le Pieux et fondé une chapelle aulique, mentionnée en 874 comme *«capella nostra»*. En tout état de cause, l'acte de consécration officielle de l'église par Raban Maur date bien de 852.

On trouve les premières traces de la version d'une fondation de la collégiale par Charlemagne en personne dans la *narratio* d'un diplôme d'Henri (VII) en 1228 quoique le document ne fasse qu'évoquer *«Karolus Magnus»* comme bienfaiteur du chapitre.[17] Dans le préambule de cet acte qui confirme la donation du village de Kelkheim au chapitre, le roi invoque les bienfaiteurs et donateurs précédents, Charlemagne et Otton. Or pour le premier, il s'agissait en fait de Charles le Chauve. Consciente ou non, la confusion entre les deux Charles, préparée par un premier diplôme de la collégiale qui transcrivait en 1223 une confirmation des privilèges donnés par *«l'empereur Charles»* (il s'agissait bien de Charles le Chauve mais l'imprécision laissait la porte ouverte à toutes les falsifications), s'inscrivait bien en tout cas dans l'orchestration de la mémoire du premier empereur en faveur de la dynastie des Staufen depuis le règne de Frédéric Barberousse. Peu après, si l'on suit les indications de Robert Folz[18] dans son étude du culte liturgique de Charlemagne, surgirait entre 1239 et 1250 la première inscription de l'empereur dans le plus ancien nécrologe du chapitre, suivie en 1250 du passage de l'empereur de l'obituaire au catalogue des saints avec la mention d'une messe en regard du 28 janvier dans le «Liber anniversarius». C'est ici que les disputes entre historiens se produisent car plusieurs spécialistes de l'histoire francfortoise, à partir des analyses codicologiques, de l'étude des mains et des problèmes de la datation du calendrier pascal, contestent que la mention de 1250 fasse déjà allusion à la sainteté impériale qui ne serait manifeste que dans les années 1320.[19] Une thèse récente, développée dans le catalogue de l'exposition qui s'est tenue à Francfort jusqu'en février 2001 sur le culte rendu à Charlemagne dans cette ville, propose comme il se doit quand deux versions s'affrontent un compromis authentifiant le *«S.»* de *«Sanctus Karolus imperator»* à la date de 1267-1268, c'est-à-dire en un point tout de même plus proche de la chronologie proposée dès 1951 par Robert Folz.[20] Une pièce récemment mise en lumière, une lettre d'indulgence adressée depuis Avignon en date du 8 février 1318 par les patriarches Isenard d'Antioche, Dominique de Grado et Julian de Gnesen présents à la cour de Jean XXII, évoque d'autre part clairement la fête de saint Charlemagne à Francfort et vient à tout le moins battre en brèche de deux ans

17 Acte reproduit dans Johann Friedrich BÖHMER: Codex diplomaticus Moenofrancofurtanus. Urkundenbuch der Reichsstadt Frankfurt, vol. 1, Frankfurt am Main 1836, p. 53.

18 FOLZ, Études (voir n. 1), p. 33.

19 C'est en particulier la thèse de KELLNER, Reichsstift (wie Anm. 15), p. 16. Sur les éléments précis du débat et les querelles de datation: August HEUSER/Matthias KLOFT (dir.): Karlsverehrung in Frankfurt am Main, Frankfurt am Main 2000, p. 12-13.

20 Ibid.

l'hypothèse d'une datation basse de la sainteté carolingienne célébrée dans la collégiale.[21]

Quoi qu'il en soit, il n'en reste pas moins que c'est sous Frédéric II (qui séjourna 6 fois à Francfort) et sous Henri VII (qui y séjourna 16 fois) que se répandent à Francfort à la fois la commémoration anniversaire de Charlemagne (que l'on admette ou non la célébration de sa sainteté dès ce terme) et son statut de probable fondateur du chapitre. Il n'est pas indifférent de noter que l'ancrage mémoriel de Charlemagne à Francfort se produise précisément sous les derniers Staufen qui ont donné à la cité son premier privilège politique en 1219 (reconnaissance d'une communauté de bourgeois) et lui ont confirmé ses foires en 1240, c'est-à-dire ont cherché en un mot dans cette ville un point d'appui royal au centre de l'Empire.

Il est clairement établi en tout cas qu'au début du XIVe siècle, un chassé croisé a définitivement été entériné, celui qui voit Charlemagne prendre place aux côtés de Barthélemy comme co-patron de la collégiale en lieu et place du Saint-Sauveur, premier vocable de l'église. Il est remarquable de noter que l'on semble avoir ici affaire à une opération locale, et non point commandée par un empereur. En effet, dès 1332 un luminaire en l'honneur de la mémoire et de la fête de Charlemagne était commandé par un vicaire du chapitre et en 1345 deux flancs du banc canonial du chœur de l'église portent les sculptures en bois ciselé de Charlemagne d'un côté, représenté avec sceptre et miniature d'église en fondateur impérial de la collégiale, et de Barthélemy de l'autre.[22] Le chapitre de Francfort a donc entrepris parallèlement un double patronage Barthélemy-Charlemagne et une translation de fondation en faveur de Charlemagne bien avant que le culte de Charlemagne même ne connaisse, sur place et dans le reste de l'Empire, une grande faveur sous le règne de Charles IV (1346-1378).

L'opération reçoit son dernier brevet de légitimité en 1354 quand le chanoine de la collégiale Baldemar von Peterweil, grand réformateur des institutions du chapitre et rédacteur de la première description précise de la ville rue par rue,[23] introduit un faux dans une copie d'un diplôme de 882 émis par Charles le Gros et confirmant la création du chapitre des douze chanoines de la collégiale. En mettant *«Byppinus»*, c'est-à-dire Pépin, à la place de Louis le Germanique comme *«genitor noster»* de Charles, le document mentionnait clairement Charlemagne et non Charles le Gros comme fondateur.[24] Aussitôt Baldemar fit fabriquer un ostensoir en argent associant Marie, Barthélemy et Charlemagne. Il n'est pas indifférent que la production de ce faux ait lieu deux

21 Pièce décrite dans le catalogue mentionné aux deux notes précédentes, n° 8, p. 154. Publié par Johann Friedrich BÖHMER/Friedrich LAU (éds.): Codex diplomaticus Moenofrancofurtanus. Urkundenbuch der Reichsstadt Frankfurt, vol. 2, , Frankfurt am Main 1901, p. 53, n° 92, p. 87. Original aux archives de Francfort.

22 Reproduit dans: Hans-Joachim JACOBS: Das Bild Karl des Grossen in der Stadt Frankfurt im 14. Jahrhundert. Dans: Liselotte E. SAURMA-JELTSCH (dir.): Karl der Große als vielberufener Vorfahr. Sein Bild in der Kunst der Fürsten, Kirchen und Städte, Sigmaringen 1994, p. 63-86. Voir aussi Barbara BOTT: Frankfurt am Main – Sankt Bartholomäus. Dans: Die Parler und der schöne Stil 1350-1400, vol. 1, Köln 1978, p. 240-243.

23 Publiée par H. v. NATHUSIUS-NEINSTEDT: Baldemars von Peterweil Beschreibung von Frankfurt. Dans: Archiv für Frankfurts Geschichte und Kunst, 1896, p. 1-54.

24 KELLNER, Reichsstift (voir n. 15), p. 16. JACOBS, Das Bild Karl des Grossen (voir n. 22), p. 65. Original dans les Bartholomäusbücher des archives de Francfort, BB V 43, fol. 36r.

ans avant la promulgation de la Bulle de 1356 qui fait de Francfort le lieu ordinaire de l'élection du roi des Romains (et, par habitude, la chapelle latérale du chapitre le cadre de son déroulement quoique la Bulle ne le dise pas explicitement). De même, la falsification intervient sous le règne de Charles IV de Bohême, un autre *Karolus Magnus*, grand admirateur de Charlemagne. Il faut ici rappeler que c'est à Francfort en 1349 qu'est mort de la peste Gunther de Schwarzbourg, élu anti-roi à Francfort en janvier 1349 par le parti bavarois et donc compétiteur de Charles IV sur le trône, et c'est même dans la collégiale qu'il fut enterré. Le faux de 1354 venait donc à point nommé pour évacuer la mémoire encombrante de l'anti-roi auquel le Conseil de Francfort et la collégiale avaient eu la malchance de rester fidèles et pour asseoir la grandeur et en quelque sorte l'intouchabilité du chapitre face à Charles IV qui faisait au même moment restaurer le reliquaire de Charlemagne à Aix-la-Chapelle et opérait sur le modèle aixois des fondations à Ingelheim et à Prague. Devant une telle concurrence et face au risque d'une défaveur royale, c'était bien l'imposant et irréprochable patronage de Charlemagne qu'il convenait de mobiliser. D'ailleurs c'est également après le faux et toujours à la date cruciale de 1356 que prend définitivement forme le 28 janvier la célébration impériale de la messe anniversaire de Charlemagne dont l'institution devait durer jusqu'en 1809 et se perpétue aujourd'hui encore.[25] En effet, le légendier du chapitre composé en 1356 pour les mois de janvier à mars contient la *«Summa de sanctitate meritorumque et gloria miraculorumque beati Caroli magni imperatoris»*. Accessoirement, ce patronage de saint Charlemagne en fondateur de la collégiale servit au chapitre à obtenir en 1358 de l'archevêque de Mayence une généreuse remise de subsides.

Dès 1359, Charles IV confirmait au chapitre tous les privilèges qu'il possédait *«a dive recordationis Karolo Magno et ab aliis predecessoribus nostris»*.[26] Les comptes du chapitre[27] disent que la somme de 40 livres a été versée au notaire de ce diplôme, soit une somme très largement supérieure au tarif habituel: c'était peut-être le prix à payer pour s'attacher une conviction et gagner un brevet d'historicité. En tout cas, les confirmations royales postérieures de privilèges, celles de Wenceslas en 1398, de Sigismond en 1414, de Frédéric III en 1442 et de Maximilien en 1512 nomment toutes Charlemagne comme fondateur et comme saint patron du chapitre. Dès 1360, le 28 janvier, jour anniversaire de Charlemagne comme patron de la collégiale, était rangé parmi les grandes fêtes liturgiques du chapitre.

Cette appropriation tardive du patronage impérial pouvait assurément s'appuyer sur deux faits *«historiques»*. Tout d'abord sur la présence de Charlemagne à Francfort à partir du 22 février 794, date de la première mention manuscrite de la ville «*Franconofurd*», et surtout tout au long du synode réuni à partir du 1er juin 794, et, d'autre part sur le toponyme de la cité, ce *«Franken-Furt»*, soit le gué des Francs. Ce sont ces deux épisodes qu'il convient de détailler car ils forment le socle identitaire de la mémoire carolingienne ancrée dans l'espace médiéval francfortois.

---

25 En dehors de Francfort, seuls Aix-la-Chapelle, Saint-Denis et Valenciennes continuent d'honorer par un office la mémoire de Charlemagne.

26 FOLZ, Le souvenir et la légende (voir n. 4), p. 446.

27 Bartholomäus Stiftsbücher, V 43, fol. 106.

Concernant le premier point, nous ne nous intéresserons pas directement aux décisions prises par le synode de Francfort tenu à l'été 794 et contenues dans le capitulaire en 56 chapitres portant sur la condamnation de l'adoptianisme d'une part et sur la querelle des images de l'autre.[28] En revanche, on pourra retenir les différentes facettes du souverain et du législateur idéal telles qu'elles se sont manifestées à Francfort et telles qu'elles furent ensuite récupérées par l'orchestration de ce souvenir. Il est incontestable que Charlemagne est apparu en 794 comme le réformateur de l'Église, comme l'arbitre des querelles, comme un faiseur de paix (voir la réconciliation avec Tassilo), comme un pourvoyeur d'ordre dans le compte des monnaies, des poids et des mesures ou bien sur les routes (n'est-il d'ailleurs pas remarquable que de toutes les décisions francfortoises de 794, ce soient celles touchant à la monnaie et au système de compte fondé sur le denier qui aient survécu le plus longtemps, jusqu'en 1971 pour la Grande-Bretagne?). Dans son étude du couronnement impérial de Charlemagne,[29] Robert Folz a bien vu que le concile de Francfort a marqué une étape essentielle dans la désignation et la représentation du pouvoir incarné par Charlemagne: il devient alors, comme l'a tant clamé Alcuin qui y conduisait les débats, le nouveau David. Bref il s'agissait là, pour reprendre le titre du grand symposium tenu en 1994 et publié en 1997,[30] d'un véritable «point de cristallisation» de toute la culture carolingienne. Pour la ville même, outre sa première apparition écrite dans les textes, la tenue du concile signale la confirmation de l'installation d'un palais, bientôt suivi d'une chapelle. C'est bien à partir de ce cœur transformé en basilique attenante au palais que se constitue la chapitre doté par Louis le Germanique dont le récit de la mort en 876 permet à Réginon de Prüm, au début du Xe siècle, d'ériger Francfort en *«principalis sedes orientalis regni»*.[31] La tenue du concile et les séjours royaux signalent également la position de Francfort au cœur de la terre franque et sa vocation non seulement à accueillir les rois mais aussi tous les princes et les évêques, fonction maintes fois réactivée ensuite à travers les très nombreuses entrées et séjours de rois (75 de 794 à 911), les élections royales (jusqu'en 1147, seules 6 sur 20 n'ont pas eu lieu à Francfort et après 1356, seules cinq sur 22 ne s'y tiennent pas), les diètes et la tenue des foires, non seulement jusqu'au XVe siècle mais bien au-delà si l'on songe que de ville d'élection royale elle devint même cité du couronnement à partir de 1562.

Les chroniques locales de la fin du Moyen Age le répètent en tout cas à l'envi: les rois entrent à Francfort par la porte de l'ouest comme naguère le premier empereur franc. Cette fonction de passage puis d'installation liée à la figure de Charlemagne est également soulignée par le toponyme. Il faut ici écouter la chronique de Thietmar de Mersebourg (975-1018) pour l'année 1017 qui rapporte un itinéraire royal d'Henri II

---

28 794 – Karl der Große in Frankfurt am Main. Ein König bei der Arbeit, Sigmaringen 1994; Rainer BERNDT (dir.): Das Frankfurter Konzil von 794, 2 vols., Mainz 1997.

29 FOLZ, Le couronnement impérial (voir n. 6), p. 134-136.

30 Voir le second titre de la note 28.

31 Friedrich KURZE (éd.): Reginonis Abbatis Prumiensis Chronicon (Monumenta Germaniae Historica, Scriptores rerum germanicarum 50), Hannover 1890, Réimpr. 1989, p. 111. Sur ce contexte et le renvoi aux chroniques du concile de 794 nommant *«Franconofurd»* et au texte de Réginon, voir: Elsbeth ORTH: Frankfurt am Main im Früh- und Hochmittelalter. Dans: Frankfurt am Main (wie Anm. 13), p. 9-52.

se rendant de Bamberg à Wurtzbourg puis à Francfort. À cette occasion, le chroniqueur explique le toponyme par ces mots: *«L'origine de ce nom ne doit pas te rester longtemps caché, lecteur, c'est pourquoi je veux t'en rapporter ce que m'en ont dit des hommes dignes de foi. Sous le règne de l'empereur Charlemagne, le fils du roi Pépin, survint une guerre entre les siens et nos ancêtres* [les Saxons]. *Au cours de ces combats, les Francs furent défaits par les nôtres et lorsque les premiers, à la recherche d'un gué pour leur retraite, durent passer le Main, ils virent surgir devant eux un cerf qui, conduit par la miséricorde de Dieu, leur montra le chemin. Ils le suivirent et purent ainsi atteindre la rive salvatrice. Et c'est pourquoi ce lieu s'appelle Francfort, le gué des Francs.* Inde locus hic Francorum dictus est vadum*».*[32] La légende sera rapportée en ces mêmes termes par les «Gesta Friderici» d'Otton de Freising (1111-1158)[33] et dans une version latine du «Ligurinus»[34] de 1186-1187.[35] Même tournée en dérision, cette origine demeure la pierre de touche des chroniques de la fin du Moyen Age: La Chronique des Saxons de Konrad Bote, imprimée en 1492 et comportant la plus ancienne représentation de Francfort après une première esquisse de 1485, rapporte l'épisode décrit par Thietmar mais sous un autre angle. Voulant en effet vanter l'histoire des Saxons, l'auteur leur prête la moquerie suivante: voyant Charlemagne passer le Main en catastrophe pour éviter la défaite, les Saxons se seraient écriés *«Les Francs en fuite»* c'est-à-dire en allemand *«Franken fort».*[36]

À Francfort même, c'est la version thietmarienne la plus avantageuse qui a évidemment été conservée et célébrée, particulièrement à travers les chroniques, telle celle que composa dans la seconde moitié du XVe siècle le dominicain Petrus Herp.[37] Le souvenir en est d'autre part ravivé par un rite politique éminent et singulier. Les chroniques de la fin du Moyen Age, en particulier celle du conseiller et bourgmestre Bernhard Rohrbach dans le dernier tiers du XVe siècle,[38] rapportent en effet la tenue festive chaque année par le Conseil d'un prestigieux *«repas au cerf»*, *«bacchanalia cervi»* ou *«convivium cervi de consulatu»*, qui réunissait les magistrats, bourgmestres

---

32 Robert HOLTZMANN (éd.): Die Chronik des Bischofs Thietmar von Merseburg (Monumenta Germaniae Historica, Scriptores rerum germanicarum, Nova series 9), Berlin 1935, Réimpr. 1996, Lib. VII, 75, p. 490.

33 G. WAITZ (éd.): Ottonis et Rahewini gesta Friderici I. imperatoris (Monumenta Germaniae Historica, Scriptores rerum germanicarum 46), Hannover 1912, Réimpr. 1997, Lib. I, XLV, p. 63.

34 Erwin ASSMANN (éd.): Gunther der Dichter. Ligurinus (Monumenta Germaniae Historica, Scriptores rerum germanicarum 63), Hannover 1987, I, 180, p. 162.

35 Carmen SCHENK, Burkhard KLING: Karl der Große und Frankfurt. Dans: SAURMA-JELTSCH (dir.), Karl der Große (voir n. 22), p. 139-173.

36 Incunable imprimé à Mayence chez Peter Drach en 1492. Reproduit par exemple chez BUND, Frankfurt am Main (voir n. 13), p. 114.

37 L'original, les «Collectanea Fratris Petri Herpi Dominicani Francofurtensis», a disparu, mais on en conserve une copie manuscrite réalisée en 1599 par Konrad von Uffenbach. Stadtarchiv Frankfurt am Main, Uffenbach 7, III B, S/5 55. Elle est publiée par Richard FRONING (éd.): Frankfurter Chroniken und annalistische Aufzeichnungen des Mittelalters, Frankfurt am Main 1884, p. 58-66, ici p. 58.

38 Pierre MONNET: Les Rohrbach de Francfort. Pouvoirs, affaires et parenté à l'aube de la Renaissance, Genève 1997; ID., La ville en fête: conceptions et représentations à Francfort (et dans quelques autres villes d'Empire) à la fin du XVe siècle. Dans: Gérald CHAIX (dir.): La ville à la Renaissance. Espaces, représentations, pouvoirs, Tours, à paraître.

et échevins. On tuait alors un cerf que l'on avait nourri dans un enclos au pied des murailles (le fossé au cerf, *Hirschgraben*) et c'était l'occasion d'un banquet du Conseil. Le choix de l'animal, symbole de majesté, n'est pas le fait du hasard, il évoque en effet la chasse et la prééminence impériale tout à la fois, et devient le symbole d'un acte rituel manifestant le pouvoir local des élites dirigeantes du Conseil.

C'est à un véritable feuilletage de mémoires que nous avons affaire et que décrit bien l'illustration qui nous sert de fil conducteur: Charlemagne est ici fondateur de palais, fondateur de ville et fondateur de chapitre tout à la fois, coalescence qui laisse le souvenir de Charlemagne disponible et favorable tant au profit de la collégiale que de la ville elle-même car l'on va voir en effet que le véritable culte rendu à Francfort en faveur de Charlemagne a été une œuvre de consensus entre le Conseil de la cité et le chapitre, une forme de célébration à la fois religieuse et civique qui engage l'ensemble de la communauté.[39]

Cette célébration a commencé si l'on peut dire sur la défensive, au début du règne de Charles IV, dans des circonstances de réconciliation et de bonne volonté envers le nouveau roi qui ont déjà produit le faux de Baldemar von Peterweil. Dès 1353 on voit une statue de Charlemagne en roi mage surmonter le portail sud de la collégiale.[40] Elle occupe une place particulière car elle surmonte à droite un rang inférieur composé, de droite à gauche, d'un prophète, de Pierre, de Joseph, de Marie à l'Enfant, de Balthasar, Melchior et Caspar. Placé au niveau supérieur tout en étant mis en relation avec les Rois Mages, Charlemagne encadre avec Barthélemy la Crucifixion. L'empereur y est représenté avec une barbe, selon un motif favorisé au même moment par Charles IV à Prague, et apparaît comme fondateur de la collégiale dont il porte une maquette. D'autre part, sa mise en relation avec les Rois Mages ravive le souvenir de la canonisation de Charlemagne puisque les reliques des trois rois avaient été données à Cologne par Frédéric Barberousse, auteur de la procédure de 1165 en faveur de «saint» Charlemagne... D'autres monuments ont porté à Francfort la trace d'une célébration particulière de la figure de Charlemagne comme fondateur de la collégiale et patron mi-religieux mi-civique de la cité. En 1365, le Conseil fait achever sur la *Galgentor* des murailles de la ville,[41] cette porte occidentale par laquelle entrent les souverains en ville (comme Charlemagne et les rois francs...), deux statues des patrons de la ville, dont Charlemagne de nouveau à droite et alors représenté en *miles christianus*, portant sceptre et modèle de la collégiale, et également pourvu d'une longue barbe, nouvelle concession au modèle propagé alors par Charles IV. Cette fois, Barthélemy et Charlemagne n'encadrent pas la scène de la Crucifixion comme sur le portail de la collégiale, mais entourent l'aigle impérial à deux têtes frappé sur les armes de la ville et chargé de signaler aux visiteurs que Francfort est ville d'Empire. C'est la seule tour fortifiée de la ville qui portait un programme architectural incluant une statuaire regardant vers

---

39 Pierre MONNET: Führungseliten und Bewusstsein sozialer Distinktion in Frankfurt am Main (14. und 15. Jahrhundert). Dans: Archiv für Frankfurts Geschichte und Kunst, 66, 2000, p. 12-78 et version française de l'article: Élites dirigeantes et distinction sociale à Francfort-sur-le-Main (XIVe-XVe siècles). Dans: Francia, 27, 2000, p. 117-162.

40 JACOBS, Das Bild Karls des Großen (voir n. 22), p. 74. HEUSER/KLOFT (dir.), Karlsverehrung (voir n. 19), p. 115.

41 JACOBS, Das Bild Karls des Großen (voir n. 22), p. 78-86.

l'extérieur, c'est-à-dire chargée d'accueillir le visiteur. Deux considérations peuvent l'expliquer. Comme la porte fridéricienne de Capoue, il s'agissait d'une porte d'entrée triomphale.[42] D'autre part, depuis 1356 et les dispositions électorales de la Bulle d'Or, la ville était un lieu capital de l'Empire. Il s'agissait enfin d'un hommage rendu à Charles IV à travers un Charlemagne érigé en fondateur de l'Empire, de la ville et de la collégiale tout à la fois. En 1356 justement, comme on l'a vu, le légendier de la collégiale est entrepris et la date du 28 janvier commémore la *«Summa de sanctitate meritorum et de gloria miraculorum beati Caroli»* en même temps qu'est consignée la *Translatio* du 27 juillet (instituée par Frédéric II en 1215 à Aix-la-Chapelle).

De nombreux missels et bréviaires du XVe siècle entérinent ces célébrations et au milieu du XVe siècle apparaît dans l'hymne de la troisième séquence de l'office de Charlemagne une version proprement francfortoise qui chasse la référence à Aix-la-Chapelle de l'office consignée depuis le XIIIe siècle dans le «Codex Arnoldi» au profit de la cité du Main en remplaçant le *«Urbs Aquensis urbs regalis»* par *«Franckenfurdensis urbs regalis, regni sedes principalis, prima regni curia»*.[43] On trouve le modèle le plus élaboré de cette version patriotique de l'hymne à Charlemagne dans un missel festif et richement enluminé possédé depuis 1452 par les Rohrbach, l'une des toutes premières familles de patriciens, marchands, bourgmestres et échevins de la ville, qui ont laissé par ailleurs tout un cycle de chroniques rédigées par le père qui était bourgmestre et par le fils qui était chanoine de la collégiale.[44] Le même phénomène se laisse observer dans un bréviaire contenant la fête de Charlemagne mise en exergue comme fête de première classe parmi les *festa principalia*, manuscrit fabriqué dans le premier tiers du XIVe siècle et transmis tout au long du XVe siècle par testaments et mariages au sein des familles de bourgmestres Heller, Frosch et Brun, d'ailleurs tous apparentés aux Rohrbach. Richement conservée par de grandes familles dirigeantes de la ville, cet office de Charlemagne adapté à la situation locale illustre parfaitement le caractère qu'en avait dégagé Robert Folz: une *«ode au patriotisme municipal»* dans lequel l'élite du Conseil tout comme celle de la collégiale pouvaient se reconnaître en plaçant Charlemagne au centre d'une célébration de mémoire qui confirmait Francfort dans son rôle de point central des destinées de tout l'Empire. On en veut encore pour preuve qu'en 1499, un vitrail du couvent des Carmes est inauguré, qui associe là encore Barthélemy et Charlemagne, tous deux en saint, accompagnés des armes de la ville, exactement comme sur la *Galgentor*. En 1499, c'est le Conseil tout entier qui finance une fresque associant les armes de la ville aux deux saints patrons urbains, Barthélemy et Charlemagne. Cette fresque ornait les murs du réfectoire du Couvent des Carmes qui constituait, avec l'église des Dominicains, un des endroits privilégiés des commandes des grandes familles. D'autres signes parlent en faveur d'une étroite association entre le

---

42 Tanja MICHALSKY: ‚De ponte capuano, de turribus eius, et de ymagine Frederici…' Dans: Kai KAPPEL/Dorothee KEMPER/Alexander KNAACK (dir.): Kunst im Reich Kaiser Friedrichs II. von Hohenstaufen, München-Berlin 1996, p. 137-151.

43 Adalbert ERLER: Die Karlsliturgie im Frankfurter Kaiserdom. Dans: Archiv für Frankfurts Geschichte und Kunst, 49, 1965, p. 79-86; Astrid KRÜGER: Die liturgische Verehrung Karls des Großen. Dans: HEUSER/KLOFT (dir.), Karlsverehrung (voir n. 19), p. 26-56.

44 P. MONNET: Les Rohrbach de Francfort (voir n. 38).

patronage carolingien, les intérêts du Conseil et la position de Francfort au sein de l'Empire.

Ainsi, en 1379, le Conseil finance la refonte d'une *Karlsglocke*, cloche de Charles, appelée aussi *Sturma*, que la collégiale fit sonner à partir de 1399 en l'honneur de Charlemagne (*Karlsläuten*), sonnerie aujourd'hui encore en usage le 28 janvier.[45] C'est cette même *Sturma* que l'on faisait voler lors des grandes fêtes de l'année liturgique, lors des entrées royales ou de l'arrivée d'un légat en ville, lors des processions du Conseil ou bien pour la mort d'un bourgmestre ou d'un chanoine et afin d'appeler les princes électeurs à entrer en conclave dans la chapelle de l'élection pour désigner le roi des Romains. Une seconde *Carolusglocke* également financée par les fonds du Conseil d'après la comptabilité de la ville fut fabriquée en 1440. Elle portait les dédicaces aux deux saints Barthélemy et Charlemagne séparés par l'aigle impérial et fut complétée en 1480 par la *Bartholomäusglocke* co-financée cette fois par le Conseil et le chapitre et qui portait sur ses flancs les deux portraits de Barthélemy et Charlemagne.

Un autre élément relie symboliquement Charlemagne, Francfort et l'élection royale. Ainsi, dans le chœur même de la collégiale, le pan gauche du banc capitulaire représente Charlemagne portant le sceptre et la collégiale en miniature et le pan droite figure Barthélemy. Or on retrouve ce diptyque, qui était déjà celui de la porte de la ville et de la cloche, dans la chapelle même de l'élection. Au début du XVIe siècle en effet, des fresques représentant Charlemagne en patron et fondateur de la collégiale furent peintes sur les murs de la chapelle électorale. Charlemagne y est représenté avec Barthélemy, l'un et l'autre encadrant le Jugement Dernier: les deux figures sont celles de convertisseurs et de conducteurs de peuples tandis que l'évocation du Jugement Dernier sonnait comme un avertissement lancé aux Électeurs qui devaient désigner le roi des Romains, souverain universel. Les deux dimensions se retrouvent ainsi accolées à la ville de Francfort qui se présente dans une situation centrale non seulement au sein de l'Empire (lieu de réunion des Électeurs) mais aussi de la Chrétienté. C'est un argument de cette nature qu'avait déjà fait valoir Nicolas de Cues dans son «De concordantia catholica» en proposant Francfort, *«lieu très approprié»*, comme point de rencontre politique régulier d'un Empire rénové conduisant les peuples de la chrétienté à la paix.

Autre concordance et autre rappel encore. Alors que jusqu'en 1429 la frappe de la monnaie avait été confiée par le roi à des monétaires privés, Sigismond accorda ce droit au Conseil de Francfort en son entier avec privilège de battre des florins d'or. Aussitôt c'est le portrait de Charlemagne que le Conseil choisit de frapper sur ce nouveau type monétaire (en s'inspirant du sceau de la ville qui en 1342 montrait Charlemagne en majesté muni du sceptre et du globe impérial), d'où le nom de *Karlsgulden*, l'empereur étant représenté avec l'épée dans la main droite et la collégiale dans la main gauche. Il s'agit là de la réplique exacte de la statue de la *Galgentor* de 1365. Ici encore les intérêts de la collégiale électorale et du Conseil de ville sont intimement liés par figure de Charlemagne interposée, à telle enseigne qu'en 1477 le Conseil fait pein-

---

45 Konrad BUND: Eine Chronik des Frankfurter Domgeläutes. Dans Konrad BUND (dir.): Frankfurter Glockenbuch, Frankfurt am Main 1986, p. 228-314.

dre un portrait de Charlemagne en majesté dans la salle où se déroulait l'élection du bourgmestre selon une figuration qui n'est pas sans annoncer le célèbre portrait de Dürer. Quelques années plus tard, on l'a vu, des fresques représentant Charlemagne vont décorer les murs d'une autre salle d'élection, celle du roi des Romains cette fois: ce parallélisme des décors dans deux salles d'élection placées sous l'évocation de la capitale romaine de la chrétienté universelle – la première salle du Conseil qui s'appelle alors le *Römer* et la seconde qui voit la désignation du *rex Romanorum*, et ce à travers la figure d'un empereur couronné également à Rome – ne peut pas tenir du hasard.

Ville d'Empire, Francfort trouvait en Charlemagne une figure d'identification à la fois universelle et locale: universelle et impériale en cela que Francfort s'empara, comme le firent Aix-la-Chapelle, Nuremberg ou d'autres villes, de symboles disponibles et variés et usa de faux pour se rattacher à tout prix au prestigieux modèle. Il s'agit cependant aussi d'une identification locale dans la mesure où Charlemagne apparaît à Francfort à la fois comme fondateur de la ville et du chapitre, figure mi-religieuse et mi-civique. Ce jeu sur la mémoire et sur le souverain saint satisfaisait aussi bien les intérêts des magistrats du Conseil que ceux des chanoines de la collégiale, d'autant mieux que les uns et les autres appartenaient à la même couche dirigeante de la cité. Ce n'est pas un des moindres mérites du souvenir de Charlemagne que d'avoir contribué à une forme de consensus dans une ville consciente de ses devoirs et de ses intérêts entre foires, diètes et élections royales.

Résumé

Partant de l'ouvrage entre temps classique de Robert Folz sur le culte liturgique de Charlemagne dans les églises de l'Empire (Paris, 1951), la communication se propose d'observer la mise en place du culte puis du souvenir de Charlemagne dans l'une des grandes villes d'Empire de l'Allemagne, Francfort-sur-le-Main. Cette ville est impériale à plus d'un titre, non seulement parce que sa collégiale fut l'une des premières à introduire le culte et la liturgie de l'empereur canonisé en 1165, mais aussi parce que cette même collégiale sert de théâtre à l'élection du roi des Romains, et ce habituellement avant 1356 puis légitimement après la Bulle d'Or. Impériale, la ville l'est encore en raison de son statut juridique et institutionnel: le roi des Romains en est le seigneur direct et lui a accordé des privilèges qui garantissent au Conseil et à la communauté des bourgeois un ensemble de libertés qui place Francfort dans une position de grande autonomie politique, gage d'une prospérité économique alimentée par les deux foires annuelles de la fin du Moyen Âge.

Francfort avait donc plus d'une raison de se sentir redevable envers l'empereur Charlemagne qui y a convoqué en 794 un concile dont la relation écrite fait surgir pour la première fois le nom de *Franconofurd* dans les sources, et qui y établit un palais et une chapelle que Louis le Germanique érige en chapitre d'une collégiale dotée sur le *fiscus* et placée sous le vocable du Saint-Sauveur.

Sous Frédéric Barberousse, promoteur de la canonisation de Charlemagne en 1165, les reliques de saint Barthélemy sont accueillies par la collégiale francfortoise qui est rebaptisée en 1239 sous le vocable du saint. Le terrain se trouve ainsi préparé pour que la rencontre entre Charlemagne et Barthélemy se fasse sous la forme d'abord d'une correction légendaire attribuant à Charlemagne la fondation de la collégiale puis sous la forme, attestée depuis le début du XIVe siècle, d'un double patronage Charlemagne-Barthélemy pour la collégiale, tandis que la liturgie en l'honneur de Charlemagne gagne en importance.

L'association des deux saints aurait pu demeurer limitée à la seule collégiale. Cependant elle déborde le chapitre pour toucher le Conseil et l'ensemble de la ville sous le règne de Charles IV (l'auteur, rappelons-le, de la Bulle de 1356 qui établit Francfort comme lieu coutumier de l'élection dans la collégiale). Chroniques de la ville, mobilier, processions, sceau, monnaies, cloches, portes fortifiées, fresques…, le tout partiellement ou en totalité financé par les caisses du Conseil de ville, amplifient le souvenir et la mémoire de Charlemagne comme triple fondateur du palais, de la collégiale et de la ville. Dans cette ville des foires, des diètes et des élections royales, sous les empereurs Staufen Frédéric Ier et Frédéric II puis sous Charles IV de Luxembourg, tous passés maîtres dans l'usage bien compris de la puissante figure carolingienne, Charlemagne était devenu une autorité mi-religieuse mi-civique qui satisfaisait aussi bien les intérêts des familles du Conseil que celles du chapitre collégial, d'autant qu'il s'agissait des mêmes réseaux de parenté tenant dans leurs mains le gouvernement et la prospérité de la cité.

Zusammenfassung

Ausgehend von Robert Folz' klassischem Werk über den liturgischen Kult um Karl den Großen in den Kirchen des Kaiserreichs (Paris, 1951), möchte der Vortrag zunächst einen Blick auf die Entstehung dieses Kults und der Erinnerung an Karl den Großen in einer der großen Städte des Reiches, Frankfurt am Main, werfen. Dieser Stadt kommt in mehr als einer Hinsicht die Bezeichnung „kaiserlich" zu, nicht nur, weil ihre Stiftskirche als eine der ersten den Kult und die Liturgie des im Jahr 1165 heiliggesprochenen Kaisers eingeführt hat, sondern auch, weil eben diese Stiftskirche als Wahlort des römischen Königs fungierte, und zwar gewohnheitsmäßig bereits vor 1356 und schließlich offiziell nach Erlass der Goldenen Bulle. Kaiserlich war diese Stadt auch aufgrund ihrer rechtlichen und institutionellen Stellung: Der römische Kaiser war ihr direkter Herr und hat ihr Privilegien gewährt, die dem Rat der Stadt sowie der Gemeinschaft ihrer Bürger eine Reihe von Freiheiten garantierten, die Frankfurt eine höchst unabhängige politische Stellung verschafften. Diese war Unterpfand für einen wirtschaftlichen Wohlstand, der seit dem späten Mittelalter durch die zwei jährlichen Messen gefördert wurde.

Frankfurt hatte daher allen Grund, sich Kaiser Karl dem Großen gegenüber dankbar zu zeigen, der 794 hier ein Konzil einberufen hatte, in dessen Niederschrift erstmals der Name „Franconofurd" in den Quellen begegnet, und der hier eine Pfalz und eine Kapelle errichten ließ, an der Ludwig der Deutsche ein Stiftskapitel unter dem Patrozinium des Heiligen Erlösers errichtete und mit Königsgut dotierte.

Unter Friedrich Barbarossa, der die Heiligsprechung Karls des Großen im Jahr 1165 vorantrieb, wurden die Reliquien des Heiligen Bartholomäus in die Frankfurter Stiftskirche überführt, die ihm 1239 geweiht wurde. So war das Feld dafür bereitet, dass sich Karl der Große und Bartholomäus begegnen konnten, zunächst in der Form einer korrigierten Legende, die Karl dem Großen die Gründung der Stiftskirche zuschrieb, dann in der Form des seit Anfang des 14. Jahrhunderts nachgewiesenen Doppelpatroziniums Karl der Große und Bartholomäus, während die Liturgie zu Ehren Karls des Großen an Bedeutung gewann.

Die Verbindung der beiden Heiligen hätte auf die Stiftskirche beschränkt bleiben können. Sie griff jedoch während der Regierungszeit Karls IV. (der die Goldene Bulle von 1356 erließ, die Frankfurt zum Ort der Königswahl in der Stiftskirche machte) vom Kapitel auf den Rat und auf die gesamte Stadt über. Chroniken der Stadt, Ausstattungen, Prozessionen, das Siegel, Münzen, Glocken, befestigte Stadttore, Fresken..., all das, zum Teil oder ganz aus den Kassen des städtischen Rates finanziert, verstärkte die Erinnerung und das Gedenken an Karl den Großen als dreifachen Gründer der Pfalz, der Stiftskirche und der Stadt. In dieser Stadt der Messen, der Hoftage und der Königswahlen wurde Karl der Große in der Zeit der Stauferkaiser Friedrich I. und Friedrich II. sowie anschließend unter Karl IV. von Luxemburg – sie alle Meister in der Nutzung der mächtigen karolingischen Persönlichkeit für ihre Zwecke – zu einer halbreligiösen und halbweltlichen Autorität hochstilisiert, die ebenso gut den Interessen der Ratsfamilien wie jenen des Domkapitels diente, zumal es sich bei beiden um dieselben verwandtschaftlichen Netzwerke handelte, welche die Regierung und das wirtschaftliche Wohl der Stadt in Händen hielten.

Francis Rapp

Robert Folz, historien du Saint Empire

En prenant la parole ici dans le cadre d'une journée d'études consacrée à Robert Folz, j'éprouve une émotion que je ne peux dissimuler. Je dois tant à ce maître que je suis conduit parfois à dire que je lui dois tout. Il m'a toujours conseillé et, dans les moments difficiles, soutenu. Ce guide, j'ai toujours cherché à le suivre ... de loin. Comme l'a fort bien exprimé M. Lagrange, dans l'hommage rendu à Robert Folz par l'Académie de Dijon, moi aussi j'ai voulu être son damoiseau, sans espérer être un jour le chevalier qu'il a été.[1]

L'honneur que me font les organisateurs de cette rencontre est grand et je les remercie vivement de m'avoir accordé cette marque d'estime. Qu'ils veuillent bien m'accorder aussi leur indulgence, car la tâche dont je vais m'acquitter n'est pas simple. Dans l'oeuvre de Robert Folz, les études qu'il a consacrées à l'Empire sont nombreuses et je ne suis pas sûr de les avoir lues toutes avec la même attention; d'importance quantitative inégale, ces travaux sont tous d'une très grande qualité. En faire l'inventaire serait sans doute impressionnant – car la liste est fort longue – mais risquerait de lasser l'assistance; il faut donc les présenter dans un certain ordre. J'ai choisi d'en faire découler la suite de leur source, la thèse de Robert Folz, son chef d'oeuvre au sens corporatif du terme; dans le fleuve qu'ils forment, je distinguerai trois bras principaux, l'étude des événements, celle des institutions, enfin celle des idées et des passions; en guise de conclusion, je tenterai de caractériser l'ensemble de ces travaux, mais je me garderai bien de porter sur eux une appréciation, car il n'appartient pas au damoiseau de juger le chevalier.

Il est toujours délicat de reconstituer la genèse d'une vocation et quelque peu prétentieux de se lancer dans une telle entreprise. Peut-on définir les motifs qui ont guidé le choix de ses sujets de recherches lorsqu'il s'agit d'un homme aussi discret que Robert Folz? Il parlait si peu de lui. Contentons-nous de rappeler quelques données bien connues et qui ont pu l'orienter. Robert Folz était messin; il était profondément attaché à sa ville natale dont son grand-père Nicolas Jung avait été maire – il lui dédia son premier ouvrage en 1931 –, or Metz était une cité de culture française mais en même temps elle fut jusqu'en 1648 une ville d'Empire. Charles IV y proclama la grande charte de ce Saint Empire, la Bulle d'Or, en 1356.[2] Probablement le souverain voulait-il montrer ainsi qu'il y était chez lui, même si les Messins n'entendaient pas reconnaître le *«seigneuriage de l'empereur»* et mettaient leur ville en état de défense lorsqu'il annonçait sa venue. Dans l'histoire de Metz apparaissent ainsi deux des traits qui caractérisent l'histoire de l'Empire: le prestige du souverain et la faiblesse de son pouvoir.

---

1 Jean RICHARD/Michel LAGRANGE: Éloge de Robert Folz. Dans: Académie des sciences, arts et belles lettres de Dijon, 1999, p. 109.

2 La proclamation de la Bulle d'Or à Metz, le 25 décembre 1356. Dans: Annuaire de la Société d'Histoire et d'Archéologie de la Lorraine LVII (1957), p. 159-167.

Robert Folz voulut-il voir de plus près ce qu'il en était lorsqu'il choisit, en accord avec son professeur Robert Parisot, qui enseignait alors l'histoire du Moyen Âge à Nancy, le sujet de son diplôme d'études supérieures: «Le concordat germanique et l'élection des évêques de Metz»? Peut-être. Ce qui est certain, c'est que ce n'étaient pas *«des épisodes d'histoire locale»* qui l'intéressaient, mais *«les tentatives des souverains du Saint Empire pour attacher solidement l'évêché au corps germanique»*.[3] La ville de Metz appartenait-elle vraiment à la nation germanique, avec laquelle le pape avait traité en 1448? La réponse n'allait pas de soi, semble-t-il, puisqu'il fallut qu'en 1450 une bulle de Nicolas V levât toute ambiguïté. Le jeune licencié – il n'avait que 18 ans – se mit au travail avec cette ardeur qu'il garda toute sa vie et sut exposer le fruit de ses efforts avec une telle rigueur et si clairement que son diplôme fut jugé digne d'être imprimé en 1931. L'année de sa majorité fut donc marquée par la publication de son premier ouvrage. En analysant sa documentation, Robert Folz avait découvert l'originalité d'un organisme politique qui était, à la fin du Moyen Âge, un étrange composé de gloires passées et d'institutions compliquées. L'examen approfondi des contrastes et des contradictions qui tissaient l'histoire de cet État offrait à l'historien un thème de réflexion et d'investigation d'une grande richesse. Explorer ce domaine n'était pas une tâche facile, mais les difficultés ne faisaient pas peur à Robert Folz, on serait tenté de dire qu'elles l'attiraient.

À Strasbourg, où il se rendit pour préparer l'agrégation, il trouva des maîtres que le monde germanique ne laissait pas indifférents. À cette époque, toutes les conditions étaient réunies là pour qu'un étudiant travailleur et doué pût s'enrichir considérablement l'esprit. Marc Bloch lui-même qualifie ces années de *«belles»*; Marc Bloch, dont Robert Folz suivit l'enseignement avec passion; ce professeur, d'un naturel réservé, savait enthousiasmer ses auditeurs. Il avait dès 1924 élargi les horizons que scrutaient les disciples de Clio; le sujet de ses «Rois thaumaturges» était entièrement nouveau; les «Caractères originaux de l'histoire rurale française» ne s'écartaient pas moins des sentiers battus et déjà mûrissait le grand ouvrage d'un écrivain trop tôt disparu, emporté par la tragédie de la guerre, «La société féodale». Avec Lucien Febvre, Bloch avait lancé les «Annales d'histoire économique et sociale» dont chaque livraison illustrait leur programme commun d'histoire totale. Le sens de l'humain y était méthodiquement affiné pour inciter les étudiants, comme leurs guides, *«à chasser leur gibier, là ils flairaient la chair humaine»*. Mais Robert Folz, s'il ne fut sûrement pas insensible à l'attrait de cette école, si jeune encore et déjà si conquérante, ne laissa pas d'apprécier l'enseignement donné par Charles-Edmond Perrin, l'érudit scrupuleux qui peaufinait alors ses thèses consacrées à «La seigneurie rurale en Lorraine» et à «L'abbaye de Marmoutier au XIIe siècle», l'excellent pédagogue plus soucieux de rigueur et de clarté que de brillance. Robert Folz arriva-t-il à temps sur les bords de l'Ill pour suivre les cours donnés par Bloch aux *«agrégatifs»* d'allemand sur l'Empire et l'idée d'Empire sous les Hohenstaufen? Plus probablement, il en lut le texte dans la «Revue des cours et conférences». Une seule leçon présente les institutions, toutes les autres s'attachent aux idées; quiconque connaît l'oeuvre de Robert Folz trouvera très évocateurs les titres de ces exposés: les souvenirs historiques, l'empereur personnage sacré, le messianisme

3 Le concordat germanique et l'élection des évêques de Metz, Metz 1931.

… Dès que celui-ci eût franchi l'obstacle de l'agrégation, en 1933, il prit langue avec ce maître et lui demanda de diriger la thèse de doctorat dont il définit le sujet en accord avec lui: «Le souvenir et la légende de Charlemagne dans l'Empire germanique médiéval». La réalisation de ce travail demanda 15 ans. Ce délai, qui peut sembler très long à première vue, s'explique aisément. Marc Bloch était un directeur exigeant: lors de la dernière entrevue qu'il eut avec son doctorant, en 1942, à Montpellier, il lui dit enfin, neuf ans après que l'oeuvre avait été mise en chantier, qu'il avait bon espoir de la voir menée à bonne fin. Chacun sait que le destin le priva de cette joie: les Allemands le fusillèrent en 1944. Robert Folz était alors mobilisé dans les rangs de l'armée qui, partie d'Afrique du Nord, s'apprêtait à libérer la patrie. Charles-Edmond Perrin prit le relais, et qui a travaillé sous sa direction sait qu'il n'aimait guère l'à-peu-près. Est-il besoin de dire que Robert Folz lui-même ne prenait pas ses tâches à la légère et que le souci d'exactitude qui l'habitait lui interdisait de lâcher prise aussi longtemps qu'il n'avait pas trouvé la réponse juste à la question qu'il avait cru devoir poser? Il ne se départit même pas de cette scrupuleuse recherche de la vérité pendant qu'il mettait la dernière main à son travail; Madame Folz, qui dactylographiait son texte, retrouvait, le matin, raturées impitoyablement, les pages qu'elle avait copiées la veille; son mari, qui veillait tard, les avait relues, laissant la marque de ses repentirs sur son manuscrit. Il était tellement plus important à ses yeux de faire bien que d'aller vite! N'oublions pas l'enseignement, qu'il assurait de front: à Mulhouse d'abord, puis à Strasbourg jusqu'en 1939, à Oran de 1940 à 1942, à Strasbourg de nouveau, une fois la guerre terminée. Robert Folz fut un professeur dont tous les élèves, même ceux qui n'étaient pas spontanément attirés par l'histoire, gardent un souvenir lumineux. À Berlin, où l'Institut français l'avait appelé pour donner des conférences en 1936-1937, il observa non sans inquiétude la montée d'un nazisme fanatique: il avait vu des fidèles quitter l'église pendant la lecture de l'encyclique «Mit brennender Sorge». Ainsi s'annonçait le cataclysme. Robert Folz n'y assista pas en spectateur; il fut mobilisé deux fois, en 1939, puis en 1942, et sa conduite lui valut des distinctions dont sa modestie lui interdisait de parler. Même pour le travailleur acharné qu'il était, il n'était pas possible d'échapper aux contraintes d'un emploi du temps émietté par la multitude des obligations et des occupations; la recherche d'abord, puis la rédaction ne pouvaient progresser que lentement. La rédaction surtout; chargé d'enseigner l'histoire ancienne et médiévale à l'université de Dijon en 1947, Robert Folz, jusqu'à ce qu'il eût trouvé à se loger rue Colonel Marchand, fit de longues navettes, entrecoupées de haltes, et de nombreux passages de la thèse furent écrits sur une table de restaurant en attendant la correspondance. En 1949, le *magnum opus* put être soutenu et, l'année suivante, publié.[4]

Résumer cet imposant ouvrage est impossible; tentons de le caractériser. Nous y découvrons une des composantes de la mémoire collective d'un grand peuple. Elle se manifeste dans les textes aussi bien que dans les monuments, dans tous les témoignages que réunit pour en scruter la signification l'histoire des mentalités, qui relaye et complète l'histoire littéraire. Il ressort de l'analyse méthodique de tous ces documents que l'Église a été la colonne sur laquelle a reposé l'édifice impérial, comme le démon-

4 Le souvenir et la légende de Charlemagne dans l'Empire germanique, Paris 1951.

tre toute une tradition savante et partant cléricale. Fondée par Eginhard, celle-ci imprègne la pensée politique des souverains qui président aux destinées de l'Empire recréé par Otton Ier en 912; une place particulière revient à son petit-fils Otton III; l'apogée de ce mouvement d'idées est atteint pendant la Querelle des Investitures et la canonisation de Charlemagne en 1165 lui confère un éclat particulier. C'est à cette époque qu'Otton de Freising élabore sa vision grandiose d'une continuité glorieuse, faisant des Teutons les héritiers des Francs. Lorsqu'après 1250 l'Empire s'efface et que la papauté puis la France occupent le devant de la scène, les vainqueurs reprennent l'idée-force qui avait galvanisé leur adversaire. Les papes revendiquent pour eux la *translatio imperii*; ils font de l'Empire ce qu'ils jugent souhaitable et des empereurs ce qu'ils croient nécessaire. Pour autant, la tradition impériale n'est pas entièrement délaissée dans ce qui subsiste de l'Empire germanique. À Charles IV, elle fournit les éléments d'un décor d'apparat; aux penseurs tels qu'Alexandre de Roes et Dante, elle offre la structure de leurs théories; au peuple allemand, elle propose le rêve qu'entretient l'espérance messianique. Elle est accaparée par des particularismes qui tentent ainsi de se donner une légitimité; nombreux sont ceux qui la détournent de sa fin première, des Électeurs aux villes en passant par les dynasties princières. C'est à ce moment que le souvenir se charge de données tirées d'une légende élaborée en France; Charlemagne y est devenu un Français qu'il faut non sans mal naturaliser Allemand. En tout état de cause, après la fin des Hohenstaufen, le souvenir du grand empereur auréole l'Empire de gloire mais il le détourne de missions plus modestes et pourtant plus urgentes; il l'empêche de devenir un véritable État; l'*imperium* ne se transforme pas en *regnum*: que le mot *Reich* soit resté l'équivalent de royaume et d'empire à la fois est significatif.

La thèse de Robert Folz est donc une histoire de l'Empire et du peuple allemand. L'étude des idées n'a pas fait oublier à l'auteur l'histoire des hommes; son livre nous permet de contempler une admirable suite de portraits. Ne laissons pas dans l'ombre la thèse secondaire consacrée au culte liturgique de Charlemagne; elle témoigne de l'extraordinaire familiarité de notre maître avec les textes et les rubriques de la liturgie; grâce à cette parfaite connaissance, il a pu réaliser un travail à la fois solide et neuf; il y montre que la vénération de saint Charlemagne fut particulièrement fervente au XVe siècle, où elle exaltait son rôle de fondateur et de propagateur de la foi; elle n'était pas encore éteinte à Trèves quand en 1748 F. G. de Schoenborn y édita son bréviaire.[5] La valeur des deux ouvrages fut reconnue par les savants qui en assurèrent la recension. Vercauteren dans le *Moyen Âge* en 1952 salua *«la sûreté de la méthode, le souci de l'érudition; la science de l'historien et le talent d'exposition forcent l'admiration»*;[6] le jugement de R. Elze dans le «Deutsches Archiv für Erforschung des Mittelalters» n'est pas moins élogieux: *«in vorbildlicher Sachlichkeit, mit profunder Kenntnis der Quellen und der* [...] *Literatur* [...] *für viele Forschungen auf dem Gebiet der deutschen Geschichte unentbehrlich»*.[7] Les orfèvres en la matière s'accordaient

5 Études sur le culte liturgique de Charlemagne dans les églises de l'Empire, Paris 1951.
6 Le Moyen Âge, 1952, p. 379-391.
7 Deutsches Archiv für die Erforschung des Mittelalters, 1951, p. 580 et suiv.

donc pour trouver que Robert Folz leur avait présenté un chef d'oeuvre dans tous les sens du terme.

La thèse d'État est souvent l'oeuvre d'une vie, parfois la seule de toute une vie. Mais Robert Folz n'était pas de ceux qu'un ouvrage épuise. Le thème sur lequel il avait travaillé pendant plus d'une décennie se prêtait à de multiples variations. Laissons là le vocabulaire musical et retenons une image plus banale, empruntée à la botanique. Tout le monde admirait le bel arbre que Robert Folz avait planté. Dans l'abondante ramure qu'il développe, distinguons pour la commodité de l'exposé quelques maîtresses branches. Remarquons d'abord – en passant car ce n'est pas mon sujet – que Charlemagne était une figure de trop grande taille pour tenir tout entier dans le cadre pourtant fort vaste du Saint Empire. Robert Folz ne négligea pas ce qui le dépassait; il savait que nombreux avaient été ceux qui regrettaient l'absence d'une comparaison entre le cas allemand et le cas français. Il se chargea donc volontiers du volume qui dans la série des «Trente journées qui ont fait la France» présente «Le couronnement de Charlemagne»;[8] un des chapitres de ce livre consacre de substantiels développements au roi de France successeur de Charlemagne. Lorsque les universitaires européens élevèrent un monument à la gloire du grand empereur en 1965, la contribution de Robert Folz porta sur les «Aspects du culte liturgique de Saint Charlemagne en France».[9] Mais revenons au Saint Empire.

Jamais Robert Folz ne déprécia la trame évènementielle du passé. À plusieurs reprises, des éditeurs demandèrent à l'excellent connaisseur de l'histoire allemande qu'il était d'en évoquer les grandes étapes ou d'en décrire les articulations les plus importantes. Pour un savant scrupuleux comme il l'était, ce travail était épuisant; comment faire tenir dans un espace dont un miniaturiste se fût peut-être contenté d'amples fresques, comment composer un texte nuancé, dense et clair à la fois? Dans la nouvelle mouture du tome V du «Halphen et Sagnac» paru quand il était encore étudiant et dont il dirigea la refonte, il ne s'accorda qu'une vingtaine de pages, mais chaque mot y a son poids et y tient une place juste.[10] Emile Léonard le chargea d'assurer dans le volume de l'«Histoire universelle» traitant du Moyen Âge la présentation du monde germanique de 919 à 1519. Cette vue d'ensemble comprend la société, l'économie et la civilisation, mais l'exposé des faits est centré, comme il se doit, sur l'Empire, et le lecteur repère facilement les grandes étapes de son évolution; il retient que le destin de l'Allemagne se joua entre 1150 et 1250, que l'ambivalence de l'idée impériale a marqué le destin du peuple allemand: elle lui a donné la conscience de son unité, mais elle a empêché la formation d'un État national. *«Comment ajuster une communauté de culture aux nécessités de l'Etat? C'est là le problème permanent de l'Allemagne moderne».*[11]

---

8 Le couronnement impérial de Charlemagne, coll. «Trente journées qui ont fait la France», Paris 1964.

9 Aspects du culte liturgique de Charlemagne en France, dans: Wolfgang BRAUNFELS/Percy Ernst SCHRAMM (Hrsg.): Karl der Große. Lebenswerk und Nachleben. Bd. 4: Das Nachleben, Düsseldorf, 1967, p. 77-99.

10 De l'Antiquité au monde médiéval, dir. avec la collaboration d'A. GUILLOU, L. MUSSET, D. SOURDEL, Paris, 1ère éd. 1972, 2e 1990. Contribution: p. 1-86, 289-413.

11 Le monde germanique du Xe au XVe siècle. Dans: Histoire universelle, Paris 1957, citation p. 689.

En 1967 parut « La naissance du Saint Empire » .[12] Outre un récit circonstancié des événements, Robert Folz donne dans cet ouvrage un aperçu de la problématique à laquelle les souverains étaient confrontés. Ils se trouvaient devant un dilemme; il leur fallait agir simultanément à l'Est et au Sud, tout à la fois veiller à la sauvegarde et dans toute la mesure du possible à l'expansion de l'espace germanique et s'assurer la maîtrise de l'Italie. Otton III – pour lequel Robert Folz semble avoir eu une espèce de prédilection – occupe une place centrale dans ce livre qui offre au lecteur un choix de documents; de ces documents qui ne sont pas aux yeux de l'auteur des carrières auxquelles on arrache des matériaux, mais des témoignages qu'il convient d'écouter avec attention. C'est un document aussi et quel document somptueux que la couronne, dont Robert Folz analyse la symbolique dans l'esprit de P. E. Schramm et de H. M. Decker-Hauff.

Les organisateurs du Colloque commémorant le concile de Lyon en 1274 prièrent le parfait connaisseur des affaires germaniques au Moyen Âge de faire une communication sur «Le deuxième concile de Lyon et l'Allemagne».[13] Avec une minutie vraiment exemplaire cet exposé suit à la trace, dans une cinquantaine de chroniques et les statuts de seize synodes provinciaux, la pénétration de la législation conciliaire en Allemagne. L'histoire de l'Église et celle de l'Empire s'imbriquent. L'évêque d'Olmütz fait l'inventaire des abus qui défigurent l'une et propose pour le gouvernement de l'autre le concurrent de Rodolphe de Habsbourg, Ottokar de Bohème, dont il plaide la cause avec force. La décime levée pour défendre la Terre Sainte rencontre une opposition dont le souvenir alimentera le ressentiment antiromain perceptible en Allemagne à la fin du Moyen Âge.

La thèse de Robert Folz avait introduit ses lecteurs dans l'édifice complexe des institutions de l'Empire germanique. Il eut à plusieurs reprises l'occasion d'y pénétrer à nouveau pour en montrer la formation et pour en éclairer les éléments fondamentaux. Il le fit pour répondre à la demande de la Société Jean Bodin, dont l'étude comparative des institutions est la raison d'être et qui fit paraître en 1973 un volume sur «Les grands empires».[14] Sa contribution révèle la fragilité d'une construction dont le ciment le plus solide était la symbiose de l'Église et de l'Empire, une symbiose que la lutte pour le pouvoir universel devait défaire. Elle prouve aussi que pour survivre l'Empire dut subir une mutation et devenir national. En 1975, le colloque de Reims sur le sacre permit à Robert Folz de mettre en lumière la politique des papes qui modifièrent systématiquement le rituel du sacre impérial afin d'affaiblir le caractère sacré du souverain, un caractère qui était sa force principale; de changement en changement, les *ordines* finirent par ne plus faire de l'empereur que le bras séculier de la papauté.[15]

En 1969 déjà Robert Folz avait donné au volume de la Société Jean Bodin sur les régimes monocratiques une contribution dans laquelle, d'entrée de jeu, il fait une mise

---

12 La naissance du Saint Empire, coll. «Le mémorial des siècles», Paris 1967.

13 Le deuxième concile de Lyon et l'Allemagne. Dans: 1274, année charnière, mutations et continuités, Lyon, Paris 1974, p. 449-479.

14 Le Saint Empire Romain Germanique. Dans: Recueils de la Société Jean Bodin, T. XXXI, Les grands Empires, Bruxelles 1973, p. 309-355.

15 Le sacre impérial et son évolution (Xe-XIIIe siècle). Dans: Le sacre des rois, Colloque international des sacres royaux, Reims 1975, Paris 1985, p. 89-100.

au point: l'Empire est un régime aristocratique à présidence monarchique.[16] Il appuie cette affirmation sur une présentation systématique et convaincante du droit et des institutions: les pouvoirs du monarque sont bridés et les moyens dont il dispose, d'une faiblesse insigne. Le royaume germanique n'est pas devenu un État; c'est à l'intérieur des territoires que se sont développées et progressivement constituées les structures d'un État.

Une des étapes de cette formation avait été déjà suivie par Robert Folz dans les «Études suisses d'histoire générale» en 1963.[17] On y voit comment les assemblées d'État ont d'abord servi à limiter l'arbitraire des princes, puis les ont aidés à jouer leur rôle de *Landesvater*, de *«père de la patrie»* – étant entendu qu'il s'agit de la *«petite patrie»*, du pays, et non de la grande, de l'Empire, du *Reich* – avant d'être finalement domestiquées et soumises aux ordres de l'*Obrigkeit*, de l'autorité princière.

L'examen des événements et des institutions ne fait pas perdre de vue les idées, qui sont l'âme du corps politique. Au cours de sa soutenance, en 1949, L. Halphen et H. I. Marrou avaient dit l'un et l'autre à Robert Folz quelle importance cruciale ils reconnaissaient à l'idée d'Empire.[18] Quatre ans plus tard celui-ci fit paraître un ouvrage qui leur donnait raison.[19] Dans un cadre chronologique élargi, puisque le point de départ de l'étude remonte jusqu'au Ve siècle, il observe l'action d'une idée-force et son évolution. Une idée d'une robustesse remarquable puisqu'à deux reprises, elle survécut à la disparition des réalités politiques qui l'avaient produite et qu'elle avait animées: d'abord entre l'écroulement de l'Empire carolingien et la naissance du Saint Empire, ensuite lorsque cet Empire parut avoir perdu toute vigueur, après 1250. Vivace, l'idée d'Empire fit preuve d'une heureuse plasticité; elle put s'adapter aux besoins de l'institution, réalisant la délicate harmonisation de ses composantes romaines et franques, s'avérant capable de se conformer même aux visées de la papauté qui réussit à faire jouer en sa faveur le mécanisme de la *translatio*; elle se transforma, d'une part, en décoration prestigieuse des États nationaux, en France comme en Allemagne, d'autre part, en doctrines séduisantes mais utopiques, enfin en espérance messianique. Elle répondait au besoin de l'*ordinatio ad unum*, qui constamment renouvelait sa vitalité.

Après avoir survolé toute l'histoire de cette idée, Robert Folz a voulu voir de plus près quelques-unes de ses étapes. Il s'est d'abord arrêté à l'époque ottonienne.[20] Adopté par Otton Ier, le concept d'Empire a été adapté par Otton III qui en privilégie la composante romaine et qui parvient à faire entrer, grâce à Sylvestre II, la papauté dans son plan de communauté chrétienne sous la présidence du souverain pontife et de l'empereur associés. Réussite éphémère d'un projet que les nécessités de la *«Realpolitik»* avaient d'avance condamné. Robert Folz s'est aussi penché sur la conception qu'Otton de Freising avait de l'Empire. Otton, qui comme Rainald de Dassel, le chan-

---

16 Le régime monocratique en Allemagne, XIe au XVe siècle. Dans: Recueils de la Société Jean Bodin, t. XXII, La monocratie, Bruxelles 1969, p. 241-327.

17 Les assemblées d'État dans les principautés allemandes au Moyen Âge. Dans: Études suisses d'Histoire générale 20 (1962/63), p. 167-187.

18 Marc BONNET: Compte-rendu de soutenance. Dans: Revue historique, 1950, p. 188.

19 L'idée d'Empire en Occident, Paris 1953.

20 L'interprétation de l'Empire ottonien. Dans: Orient et Occident, Colloque de la Société des historiens médiévistes de l'enseignement supérieur public (Dijon, 1978), Dijon 1980, p. 15-27.

celier de Barberousse, avait fait des études à Paris, était un homme de foi, qu'une vie spirituelle de qualité n'empêchait pas de s'intéresser à la politique et de situer celle-ci dans des perspectives très larges. Deux articles sont consacrés à cet homme de haute naissance et de grand talent; ils l'insèrent dans la tradition augustinienne des *«deux cités»* et mettent en scène ce témoin avisé des controverses de son temps.[21]

Passant du côté des papes, Robert Folz observe leur état-major, des savants spécialisés, les canonistes, qui proposent au souverain pontife des plans d'action, fournissent et fourbissent ses arguments. Ils appartiennent à deux écoles: les uns, partant d'une lecture dualiste de la *translatio imperii*, concluent à l'indépendance du pouvoir impérial; les autres, tenants d'une interprétation hiérocratique de l'histoire, estiment au contraire que toute autorité est contenue dans le spirituel, qui peut à sa guise en déléguer une part, puis en dessaisir le délégataire. Après le *premier interrègne*, ouvert par la mort de Henri VI, la seconde école absorbe progressivement la première, sans l'anéantir tout à fait: il est significatif que le Vicaire du Christ ne soit autorisé à déposer l'empereur qu'une seule fois.[22]

La *translatio* – ce courant qui, de l'Orient à l'Occident, charrie sagesse et pouvoir à travers les siècles – finit par servir d'explication à tous les faits; même la chevalerie est comprise de cette façon. Moritz von Kraun, adaptant le Cligès de Chréstien de Troyes, y fait entrer ce mythe: la *Ritterschaft* se propage d'un peuple à l'autre, par héritage. *«Les chevaliers sont fiers d'être les continuateurs d'un passé prestigieux que les Hohenstaufen font revivre»*.[23]

À l'époque où l'idée d'Empire semble coupée des réalités, Charles IV, un *«Realpolitiker»* avéré, ne peut que se détourner du programme auquel Beccari voudrait l'intéresser en 1376: un Empire détaché du religieux et centré sur Rome, une sorte de *renovatio imperii* qui, à la différence de celle dont avait rêvé Otton III, aurait été sécularisée.[24]

Enfin, comment ne pas inclure dans l'étude des idées et des représentations animant et dirigeant le corps politique, les travaux que Robert Folz a consacrés à la monarchie sacrale? Les saints rois et les saintes reines apposent de quelque manière le sceau de l'authenticité à l'image du souverain. Mais je veux mentionner seulement un sujet dont mon collègue Corbet parlera bien mieux que je ne saurais le faire.

À la fin de ce tour d'horizon, est-il possible d'apprécier l'apport de Robert Folz à l'histoire du Saint Empire? Disons tout de suite qu'il a mis à la disposition des lecteurs français la connaissance de cette histoire. Il suffit de jeter un coup d'oeil sur la biblio-

---

21 Sur les traces de saint Augustin: Otton de Freising, historien des deux Cités. Dans: Collectanea ordinis Cisterciensis, 1958; Otton de Freising, témoin de quelques controverses intellectuelles de son temps. Dans: Bulletin de la Société Historique de Langres XII (1958), n° 171 et 172, p. 79-90.

22 Translation de l'Empire et déposition de l'empereur dans la vision des canonistes et des papes (1140-1245). Dans: Ernst-Dieter HEHL/Hubertus SEIBERT/Franz STAAB (Hrsg.): Deus qui mutat tempora. Menschen und Institutionen im Wandel des Mittelalters. Festschrift für Alfons Becker zu seinem 65. Geburtstag, Sigmaringen 1987, p. 321-334.

23 L'histoire de la chevalerie d'après Moritz von Craun. Dans: Études germaniques, 32 (1977), 2, p. 119-128.

24 Der Brief des italienischen Humanisten N. dei Beccari an Karl IV. Dans: Historisches Jahrbuch 82 (1963), p. 148-162.

graphie du sujet en notre langue. Retirons de la liste des titres énumérés dans le volume de l'«Histoire universelle» paru en 1957 ceux qui sont dus à Robert Folz, à Philippe Dollinger et Jean Schneider, ne resteront que des chapitres d'histoire événementielle, rédigés par E. Jordan et L. Halphen; ajoutons les cours donnés par Charles-Edmond Perrin – il n'a pas écrit l'ouvrage qui aurait dû prendre place dans la collection Glotz. C'est dire que de vastes secteurs ouverts par l'école des Annales aux disciples de Clio restaient de la *terra incognita* lorsqu'ils se trouvaient dans l'espace germanique: les mentalités, les sentiments, les idées, c'est-à-dire justement les domaines que Folz devait explorer.[25] Disciple de Bloch plus que de Fèbvre, il ne cherchait pas l'effet. Son style est très sobre. Il fait un usage très mesuré de l'adjectif et de la métaphore. Le but qu'il vise c'est la clarté de l'exposé; or il est difficile d'atteindre ce but car la matière se prête mal à l'entreprise; elle est d'une infinie complexité, de cette complexité que le lecteur français a en horreur; il faut débrouiller les fils d'un écheveau dont Folz connaît chaque brin. Car il a lu les sources avec une attention passionnée, il n'a pas craint de se familiariser avec les innombrables travaux, gros ouvrages ou minces articles, des historiens allemands. Avec son ami et camarade d'études Philippe Dollinger, il a repris en 1952 la rédaction du «Bulletin historique d'Allemagne» dans la «Revue historique», rubrique créée par Marc Bloch vingt ans plus tôt. Jusqu'en 1985, les chercheurs ont pu se tenir au courant grâce à cette présentation régulièrement renouvelée de l'historiographie d'Outre-Rhin.

Lorsqu'ils l'ont appelé à faire partie de leur compagnie, les membres de l'Académie de Mayence ont salué la valeur exceptionnelle du savant, dont la *Gründlichkeit* ne souffrait nullement d'être comparée à la leur. Sans doute ont-ils pensé que cet honneur serait un témoignage de gratitude: peu de Français avaient autant que lui oeuvré dans son domaine pour qu'en France l'Allemagne fût mieux connue, et cela sans aucun préjugé, *«in nobler Unvoreingenommenheit»,* dit Kurze en 1967 dans un compte-rendu de la «Historische Zeitschrift».[26]

Chercheur intrépide, Robert Folz a été, par la plume comme de vive voix, un enseignant dont ceux qui ont suivi les cours garderont toujours le souvenir. Cet homme si discret, si sobre dans l'expression de ce qu'il pensait et ressentait, contrôlait une passion d'une force exceptionnelle dont la maîtrise concentrait encore l'énergie. Tous ceux qui ont bénéficié de ce rayonnement l'ont admiré; bien après sa mort, il reste l'exemple inimitable. *Defunctus adhuc loquitur.*

Résumé

Robert Folz a consacré une bonne partie de ses publications à l'Empire. Sa thèse - *Le souvenir et la légende de Charlemagne* (publiée à Paris en 1951) - soutenue en 1949 et dont «la sûreté de la méthode, le souci de l'érudition et la clarté de l'exposition» ont été salués par les meilleurs connaisseurs, peut être considérée comme une histoire de l'Empire. Robert Folz n'a plus délaissé ce chantier. Dans une bonne vingtaine d'ouvrages et d'articles, il a étudié les événements majeurs et les principaux acteurs de

25 Le monde germanique (voir n. 11), p. 689-693.
26 Historische Zeitschrift, 1967, p. 658 et suiv.

cette histoire, mais également les institutions de l'organisme complexe qu'était l'Empire et les idées qui avaient présidé à sa naissance et qui l'avaient animé.

Robert Folz a permis aux lecteurs français de se familiariser avec des questions d'une importance capitale, car il a su en présenter clairement les richesses parfois foisonnantes sans jamais les simplifier abusivement.

Zusammenfassung

Robert Folz hat einen großen Teil seiner Publikationen dem mittelalterlichen Kaiserreich gewidmet. Seine 1949 verteidigte Doktorarbeit *Le souvenir et la légende de Charlemagne* (Karl der Große in Erinnerung und Legende, 1951 in Paris veröffentlicht), die wegen der „Sicherheit in der Methode, der sorgfältigen Berücksichtigung des Standes der Wissenschaft und der Klarheit der Darstellung" von den bedeutendsten Fachkollegen gerühmt wurde, kann als eine Geschichte des Reiches betrachtet werden. In der Folgezeit hat Robert Folz sich unermüdlich weiter diesem Forschungsgebiet gewidmet. In rund zwanzig Monographien und Aufsätzen hat er die wichtigsten Ereignisse und Hauptakteure dieser Geschichte des Reiches untersucht, wie auch die Institutionen seines komplexen Organismus und die Ideen, die seiner Entstehung zugrunde lagen und es am Leben hielten.

Robert Folz hat den französischen Leser in die Lage versetzt, sich mit Themen von höchster Bedeutung vertraut zu machen, denn er verstand es, die manchmal überquellende Informationsfülle mit großer Klarheit darzustellen, ohne sie jemals in unzulässiger Weise zu vereinfachen.

Jean Richard

Conclusions

La tenue de cette journée d'études franco-allemandes à laquelle ont participé l'Université de Bourgogne et la Mission Historique Française en Allemagne se plaçait sous le signe du souvenir de Robert Folz et vous me pardonnerez à moi qui ai eu la fortune de le fréquenter parfois journellement pendant quarante années de ne pas pouvoir me défendre d'une profonde émotion.

Cette journée marque une date importante pour le centre d'études que notre Université a décidé de faire vivre lorsqu'elle a accepté le legs de la bibliothèque de notre collègue et d'en faire le point de départ de l'existence de ce centre.

«Empire, idée d'Empire et royauté au Moyen Âge»: tel était le thème qui nous était proposé. Il se plaçait d'emblée dans la perspective des travaux de Robert Folz, et je voudrais remercier Alain Saint-Denis d'avoir présenté en parallèle la carrière de l'homme et l'élaboration des travaux qui constituent une bibliographie à la fois si riche et si cohérente. Dans laquelle le bulletin bibliographique donné pendant plus de trente ans à la «Revue Historique» où il avait été inauguré par son maître Marc Bloch apporte une contribution particulièrement remarquable à la coopération scientifique entre nos deux pays – une coopération que nous avons vu prendre une forme très concrète lors des rencontres entre étudiants et enseignants mayençais et dijonnais. Et, en nous faisant entendre un enregistrement d'une leçon de Robert Folz, Alain Saint-Denis nous a permis de retrouver jusqu'à des intonations qui nous ont été si familières.

Robert Folz a été un historien de l'Empire. Et M. Rapp nous a conduits à sa suite, en partant de la restauration de l'empire, ou mieux, de la *restauratio imperii*, au temps de Charlemagne, pour suivre le développement de l'idée impériale, indissoluble du *regnum Francorum*, nourrie de rêves messianiques, plus forte que les aspirations à des constructions nationales, où la royauté française a essayé de concurrencer la royauté allemande sans y parvenir. Car l'Allemagne est restée attachée à la notion du *Reich* que Robert Folz a analysée au travers des vicissitudes des relations entre l'Empire et la papauté, pour constater le déclin final de la sacralité de la dignité impériale.

C'est à M. Dubreucq qu'il revenait de s'attacher à la pensée politique issue de l'âge carolingien, et en particulier à la substitution de l'image du roi pénitent et obéissant à la loi divine qui s'impose après 829, à la royauté sacralisée, de tradition à la fois classique et irlandaise, qui triomphait auparavant. Ceci à la faveur d'une assimilation de la royauté franque à celle des rois d'Israël. Il a pour cela analysé ces manuels de morale à l'usage des rois que l'on appelle les «Miroirs des princes» et qu'il connaît si bien, manuels qui n'intéressent d'ailleurs pas seulement les princes, mais aussi les clercs et les laïcs.[1]

Avec l'exposé de M. Felten, nous avons été confrontés à une question majeure de l'histoire de Mayence. Non seulement aux énigmes que pose l'éclipse de la ville du Bas-Empire jusqu'à sa résurrection comme *Metropolis Germaniae* au temps de saint

---

1 La contribution d'Alain Dubreucq n'a pas pu être publiée dans le présent volume.

Boniface; mais à la question qui se lie à une tradition: celle d'une reconstruction de la ville par un roi Dagobert, auteur d'un privilège dont on n'a retrouvé aucune trace, et considéré comme un fondateur d'églises. Une légende qui n'a cessé de se développer et qui a nourri le destin de la cité, destin que nous avons suivi jusqu'au temps de Napoléon Ier et au-delà.

Après Mayence, Spire. Et ici M. Ehlers nous a fait entrer dans un deuxième volet de notre recherche, déjà ébauché lorsque M. Felten nous faisait découvrir une ébauche de vénération d'un Dagobert auquel il n'a manqué que la canonisation. Le fait qui nous intrigue ici est celui d'une vénération populaire, vraie ou supposée, née à l'occasion du transfert, de Liège à Spire, de la dépouille d'un empereur mort excommunié, et simplement déposée dans une chapelle non encore consacrée. Il semblerait que l'on retrouve ici la conception de cette royauté sacrale à laquelle le peuple serait demeuré attaché tandis que les chanoines – cependant désireux de conserver le privilège de leur cathédrale, celui de recevoir la sépulture des empereurs – paraissent être restés plus réservés.

Nous sommes entrés ici, disais-je dans le deuxième volet de notre journée: l'évocation des problèmes qui se posent autour de la sainteté royale. M. Corbet nous a présenté un tableau éblouissant de l'itinéraire de Robert Folz à travers l'hagiographie des souverains, avec la mise en doute par ses soins de classifications trop simplistes et la découverte des «saints rois» en dehors des sentiers habituellement battus par les chercheurs, par exemple en pays anglo-saxon (et ajouterai-je, en Russie, car il s'est intéressé au cas des saints Boris et Gleb). Ce qui ne peut manquer de nous frapper, c'est que Folz était entré dans la connaissance de ces saints et de leur culte par la voie de la liturgie, en analysant les leçons des offices qui leur sont consacrés. Et ceci, nous le savons et on l'a souligné, grâce à une admirable familiarité avec la liturgie et avec sa signification.

M. Görich nous a posé une question qui retient l'attention: celle de l'ouverture du tombeau de Charlemagne par Otton III – ouverture qui ne s'assimilait pas à une révélation de reliques qui aurait correspondu à une canonisation. Et il a rapproché cette démarche du pèlerinage du même Otton à Gniezno et, bien entendu, des efforts déployés par Frédéric Ier pour que le même Charlemagne fût vénéré comme saint.

Ma pensée s'est un instant égarée de l'autre côté de la Méditerranée. Quand on m'a demandé de participer au recueil des *Hagiographies* publié par notre collègue Philippart, la pauvreté du dossier consacré aux saints croisés latins d'Orient, voire missionnaires en Asie, m'avait frappé. J'avais pu relever des traces de cultes qu'ils avaient inspirés, mais en constatant qu'ils s'étaient rarement maintenus ou diffusés. Yves de Chaisemartin s'étonnait que Baudouin IV, le roi lépreux, n'ait pas été canonisé; Pierre de Blois a consacré à Renaud de Châtillon une *Passio Raginaldi*, sans parvenir à inaugurer un culte rendu à ce baron mis à mort pour sa fidélité au Christ; des défunts ensevelis au cimetière d'Acre étaient morts en odeur de sainteté; les ossements des Franciscains martyrisés à Thana, dans l'Inde, ont été transférés à Zayton, en Chine, pour y être vénérés dans le couvent du lieu. Mais la possession et la vénération des reliques n'ont pu se poursuivre en conséquence des événements qui ont déraciné les chrétientés latines et les cultes se sont éteints. Pour Charlemagne, au contraire, la possession de son corps, sa redécouverte, rendant possible cette vénération, ont enraciné le culte que

M. Görich nous a invités à découvrir et auquel Robert Folz avait consacré un de ses ouvrages.

Et nous sommes revenus à l'histoire des villes de l'Allemagne franque avec Francfort, où M. Monnet nous a fait suivre les étapes de la vénération de ce même saint Charlemagne, dont le nom passe du nécrologe au catalogue des saints entre le temps de Frédéric II et celui de Henri VII. Ce qui correspond au moment où Francfort prend une place nouvelle dans l'Empire, celui d'une fondation due à Charlemagne, désormais lieu de l'élection du roi des Romains, devenant ainsi une *regni sedes principalis*.

Je n'ai pas la prétention de rendre compte en quelques minutes de toute une journée aussi riche d'informations, de discussions, de perspectives nouvelles. Mais je crois exprimer notre sentiment à tous en disant l'hommage que nous avons voulu rendre à la mémoire qui nous reste chère d'un homme que nous regardons tous, malgré sa modestie, comme un des plus grands historiens de notre temps, parce qu'il a su si bien comprendre le Moyen Âge et sa pensée. Et nous nous félicitons de voir que les chemins qu'il a ouverts continuent désormais à nous attirer.

Orts- und Personenregister